户外运动基础

方春妮　卢俊佩／主编
李琳琳　姜晓天　鹿志海／副主编

人民体育出版社

图书在版编目（CIP）数据

户外运动基础 / 方春妮，卢俊佩主编. -- 北京：
人民体育出版社，2020

ISBN 978-7-5009-5655-6

Ⅰ. ①户… Ⅱ. ①方… ②卢… Ⅲ. ①体育锻炼 Ⅳ. ①G806

中国版本图书馆 CIP 数据核字（2019）第 294307 号

*

人 民 体 育 出 版 社 出 版 发 行
北京中献拓方科技发展有限公司印刷
新 华 书 店 经 销

*

787×1092　16 开本　17.25 印张　362 千字
2020 年 12 月第 1 版　2020 年 12 月第 1 次印刷

*

ISBN 978-7-5009-5655-6
定价：75.00 元

社址：北京市东城区体育馆路 8 号（天坛公园东门）
电话：67151482（发行部）　　　邮编：100061
传真：67151483　　　　　　　　邮购：67118491
网址：www.sportspublish.cn

（购买本社图书，如遇有缺损页可与邮购部联系）

编委会

主　　编：方春妮　卢俊佩

副 主 编：李琳琳　姜晓天　鹿志海

参编人员：阮　威　莫双瑗　董丽丽
　　　　　庞艳丽　付　群　刘鸣鸣

随着我国经济的高速发展和人们生活水平的不断提高，人们的体育需求也发生了巨大变化，由过去的单一化需求向多元化需求发展。人们不再满足于简单的常规的体育供给，转而追求符合自身条件和消费水平的健身、娱乐、休闲、探险类的体育服务，因而刺激各类新型户外运动项目不断涌现，如攀岩、攀树、水上运动、登山、自行车、冰雪运动等，玩出了新花样。快速增长的多元化体育需求成为户外运动产业发展最主要的推动力。走进户外，以运动方式融入自然已经成为人们追求的新的生活方式和时尚。

户外运动兴起于欧美国家，20世纪80年代传入我国，并迅速在我国发展开来。我国户外运动的发展虽然较欧洲国家晚了100多年，但是发展很快，目前仍处于飞速发展阶段。它拥有庞大的群众基础，越来越多的年轻人甚至老年人痴迷于户外运动。越来越多的高校开办了与户外运动相关的专业，为我国户外运动产业的发展培养人才。

结合时代发展趋势和人才培养需求，本书注重将户外运动基础理论与户外运动项目技能实操有效地结合起来，全书每章都附有代表性和实用性的案例和实训题目，并且贯穿着一些便于理解的背景资料和便于操作的实践环节。本书既适用于高等院校休闲体育、社会体育管理与指导、户外运动类本科生和研究生，也适用于对户外运动理论与实践感兴趣的有关人士。

本书由湖北大学方春妮、卢俊佩担任主编，山东体育学院李琳琳、沈阳体育学院姜晓天、首都体育学院鹿志海担任副主编。参加本书编写的人员有：第一章，湖北大学方春妮；第二章，南京体育学院阮威；第三章，首都体育学院鹿志海；第四章，广西科技大学莫双瑗；第五章，三峡大学董丽丽；第六章，沈阳体育学院姜晓天；第七章，华中师范大学庞艳丽；第八章，山东体育学院李琳琳；第九章，湖北大学卢俊佩；第十章、第十一章，湖北大学付群；第十二章，湖北体育职业技术学院刘鸣鸣。全书由方春妮拟定编写纲目。统稿、定稿工作由方春妮、卢俊佩共同完成。

  本书在编写过程中参阅了有关论著和研究成果,在此一并致谢!

  感谢湖北休闲体育发展研究中心对本书出版的大力资助。

  由于编者水平所限,书中不妥之处敬请读者批评指正。

编 者

2020 年 1 月

目 录
CONTENTS

第一章　户外运动绪论 ·· 001
　第一节　户外运动概述 ·· 001
　　一、户外运动的定义 ·· 001
　　二、户外运动项目 ··· 002
　　三、户外运动的特征 ·· 003
　　四、户外运动的价值 ·· 004
　第二节　户外运动的发展历史 ·· 007
　　一、国外户外运动的发展 ··· 008
　　二、国内户外运动的发展 ··· 009
　第三节　我国户外运动俱乐部的发展与经营管理 ··· 011
　　一、我国户外运动俱乐部的发展 ··· 011
　　二、我国户外运动俱乐部的经营管理 ··· 012

第二章　户外运动用品与装备 ··· 018
　第一节　户外运动的基本着装 ·· 020
　　一、户外运动服装 ··· 020
　　二、户外运动鞋子 ··· 022
　　三、户外运动袜子 ··· 023
　　四、户外运动雨具 ··· 024
　　五、户外运动帽子 ··· 025
　　六、户外运动手套 ··· 026

七、户外运动眼镜 …………………………………………………… 027
第二节　户外运动的常用工具 ………………………………………… 028
　　一、户外灯具 ……………………………………………………… 028
　　二、户外水具 ……………………………………………………… 029
　　三、户外刀具 ……………………………………………………… 029
　　四、户外火种 ……………………………………………………… 030
　　五、户外通信工具 ………………………………………………… 031
　　六、定位工具 ……………………………………………………… 031
第三节　户外运动的露营装备 ………………………………………… 032
　　一、户外背包 ……………………………………………………… 032
　　二、户外运动帐篷 ………………………………………………… 034
　　三、睡袋 …………………………………………………………… 035
　　四、防潮垫 ………………………………………………………… 037
　　五、户外炉具 ……………………………………………………… 037
第四节　户外运动的技术装备 ………………………………………… 039
　　一、登山绳索 ……………………………………………………… 039
　　二、安全带 ………………………………………………………… 042
　　三、头盔 …………………………………………………………… 045
　　四、主锁 …………………………………………………………… 047
　　五、上升器 ………………………………………………………… 049
　　六、下降器 ………………………………………………………… 050
　　七、其他技术装备 ………………………………………………… 052

第三章　结绳技术 …………………………………………………… 055
第一节　结绳概述 ……………………………………………………… 055
　　一、结绳技术的定义与作用 ……………………………………… 055
　　二、绳子的组成部分 ……………………………………………… 056
　　三、结绳术语 ……………………………………………………… 057
　　四、绳结强度 ……………………………………………………… 057
第二节　常用绳结的打法 ……………………………………………… 058
　　一、单结 …………………………………………………………… 058
　　二、双套结 ………………………………………………………… 059
　　三、布林结 ………………………………………………………… 060
　　四、平结 …………………………………………………………… 061

  五、水结 ··· 061

  六、渔人结 ··· 062

  七、"8"字结 ··· 062

  八、抓结 ··· 063

  九、意大利半扣 ··· 064

  十、蝴蝶结 ··· 064

  十一、接绳结 ··· 065

  十二、捆绑攀岩绳 ··· 066

第四章　户外运动损伤与施救 ·· 068

第一节　常见意外伤害急救 ·· 068

  一、止血 ··· 068

  二、包扎 ··· 070

  三、骨折固定 ··· 074

  四、伤员搬运 ··· 075

第二节　虫、蛇、犬兽伤急救 ·· 076

  一、毒虫伤急救 ··· 076

  二、蛇伤急救 ··· 077

  三、犬兽伤急救 ··· 077

第三节　心肺复苏术 ·· 078

  一、心跳骤停的原因 ··· 079

  二、心跳骤停的施救步骤 ··· 079

  三、心肺复苏操作流程 ··· 079

  四、提高抢救成功率的主要因素 ··· 080

第四节　心理救助 ·· 080

  一、心理救助概述 ··· 080

  二、谁来提供心理救助 ··· 081

  三、心理救助时间和地点 ··· 081

  四、心理救助的优点 ··· 081

  五、心理救助的基本目标 ··· 081

  六、提供心理救助的方针 ··· 081

  七、应避免的行为 ··· 082

  八、对青少年、老年人、残障人的心理救助 ··· 082

  九、救助者自我照顾 ··· 083

第五章　拓展训练 ······ 084

第一节　拓展训练概述 ······ 084
一、拓展训练的起源 ······ 084
二、拓展训练的发展 ······ 085
三、拓展训练的主要国际组织 ······ 086
四、拓展训练的特点和分类 ······ 088

第二节　拓展训练经典游戏项目介绍 ······ 090
一、思维类项目 ······ 090
二、沟通类项目 ······ 094
三、团队协作类项目 ······ 099

第三节　拓展训练方案设计 ······ 102
一、方案设计的基础 ······ 102
二、方案设计的理论依据 ······ 102
三、传统课程设计方案实例 ······ 104
四、执行力方案设计实例 ······ 105

第六章　野外生存与露营活动 ······ 108

第一节　野外露营的营地与给养 ······ 108
一、营地的选择 ······ 108
二、营地的建设、管理及注意事项 ······ 111
三、野外简易庇护所搭建 ······ 113
四、火的获取、使用与管理 ······ 117
五、野外食物的获取 ······ 121
六、水的获取、净化与饮用 ······ 122

第二节　野外方向的辨别 ······ 125
一、利用天体辨别方向 ······ 125
二、利用地物特征辨别方向 ······ 127
三、利用植物辨别方向 ······ 127
四、其他方法 ······ 128

第三节　户外环境保护及其法则 ······ 129
一、户外环境保护 ······ 129
二、户外环保法则 ······ 130

第七章 定向运动 …… 134

第一节 定向运动概述 …… 134
一、定向运动的定义、起源与发展 …… 134
二、定向运动的分类 …… 136
三、定向运动的特点与价值 …… 137

第二节 定向运动设备与场地 …… 139
一、定向运动设备 …… 139
二、定向运动场地 …… 142

第三节 定向运动基础技能 …… 144
一、读图技能 …… 144
二、定位技能 …… 145
三、路线选择技能 …… 146
四、检查点捕捉技能 …… 146
五、奔跑技能 …… 147

第四节 简易定向地图设计及制作 …… 147
一、定向地图底图选择及制作 …… 147
二、OCAD 软件制作地图的基本程序 …… 148

第八章 攀岩运动 …… 150

第一节 攀岩运动概述 …… 150
一、攀岩运动的起源与发展 …… 150
二、攀岩运动的分类 …… 153

第二节 攀岩运动的场地 …… 155
一、人工岩壁 …… 155
二、自然岩壁 …… 156

第三节 攀岩运动的装备 …… 157
一、保护性装备 …… 157
二、攀岩辅助性装备 …… 168

第四节 攀岩运动的基本技术与战术训练 …… 169
一、攀岩基本手法 …… 169
二、攀岩基本脚法 …… 173
三、攀岩基本技术动作 …… 176
四、攀岩的保护与下降技术 …… 183
五、攀岩战术训练 …… 186

第九章　攀树运动 ... 190
第一节　攀树运动概述 ... 190
一、攀树运动简介 ... 190
二、攀树运动的价值 ... 191
第二节　攀树运动常用装备与绳结 ... 192
一、攀树装备 ... 192
二、攀树绳结 ... 195
第三节　攀树运动基本技术 ... 199
一、攀爬前的准备 ... 199
二、保护系统的架设 ... 200
三、攀爬方式 ... 201
四、换枝 ... 202
五、树上行走 ... 202
六、树上摆荡 ... 203

第十章　登山徒步 ... 204
第一节　登山徒步概述 ... 204
一、登山徒步的概念和内涵 ... 204
二、登山徒步的起源与发展 ... 205
三、登山徒步的分类及特点 ... 207
第二节　登山徒步的功能 ... 208
一、健身功能 ... 209
二、健心功能 ... 209
三、健群功能 ... 209
第三节　登山徒步的技术要领和注意事项 ... 210
一、登山徒步的技术要领 ... 210
二、登山徒步的注意事项 ... 212

第十一章　自行车运动 ... 220
第一节　自行车运动概述 ... 220
一、自行车运动的概念和内涵 ... 220
二、自行车运动的起源与发展 ... 221
三、自行车运动的分类及特点 ... 222
第二节　自行车运动的功能 ... 225

一、强身健体 ··· 225
　　二、减脂瘦身 ··· 225
　　三、益寿延年 ··· 225
　　四、开发大脑 ··· 226
　　五、减压舒心 ··· 226
　第三节　自行车运动的技术要领和注意事项 ················· 226
　　一、自行车运动的技术要领 ··· 226
　　二、自行车运动的注意事项 ··· 232

第十二章　其他户外运动项目 ··· 234
　第一节　皮划艇运动 ··· 234
　　一、皮划艇运动概述 ··· 234
　　二、皮划艇运动的起源与发展 ····································· 235
　　三、皮划艇运动技术、训练原则与方法 ····················· 237
　第二节　滑雪运动 ··· 239
　　一、滑雪运动概述 ··· 239
　　二、滑雪运动规则 ··· 243
　　三、滑雪运动技术 ··· 246
　第三节　潜水运动 ··· 249
　　一、潜水运动概述 ··· 249
　　二、潜水运动装备 ··· 251
　　三、潜水运动技巧与注意事项 ····································· 253

参考文献 ··· 258

第一章
CHAPTER 01

户外运动绪论

【学习目标】

1. 掌握户外运动的定义。
2. 了解户外运动项目、特征、价值与意义。
3. 了解国内外户外运动发展历史。
4. 了解户外俱乐部概念、经营和管理模式。

户外运动起源于欧美国家，20世纪80年代传入我国，并迅速在我国发展开来。我国户外运动的发展虽然较欧洲国家晚了100多年，但是发展很快，目前仍处于飞速发展阶段。我国户外运动拥有庞大的群众基础，越来越多的年轻人甚至老年人痴迷于户外运动，一些高校也将户外运动纳入其教学范围，为户外运动的发展增加人才储备。

第一节 户外运动概述

和其他运动项目一样，户外运动展现出来的是一种健康、积极向上的生活观。通过参与户外运动，人们可以锻炼身心、磨炼意志、增长见识，以最大的程度亲近自然、融入自然。通过体验大自然，认识和发掘自身的潜能，获得直面困难的勇气和自信，培养团结协作的精神。不同于其他运动项目的是，户外运动对人的发展有着特殊的促进作用。大自然和人类有着千丝万缕的联系，人在面对大自然的时候会产生一种奇妙的归属感，这种感觉能够使我们疲倦的身体得到放松，喧嚣的内心归于平静。

一、户外运动的定义

2000年以后，由于户外运动的快速发展及参与人数的急剧增加，我国学者开始对户外运动进行了一系列研究。就其字面意思理解，"户外"即走出家门，离开房屋建筑到露天环境当中；而"运动"涵盖了非常广阔的范围——几乎包括所有的人类活动。也就是说户外运动并不是特指某个具体的运动项目或活动项目，比如篮球项目、体操项目，它指的是一个运动或活动项目群体，包含登山、越野、潜水、滑雪、露营等多种项目。大多数人在提出户外运动的概念时，都指出户外运动中自然与体育的紧密关系。一般认为，户外运动指在野外或在自然环境中进行的、与自然界紧密结合的新兴体育运动，这些运动包括登山、攀岩、远足、山地穿越、野营、溯溪、漂流、荒岛生存、山地自行车、山地越野、探洞、滑雪、攀冰、羽翼滑翔、独木舟、骑马等。

2001年，李舒平在其主持的国家体育总局科研课题中提出，户外运动是人们离开常住地，针对各种自然条件和人体正常生理极限的挑战而从事一些带有危险性或冒险性的体育运动。2002年，国家体育总局登山运动管理中心文件起草组对户外运动的定义做了进一步的探讨，提出了与登山相关的户外运动。2003年，国家体育总局登山运动管理中心主任李致新先生在《户外运动的健身意义及其规范化》的研究报告中指出：户外运动是指在自然场地（非专用场地）开展的体育活动。同年，国家体育总局登山运动管理中心户外运动部原主任李舒平先生在《登山•户外运动在体育领域中的研究与对策》的研究报告中指出：户外运动是一组以自然环境为场地（非专用场地）的带有探险性质或者体验探险性质体育项目群。

以上叙述可以说明户外运动的基本特点是以自然环境为运动场地，包括山地、海岛、荒漠、丛林、高原、建筑物等，这是区别于其他体育运动项目的显著特点。户外运动的基本属性是体育运动和探险或冒险，这是区别于旅游的本质属性。

二、户外运动项目

目前，在我国开展的户外运动项目主要有登山、攀岩、蹦极、漂流、冲浪、滑翔、滑水、攀冰、穿越、定向、远足、滑雪、潜水、滑草、高山速降自行车、越野山地车、热气球、溯溪、拓展、飞行滑索等，种类繁多。对户外运动的分类，首先是选择分类标准的问题。按照不同的分类标准，类别也会有很大差异。

按照户外运动的形式和功能，大致可以分为：①健身性户外运动；②消遣娱乐性户外运动；③探险性户外运动；④挑战性户外运动。

按照所需的身体能力来划分，则可划分为：①技能类户外运动，如定位与定向运动、探洞、丛林急救等；②体能类户外运动，如沙漠穿越、丛林穿越、攀登高峰、溯溪等。

按照户外运动过程中人和自然的联系程度，可以把户外运动分为：①自然类运动，如各种山地、海岛和荒漠运动；②半自然类运动，如攀楼、攀塔、自行车、汽车公路穿越、直排轮公路穿越、公路徒步穿越等。

按照户外运动的专业性来划分，户外运动又可以划分为：①大众休闲户外运动；②专业户外运动。前者适合普通的户外运动爱好者，不需要非常专业的户外运动装备和户外运动技能，活动的冒险性较小；而后者需要经过一定的户外运动培训，需具备一定的户外运动体能和基础技能，活动往往具有一定的挑战性和冒险性。

目前，我国开展比较广泛的主要是陆地户外运动。按照户外运动活动场所的资源类型进行划分，可以比较清晰地概括当前流行的大部分户外运动项目（表1-1-1）。

表 1-1-1　按活动场所的资源特征划分的户外运动项目分类表

大项	系列	项目
山地户外运动	丛林系列	定位与定向、丛林穿越、丛林宿营、觅食、联络、急救、紧急求援等
	峡谷系列	溯溪、溪降、搭索过涧、漂流等
	岩壁系列	攀岩、岩降、攀冰等
	其他系列	群众登高活动
海岛户外运动	荒岛生存系列	觅食（觅水）、海水淡化、宿营、联络、求援等
	滩涂运动系列	滑沙、沙地器具拔河——上升器拔河、结绳负重等
	峭壁运动系列	海上攀岩、悬崖跳水、溜索等
	近岸水域运动系列	木筏环岛、水中滚木等
荒漠户外运动	沙漠运动系列	沙漠穿越、沙漠生存等
	戈壁运动系列	戈壁穿越、戈壁生存等
	荒原运动系列	穿越项目、生存项目等
高原户外运动	高山探险运动系列	登山、高山滑雪等
	高原探险运动系列	高原徒步、高原峡谷穿越、大江大河源头探险等
人工建筑物户外运动	垂向户外运动	攀楼、攀塔等
	水平户外运动	自行车、汽车公路穿越、直排轮公路穿越、公路徒步穿越等

三、户外运动的特征

户外运动是一项综合性非常强的体育项目，主要具有以下特征。

第一，户外运动在自然环境中进行，具有回归自然、返璞归真的特征。人们只有发自内心地热爱和亲近自然，才能深入感受户外运动的乐趣。这种热爱不仅包括自然环境的美妙温情，也包含它的残酷恶劣。它吸引着生活在城市中的现代人，给人以更自然、更人性化的享受。户外运动符合中国"天地人一体"的哲理，符合人与自然协调发展和生态环境保护的观念。但是人们参与户外的过程会受到环境的影响和控制。

第二，户外运动具有不同程度的挑战性和探险性，常具有不可预期的结果。参加户外运动，要有挑战自我极限、吃苦受累的心理准备，同时要保持积极健康的心态。体验探险等运动可以激发人们的上进心和求知欲，在兴奋和刺激中激发人类潜能，在磨炼中完善人格，提升应对挑战、克服困难的信心和勇气。在户外运动过程中，参与者须借助一定的装备，具备一定的技术，去克服诸如急流险滩、深潭飞瀑等许多艰难险阻，忍受艰难的野外条件。户外运动的自然环境复杂，不同项目须以不同的装备和方式行进，使这项运动富于变化而魅力无穷。

第三，户外运动强调团队精神。尤其是在恶劣环境中，团队的力量远大于个人的力量。这要求一个团队只有统一思想，团结协作，互相帮助，甚至是患难与共，才能取得成功。在户外运动中所得到的情感和友谊将是刻骨铭心、终身难忘的。

第四，受到气候、生物、天象、水文甚至地域文化等其他因素的影响，参与者不仅做一个运动强者，还应是一个综合全面知识的复合型人才。参加户外运动的人应具有多方面的科学知识，能够掌握专门技术、生活技能并解决突发问题。

第五，户外运动对体能有近于极限的要求。"挑战极限，完善自我"是户外运动的常用口号。户外运动是一种具有极强专业性的体育运动，有着极为科学的运动方法和训练方式，对参与者在心理、生理、装备、知识与技能等方面都有非常高的要求。

第六，户外运动是体验式教育的重要组成部分。通过组织和引导，参加者在亲身实践中自觉学习天文地理、气候水文、运动医学、人文历史等知识，同时也将团队精神、奉献、互助等为人处世的基本道理内化为健康的心理品格，进而转化为良好的行为习惯。这种教育功能也可应用于个人成长与智力开发、管理培训等领域，如国际大师阿戴尔的领导力培训就经常运用户外运动的方式来进行。户外运动除了具有享受自然、愉悦身心、运动健身等个人作用与价值之外，还具有很高的心理学和社会学价值，能够促进积极的行为方式和良好的社会关系。

四、户外运动的价值

随着户外运动在我国逐渐发展，户外运动已经在人们的心中占据了重要的位置，有越来越多的人愿意参与其中，户外运动的功能也渐渐为人们所认可和接受。户外运动既有运动项目的普通性，也有其自身的特殊性。体育项目的普通性决定了户外运动具有促进身心健康的功能，而其自身的特点决定了户外运动具有缓解精神压力，有助于智力发展，促进情感体验，培养团结协作精神，增强环保意识等特殊功能。除此之外，户外运动还具有教育价值、经济价值和观赏价值。

（一）健身价值

古人云："动则无疾。"人只要运动就能预防和减少疾病。从国家体育总局登山运动管理中心对户外运动的定义可以看出，户外运动作为众多体育运动项目中的一个，它的健身价值是不言而喻的。

户外运动项目丰富多彩，个人或群体可以根据自己的喜好、身体健康状况有目的地选择适合自己的项目进行锻炼。调查研究发现，登山、攀岩、徒步、溯溪、漂流、越野自行车、直排轮滑、野外生存等户外运动项目能有效地促进人体的新陈代谢，提高身体抵抗疾病的能力。同时户外运动过程中要求人攀爬、跳跃，大强度、长时间地在自然环境中运动，能充分提高人的力量、耐力、速度、灵敏、柔韧、协调、反应等素质。

户外运动由于其本身的魅力，吸引人们从了解到参与进而喜欢这项运动，不仅具有健身强体的作用，还解决了吸引人参与健身运动的动力问题，对社会的进步、发展起到了积极的作用。

(二)"健心"价值

心理学家对许多户外遇险又成功生还的人进行调查后发现,在户外遇险时,最大的难题往往不是技术,而是心理。调查结果显示,在户外遇险时,最大的麻烦依次为恐惧和焦虑、烦躁和孤独、受伤和疾病、饥渴和劳累、严寒和酷暑。正因为如此,心理训练对户外运动的作用是毋庸置疑的。在体育赛场上,因为心理不够强大而输掉比赛的事例不胜枚举,尤其在大型赛事或关键时刻,当比赛双方的实力相当时,往往是心理能力更胜一筹的一方能够走到最后。户外运动等一系列的体育活动作为改善人心理的有效方法,开始被越来越多的人所接受。

(三)精神减压价值

目前我国正处在城市化加速发展的时期,城市化是社会发展的必然趋势,但它也给我们带来了严峻的挑战。城市化的生活增加了个人和家庭的距离,加重了人际关系的淡漠。参加户外运动,人们可以用独特的方式减压。在舒适的都市生活和艰苦的户外生活中,可以分别理解幸福的不同含义从而更加热爱生活、珍爱生命。攀岩、登山磨炼了参与者的意志,增强了他们面对困难的勇气和自信心,使他们敢于挑战自我,超越自我。经过户外运动的考验,他们将会保持一种良好心态,用全新的方式去迎接生活的挑战。

(四)智力发展价值

正常的智力是正确感知和认识世界的前提,是心理健康的基础。经常参加体育锻炼,不仅使锻炼者的注意力、记忆力、思维能力、反应能力等得以改善和提高,还可以令其情绪稳定、性格开朗。而这些非智力因素对人的智力具有促进作用。

户外运动对于智力的影响虽然是间接的,但却是有积极意义的。经常进行户外运动,尤其是定向越野等项目,不仅使锻炼者的注意力、记忆力、思维能力及反应能力得到提高,而且还可以对其情感和性格的健康起到积极的促进作用,这种全面而平衡的发展对智力的发展有着极大的推动作用。

(五)情感体验价值

社会的开放、经济的发展使人们的生活水平不断地提高。同时,现代化的工作效率给人们带来了充足的时间,现代人有更多的时间去关注自己的身体,去做自己想做的事情。于是,在国外,一种流行的生活方式被人们接受,这就是户外运动。由于这项运动既充满挑战性,又满足了人们的猎奇心理,因而它很快得到年轻人的喜爱。

三五个好友相约一起,带上装备,走在崎岖的路上,去寻找一块陡峭的岩壁。走累了就席地而坐,渴了就喝一捧清泉,饿了就拿出随身携带的食物,旅途上充满着趣味。当太阳落山时,找一块平坦的土地,支起帐篷,打开睡袋。亲手烹饪一顿晚餐,和小伙伴围坐在篝火旁仰望着满天繁星,聆听着自然界奇妙的声音。此时,你会感到大自然的曼妙,一切世俗都离你而去,一切烦恼都抛之脑后。也许,这就是户外运动的迷人之处。

(六) 教育价值

户外运动的教育价值体现在这个项目在学校的地位和作用，也体现在户外运动受青少年学生喜爱的程度。高校体育教学的教学内容、教学方法和教学目标都随着社会的进步和发展在发生着改变。体育教学内容由"以运动技术为中心"向"以体育方法、体育动机、体育活动、体育经验为中心"转移，教材内容强调可接受性、科学性，突出健身性、娱乐性、趣味性、终身性和实用性。在教学方法上强调素质教育，尊重学生的人格，承认学生的个体差异，重视学生的个性发展。"快乐体育""健康第一""终身体育"的思想已是高校体育的核心。户外运动作为一种新型的运动项目，进入高校是在20世纪90年代末，是一项备受学生欢迎、极具教育价值的体育课程。

1998年，中国地质大学（武汉）率先将野外生存作为一项新型的体育项目列入体育教学计划。2002年，教育部《全国普通高等学校体育课程教学指导纲要》《全国普通高等学校本科体育教育专业课程方案》两个文件都将户外运动项目作为本科体育教育的主干课程之一。户外运动作为一种符合现代"以人为本"教育观的新型体育课程，得到了教育部门的一致认可和推崇。

(七) 培养团队协作精神

培养团队协作精神、促进和谐的人际关系是户外运动的特有功能。个体人是组成社会的基本单位，人不能脱离社会而存在，人与社会二者相辅相成，相互影响。人只有融入社会之中，才能不断发展自我、完善自我，才能成为真正意义上的人。山地户外运动作为群体性项目，团队活动给参与者创造了一个交流的空间，使社会活动和自然环境完美地结合。人需要沟通、交流，而大自然为这些活动的参与者提供了畅所欲言、互相帮助的空间和机会。同时，由大自然而引发的舒畅心情又激发了大家交流的欲望。在户外，大家由素不相识到相识、相知，同饮一壶水，同用一只碗，同睡一个帐篷是司空见惯的。大家相互配合、相互帮助，大大提高了人与人之间的相互信任，形成互相帮助的良好习惯，培育具有集体战斗力的团队精神。

此外，在户外运动中，每个人都有一份属于自己的工作，而每个人的工作又与整个集体息息相关。可以说，在参与户外运动时，每个人都必须时时想着集体，而集体又时刻牵挂、关心着每一位参与者。严格的组织纪律是活动成功的基本保证，团结互助、关心同伴是参与者必备的思想基础。有了这些，在户外运动中遇到的困难才能逐渐化解。

因此，户外运动能很好地培养人们的团队精神和促进人际关系的和谐，弘扬互帮互助的高尚情操，为人际关系的健康发展提供了一块肥沃的土壤。

(八) 增强环保意识

增强环保意识、构建人与社会的和谐是户外运动的附加功能。和谐社会就是人与人、人与社会、人与自然和谐相处的稳定有序的社会。在世界经济迅速发展和现代文明高度发达的今天，大自然的阳光、空气、水、植物、动物都时刻经受着环境污染的威胁和折磨。为了保护我们赖以生存的地球，为了子孙后代的长远利益，环保成为了迫在眉睫的问题。环保理念是户外运动所强调的最重要的理念之一，在野外，户外运动倡导留下脚印，带走垃圾，切实做好户外运动中的环境保护工作，还天空以蔚蓝，还江河以清澈，还山川以秀美，还鸟兽以自由，更加珍惜自然，善待自然。

（九）观赏价值

户外运动以其惊险、刺激、竞争的激烈性而极具观赏价值。陡峭的岩壁、湍急的流水、荆棘密布的丛林等待着人们去挑战，去征服，所以它又具有一种神秘色彩，挑起观众观看并为之震撼的激情。各式各样的户外运动极大地满足了不同爱好、不同欣赏水平的人观看的愿望。

正因为如此，现在各种媒体对户外运动赛事的报道很多。刺激的场面、险象迭生的情节、美丽宜人的风景吸引着热爱大自然、热爱户外运动的人的眼球。这些活动的开展很好地丰富了人们的文化生活，满足了人们精神生活的需要。户外运动由于极具观赏价值，因此带了不少爱好者涉足户外运动，他们由不知到略知进而到了解，由观看上升到参与，进而达到热爱、钟情于户外运动的地步。

（十）经济价值

随着休闲产业在国家经济发展中所占的地位越来越高，户外运动作为一种独特的休闲方式，其经济价值日益提升。许多企业家认为，未来的企业不管生产何种产品，提供何种服务，企业的文化核心是"美、健康、个性和快乐"，离开这一宗旨，企业就不能生存。20世纪六七十年代，美国国内兴起的休闲健身热潮，一批具有前瞻眼光、能够领先一步行动的企业，迅速抓住时代的特点和理念，成为了享誉全球的运动品牌。户外运动是在现代人对自然的向往和憧憬的驱动下产生的，它本身就是现代企业"美、健康、个性和快乐"的经营理念最直接的表达，因此，户外运动产业作为朝阳产业，将会有更大的发展空间和长久的发展动力。而随着我国经济持续稳定发展，国民生活水平日益提高，以及2022年北京冬奥会的临近，全国范围内必将掀起一轮冰雪休闲健身热潮，"关注健康、回归自然"也将成为人们生活的主旋律。在这样的历史机遇下，户外行业这一代表时代精神的朝阳产业必将受到许多投资者和创业者的青睐，从而创造更大的经济价值。

第二节　户外运动的发展历史

户外运动源于欧美早期的探险、科学考察，它最主要的表现方式是在规范和安全的前提下，从事具有一定风险且具有挑战性的活动。户外运动的起源与登山运动的诞生有着不解之缘。

一、国外户外运动的发展

(一) 国外户外运动发展的背景

据史料记载,法国著名科学家德·索修尔为探索高山植物资源,渴望能有人帮他克服当时看来是不可逾越的险阻——阿尔卑斯山顶峰(在法国境内的勃朗峰,海拔4810 m,是西欧的第一高峰)。他于1760年5月在阿尔卑斯山脚下的夏木尼镇贴出一则告示:"凡能登上勃朗峰之巅或提供登山线路者,将以重金奖赏。"直到26年后的1786年6月,夏木尼镇一位名叫巴卡罗的医生揭下了告示,他经过两个多月的准备,与当地山区水晶石采掘工人巴尔玛结伴,于8月8日首次登上了勃朗峰。

1787年8月3日,由德·索修尔本人率领,巴尔玛做向导的一支20多人组成的登山队,再次登上了勃朗峰,揭开了现代登山运动的序幕。在整个登山过程中,他们进行了有关人体生理、自然环境等多方面的考察,取得了高山科学的许多宝贵资料。后来,人们把登山运动称为"阿尔卑斯运动",把1786年作为登山运动的诞生年,把阿尔卑斯山下的夏木尼镇作为登山运动的发源地。德·索修尔、巴尔玛等人则成为世界登山运动的创始人,并得到了国际登山界的公认。

在18世纪,有一些传教士为了传教,不得不穿越山区。科学家开始走入山区,做一些自然生态的研究。除了这些人外,还有一些因工业革命而出现的实业家和企业家等社会新阶层,这些人有了一定的资金后,为了追求另一种刺激,就开始把登山当成另一种休闲方式。在当时,"首登"(某座山头被人类第一次登顶)就成为所有登山者追求的目标,当那些在阿尔卑斯山区中,比较平缓而容易到达的山头都被首登过后,剩下的就是有着相当难度的大山了。当时的登山者,为了克服这些终年积雪的冰岩地形,发展出了一整套技术。只是此时无论技术,还是装备都还相当简陋。

一直到第二次世界大战前后,为了符合特种地形作战的需求,军队开始发展了这些技术,攀岩和野营才逐渐有了雏形,而真正形成分类的体育项目还是在20世纪70年代以后。这些项目的历史虽然很短,但在之后几十年中已经成为在各个发达国家很普及的运动,野外露营更是欧美国家上至老人下至小孩都十分喜爱的活动。

"二战"后,随着战争的远离和经济的发展,户外活动开始走出军事和求生范畴,成为人类娱乐、休闲和提升生活质量的一种新的生活方式。

(二) 欧美发达国家户外运动的发展现状

英国素称"自由之乡",也是近代竞技运动的重要发源地。18世纪60年代,英国开始出现工业革命,蒸汽机被广泛地应用在生产上,促进了工业生产的飞跃发展。尽管当时以军事为目的的兵式体操运动正席卷整个欧洲,但英国新兴的资产阶级为了解决由大机械生产造成的生产节奏加快及城市人口剧增等一系列社会问题,在全国积极推行户外运动和游戏,如狩猎、钓鱼、射箭、旅行、登山、赛艇、帆船、游泳、水球、滑冰、疾跑、跳远、跳高、撑竿跳高、投石、掷铁饼、羽毛球、板球、地滚球、高尔夫球、曲棍球、橄榄球、足球等。户外运动作为理想的体育休闲手段,以一种更加自由、随意的运动方式,备受英国大众的青睐。随着英国的对外发展,户外运动和游戏的影响很快传到了美国、法国及世界其他国家。

美国的户外运动已经发展成为第二大运动,并且形成一个成熟的产业。第一,群众基础广,普及范围大。据统计,美国人每年参与户外运动的总次数为121亿,平均每人参与户外运动的次数是84.6。第二,政府高度重视,大力提倡和支持。户外运动在美国颇受重视,联邦政府把户外运动提高到改善国民身心健康,促进社会经济发展的战略高度,组建专门的政府部门对其进行管理规划,建立相关法律法规引导规范其健康发展,投入大量资金进行资助。第三,重视人才培养,青少年参与度高,职业化培训与高等教育人才培养并行。美国的许多大学设立了户外运动相关课程,而在中小学,户外运动成为与环境社会教育并重的教育内容。《美国2014年户外休闲参与报告》显示,美国青少年(6~24岁)参与最广泛的户外运动分别为跑步、骑行、钓鱼、露营和徒步。

德国是欧洲户外用品最大的市场,德国科隆国际体育用品及户外用品展览会是世界休闲用品市场最重要的订货会之一,也是世界上规模最大、历史最悠久的体育用品、户外用品及园艺用品国际贸易博览会。户外运动在法国拥有广泛的群众基础,将近一半的法国人都是户外运动爱好者,户外运动深受年轻人的喜爱。

二、国内户外运动的发展

(一)我国户外运动发展的背景

中国是个多山的国家,世界著名的喜马拉雅山脉、喀喇昆仑山脉及14座海拔在8000 m以上的高峰中的9座,都位于中国境内或边界线上,海拔为1000~3000 m的山更是不计其数。这样的地理环境为我国开展登山、攀岩等户外运动提供了优越的条件。

户外运动在我国的起源、发展有着与国外相似的历程。户外运动源于登山运动,但在我国要比国外晚了100多年,当中国的登山运动刚刚踩到起跑线时,世界登山运动已进入登山史上"喜马拉雅的黄金时代"。在计划经济时代,我国登山活动主要由政府组织,参与人数极少,一次大的登山活动的参与人员一般不超过20人,活动目标明确,主要是科学考察或创登高纪录。1957年6月,中华全国总工会登山队登上了四川西部海拔7556 m的贡嘎山顶峰,这是我国登山运动员第一次独立组队进行的登山运动。以攀登贡嘎山的胜利为标志,中国登山运动进入一个新的发展时期。1958年4月,我国成立中国登山运动协会,制定了"中国登山运动结合高山科学考察为经济建设、国防建设服务"的方针。从这一方针的制定可以看到,我国登山运动的设立是为科学考察服务,为政治服务,与提高我国体育在世界上的地位密切联系在一起,以"勇攀高峰"和弘扬体育精神为目标。因此,各省市并没有成立相应的组织与机构。在以后的登山活动中,我国的登高纪录被不断刷新。1959年,中国男女混合登山队胜利登上了号称"冰山之父"的慕士塔格山顶峰。1960年,中国登山队从珠穆朗玛峰的北坡成功登顶,中国登山运动跃入世界先进行列。20世纪70年代,中国女子登山运动员开始向海拔8000 m以上的高峰进军。1975 年春，为了创造女子登山高度的世界纪录和进一步对珠峰进行科学考察，一支包括 10 名女运动员在内的中国登山队再次攀登了珠峰。20 世纪 80 年代，中国、日本、尼泊尔三国联合跨越珠峰，标志着人类登山运动进入了一个新的历史阶段。1988 年 12 月，中国登山运动员李致新、王勇峰、金庆民（女）三人同美国登山队联合一举登上了南极文森峰，迈出了中国人去海外登山探险的第一步。从这一年开始，李致新、王勇峰花了 11 年的时间成功地攀登了世界七大洲的最高峰，为我国登山事业做出了卓越的贡献。

我国民间登山组织（队）是与我国官方登山组织同时发展起来的，20 世纪 50 年代末，中国地质大学（北京）（原北京地质学院）、北京大学等院校积极响应党的"发展体育运动，增强人民体质"的号召，结合地质专业特点及学生毕业后工作性质，相继成立了登山队，这些院校登山队的成立受到了国家体委和中国登山协会的大力支持。在以后的几十年间，他们为我国培养了一批批优秀的登山运动员，为培养登山运动后备人才和登山、户外运动的优秀管理者做出了卓越的贡献，开辟了中国民间登山探险活动的新纪元。但是在当时，院校登山队的目标是为科研服务，为科学考察服务，为我国登山运动培养后备人才服务。

随着我国登山运动所取得的成就及在野外科学考察和某些科学研究领域做出的特殊贡献，这项运动也逐渐为人们所认识。此后，北京大学山鹰社、清华大学登山队等相继成立。他们以登顶雪山为目标，对我国高原地区的生态、环境、气象、动植物资源等方面进行科学考察和研究，取得了可喜的成绩，同时也为此付出了极大的代价。尽管如此，登山运动由于受多方面的条件限制，仍然是极少数人能够参与的一项活动。

随着改革开放的逐渐深入和社会经济发展水平的提高，在国外户外运动发展的影响下，在我国，户外运动逐渐成为人们一种新的生活方式。为了适应户外运动的发展，促进户外运动的有序进行，全国各地纷纷建立起户外俱乐部，到现在已经发展到数百家，而且无论是装备还是技术都有了大幅度的提升。20 世纪末期，从国外传入了不少惊险刺激的项目，如探洞、漂流、溪降等，还有一些比较新鲜的项目，如越野自行车等。这些项目一经传入中国，就受到广泛关注，已经从专业的运动员才能参加的项目，逐渐被普通民众接受，成为俱乐部活动的主要户外运动项目，这一点从中国户外俱乐部的数量和活动内容上就可以看出。

（二）我国户外运动的发展现状

20 世纪 80 年代初，户外运动从欧美国家传入我国。早期，户外运动的发展并不算快，毕竟中国"有钱有时间又喜欢亲近自然"的人还不是很多。近些年，随着我国国民经济水平的提高，户外运动的发展势头非常迅猛，主要以登山、攀岩、野营、远足等为主体的大众性户外运动，集中在北京、广州、深圳、上海、成都等经济发达地区和大中城市。

2005 年 4 月，国家体育总局批准山地户外运动为我国正式开展的体育项目，标志着户外运动从自发、萌芽阶段走向了规范发展的新轨道，也实现了里程碑式的跨越，预示着中国户外运动这个项目的进一步发展和飞跃，户外运动在中国形成一股浪潮。

2000年8月,在国家体育总局登山运动管理中心的支持下,中国登山协会在吉林主办了长白山全国大学生登山越野挑战赛,项目有山地跑、定向越野、岩降、露营等。

2001年,中国登山协会在浙江安吉举办了山地马拉松赛。在此基础上,2002年至2005年,中国登山协会在安吉每年都举办国际山地极限运动挑战赛。比赛项目设有山地自行车、山间跑、器械攀岩、岩降、溯溪、定点穿越、划筏渡湖、负重跑等。

2002年11月,中国登山协会在浙江德清举办了越野挑战赛,项目设计与安吉类似,只增加了露营项目。

2003年开始,中国登山协会每年在重庆武隆县举办中国重庆武隆国际山地越野挑战赛。项目有山地自行车、山间跑、暗河穿越、攀岩、岩降、溯溪、溜索、划筏渡湖、漂流、负重跑等,与安吉比赛相比较,比赛路线更长、技术要求更高、难度更大,同时,比赛邀请了一些国外队伍参赛,这使比赛更加激烈刺激。

2003年10月,中国登山协会在四川省九寨天堂景区举办了2003年中国九寨天堂山地户外挑战赛,比赛区域平均海拔在3000 m以上,赛程距离长,总距离超过170 km,项目有登山攀岩、骑马穿越、自行车越野、草地穿越、黄河竞渡。这是中国登山协会举办户外赛事以来强度最大的一次比赛。

2005年10月,"中坤杯"帕米尔高原户外挑战赛在新疆帕米尔高原举行,比赛分为穿越戈壁、奥依塔克之旅、漫长旅程及感受"冰川之父"慕士塔格山冰峰四个赛段,赛程从海拔1300 m攀升至4300 m,共设置包括越野跑、山地车/赛跑交替、山地自行车、划船、登山、滑沙、越野技能等10个项目。赛程总长约200 km。

此后,中国登山协会还举办了江西三清山越野挑战赛、贵州梵净山越野挑战赛等比赛,并在2007年开始进行我国第一期中级户外运动指导员培训,大大促进了我国户外运动的发展。

如今,登山、攀岩、徒步、穿越、溯溪、溪降、漂流、越野自行车、探洞、野外生存等一些刺激惊险、新颖奇特、张扬个性、充满想象力的山地户外运动项目已被许多中国人接受,正逐渐由少数爱好者参与的运动向大众化的休闲体育方式转变。目前,有近25%的中国高校相继在体育课程教学中增设了户外运动类教学内容。随着国内各大高校休闲体育专业的兴办,户外运动课程的普及程度在逐渐提高。

第三节 我国户外运动俱乐部的发展与经营管理

一、我国户外运动俱乐部的发展

1857年,世界上最早的户外运动俱乐部诞生于德国,这个以登山、徒步为主要运动项目的民间组织是现代户外运动俱乐部的雏形。20世纪90年代末期,中国户外运动和户外运动俱乐部高速发展,各种户外运动项目受到广大群众的青睐,户外运动俱乐部也雨后春笋般壮大起来,百余家相关组织相继成立。

2001年,中国登山协会在对全国户外运动和户外运动俱乐部进行全面调研后,提出了"服务、引导、规范"的方针。2007年由国家认证认可监督管理委员会和国家体育总局联合制定的《体育服务认证管理办法》实施后,中国登山协会积极推进将户外运动俱乐部的资质认证纳入体系。2011年,国家体育总局印发的《体育事业发展"十二五"规划》中提出,支持建设"全民健身户外活动基地""保持青少年户外体育营地数量稳步增长"。政策的支持为户外运动在我国健康、可持续发展注入了新的活力。

目前,我国户外运动俱乐部主要有面向社会大众的商业性户外运动俱乐部和学校户外运动爱好者成立的户外运动俱乐部。前者即营利性户外运动俱乐部,中国登山协会制定的一系列的户外运动俱乐部管理条例是以此种俱乐部为管理对象的。而后者,我国部分高校户外运动爱好者成立的俱乐部,属于社会团体范围,不以营利为目的,促进户外运动的发展和普及是这类俱乐部的本质目的所在。

营利性户外运动俱乐部都是以营利为目的,向社会公众提供户外休闲健身服务的体育企业。不论何种企业,首要的目的是获取利润,否则在市场上就无法生存。同样作为企业的营利性户外运动俱乐部要面对市场,遵循市场规则,遵循价值规律,根据不同层次、水平和爱好的顾客的户外运动需求,提供不同等级、不同内容的服务,以达到营利的目的。与一般的户外运动设备生产企业不同,户外运动俱乐部提供的产品不是看得见、摸得着的实物产品,而是无形的户外运动休闲健身服务产品。

二、我国户外运动俱乐部的经营管理

(一) 我国户外运动俱乐部的经营模式

在瑞典、挪威等户外运动发达国家,户外运动俱乐部或公司的经营模式多以纯粹的开发、生产、销售服务为主。而我国户外运动俱乐部的经营模式是以开发、生产、销售服务为主,以实物销售、信息咨询为辅,表明了我国户外运动俱乐部的经营模式正在向着多元化发展,这有助于树立俱乐部品牌和提高竞争力。

1. 俱乐部商品经营方式

户外俱乐部主要是以户外产品经营为主,提供户外运动用品。而产品是以零售为主,坚持品牌经营,有的俱乐部注册,有的则没有注册,经营性质主要是自主选择消费制和AA制。户外俱乐部销售各种户外用品,如冲锋衣裤、登山鞋、背包、帐篷、睡袋、炊具、水具、灯具、工具、雪具等,其形式是以零售为主,坚持品牌经营,以网站和俱乐部推广户外生活理念,为户外运动爱好者提供全系列的户外运动用品。而组织网络化表征了组织结构由等级向网络转型的渐进过程。这一现象的发生与信息技术范式的确立和信息化的扩张直接相连,在全球互联网社会行将到来的大背景下,网上购物已经是大势所趋,在户外俱乐部商品经营上更显出其必然性。

2. 俱乐部活动组织经营方式

俱乐部活动经营方式有三种:第一种是群众性自发组织的社会团体,有负责俱乐部工作的人员收集活动资金,采用AA制形式,或在AA制基础上加收一定管理的费用;而有的俱乐部采用盈利方式，提供场所器材设施，按时间、天数收取一定的费用，俱乐部周转资金来自会员消费，采用先进的经营理念，紧紧把握运动休闲兴起的热浪赚得利润。第二种是以组织户外活动促进商品销售式，此种类型的户外运动俱乐部通过组织户外活动，从而带动装备的销售，是许多户外运动俱乐部所采用的模式。第三种是完全以产品销售为主，参加此种俱乐部的人群多为白领阶层，有的企业为了提高员工的凝聚力和沟通能力，提高企业效益，也会选择此种俱乐部组织户外活动。

3. 俱乐部市场营销方式

市场营销不仅是企业经营中一个极为重要的手段，而且也被非营利组织、政府部门等机构广泛采用。户外运动俱乐部经过市场调研，设计和生产消费者所需要的产品或服务，再把产品和服务推向市场，让消费者接受，或者直接针对消费者群体需求定制产品或服务，使目标群体成为忠实消费者。这个过程就是市场营销的基本内容。

户外运动俱乐部根据市场营销策略，须在完成市场细分的基础上，根据细分市场的市场潜力、竞争状况、自身资源条件等多种因素，确定目标市场的选择，一旦确定目标市场，就要确定产品和服务的类别及定价。目前我国户外运动俱乐部经营的产品和服务趋同性较强，经营的项目基本为组织活动、培训、咨询、户外运动装备的租售等。其中，组织活动的项目集中在徒步越野、拓展、速降、攀岩、漂流、野外生存等。如何正确合理地进行产品定位是户外运动俱乐部经营成败的关键。除了有效地经营管理外，广告宣传是俱乐部营销的重要手段。户外运动俱乐部通过网络宣传，可以大大增加宣传的曝光率和有效度。

一般的户外运动俱乐部会员营销包括个人会员和团体会员（企业会员）两种。会员营销的两个关键任务分别是发展会员和稳定会员。如何鼓励消费者投入更多的资金参与户外运动，并加入户外运动俱乐部成为会员，是目前户外运动俱乐部的工作重点。另外，采取各种营销手段、更好的服务、更多的产品满足会员的需求，提高会员满意度，稳定会员数量，降低流失率，也是户外运动俱乐部的重要工作。

（二）我国户外运动俱乐部的管理模式

作为向社会公众提供户外运动休闲服务的体育企业，户外运动俱乐部的管理属于企业管理的范畴。考虑到户外运动俱乐部休闲服务产品的特点，以下着重介绍户外运动俱乐部的组织结构与组织设计、人力资源管理、装备设施管理三方面。

1. 组织结构与组织设计

组织结构是描述组织的框架体系。经过多年的发展，企业的组织结构也多种多样，具体有职能型结构、分部型结构、简单型结构、矩阵型结构、网络型结构等。

管理者在设立或变革一个组织的结构时，就是进行组织设计。组织设计不分大小，上至国家机关机构改革，下至某个小型户外运动俱乐部的结构调整，都是对原有的组织进行变革，均属于组织设计范畴。

户外运动俱乐部在进行组织设计时，可以有多种选择。每一种组织结构都有其优缺点，管理者无论是在俱乐部开设之初，还是在俱乐部扩大经营时，在进行组织设计选择的时候，都必须根据组织的特点和俱乐部的特色，选择最适合本俱乐部的组织结构。以下对常用的组织结构进行简单地分析。

(1) 职能型结构

它按职能进行组织，将相似和相关职业的专家组合在一起来组建结构。如根据生产、研发和营销等职能将组织分为生产部、研发部和营销部等。其优点在于专业化；缺点是各职能部门强调自己的重要性，容易忽视全局利益。它一般适用于生产单一产品或服务的组织。

(2) 分部型结构

它由自治的单位组成，各单位管理者都对某种产品或服务负完全责任。其优点是强调结果，分部负责人具有高度责任感；缺点是活动和资源配置重复，造成成本上升，效率下降。它一般适用于生产多种产品的大型组织或企业。

(3) 简单型结构

它是指低复杂性、低正规化和职权集中在一个人手中的结构，有快速、灵活和经济的特点。它只适用于发展初期的小型组织，在一个简单的环境中能更好地发挥其特点。

(4) 矩阵型结构

它融合了职能型和分部型结构的特点，既发挥了职能型结构专业化的优点，又体现了分部型结构对产品结果的责任感，但容易造成混乱，引起权利斗争。它比较适用于有多个产品或规划、需要依靠职能专长的组织，比如学校。

(5) 网络型结构

它是一种新型的组织结构，是计算机技术革命的产物。它只有很小的中心组织，依靠其他组织内以合同为基础进行生产、营销等经营活动。

目前，大型营利性户外运动俱乐部一般都采用连锁或加盟形式来占领不同地区的市场。各个俱乐部根据自己的实际，组织结构有所不同，或采用单一的组织结构，或集中组织结构交叉。

按照公司、企业的组织结构，大型的户外运动经营类企业都设置有总经理办公室、事业发展部、市场营销部、人力资源部、教学培训部、财务部等部门。但我国绝大部分户外运动俱乐部由于发展时间较短，组织结构还不是十分完善。

各部门主要职责如下。

市场部：负责俱乐部的营销工作，如俱乐部形象设计与推广、对外宣传、产品推介、各类赛事招商及媒体推广，还包括建立网站、会员数据库。

团队部：利用技术优势和户外运动管理经验，将体验式培训与户外运动紧密结合，为企事业单位组织专业的户外体验式拓展训练。

会员部：搭建综合性交流平台，为户外运动爱好者提供专业、系统的户外运动活动策划和组织服务，主要包括策划组织各种户外运动活动、户外运动专业知识讲座、户外知识培训、户外运动交流活动。

事实上，我国户外运动俱乐部的组织结构中缺乏财务部、人事部等部门，充分说明了当前我国的户外运动俱乐部的管理，尤其是人事和财务等方面很不规范。

2. 人力资源管理

不论是世界 500 强企业，还是普通中小型企业，不论是从事商品制造业，还是体育服务业，不管其有没有人力资源部或人事处，人力资源管理都是企业非常重要的工作内容之一。营利性户外运动俱乐部从筹建之初，就要加强人力资源管理。

营利性户外运动俱乐部人力资源管理内容主要有人员甄选、绩效评估、员工培训与发展和薪酬福利四方面。

（1）人员甄选

人员甄选是指用人单位在招募工作完成后，根据用人条件和用人标准，运用适当的方法和手段，对应聘者进行审查和筛选的过程。

营利性户外运动俱乐部对从事户外运动指导的领队、教练员，应该有以下几个方面的要求：①掌握全面的户外运动技能和知识；②有较丰富的户外运动经验；③有一定的户外运动教学能力；④有一定的户外运动组织能力；⑤有较强的责任感和事业心；⑥对户外运动行业有浓厚的兴趣，热爱本职工作。

（2）绩效评估

绩效是指机构成员职位的任务被完成的程度，它反映了员工能在多大程度上实现职位要求。绩效评估，又称绩效考评、绩效评价、员工考核，是一种正式的员工评估制度，也是人力资源开发与管理中一项重要的基础性工作，旨在通过科学的方法、原理来评定和测量员工在职位上的工作行为和工作效果，通过对员工的绩效评估，形成客观公正的人事决策过程。

绩效内容的考评有以下几个方面：①业绩考评，对行为的结果进行考评，如任务完成度、工作质量、工作数量等；②能力考评，考评其在工作岗位上及工作过程中显示出来的能力，如经验、知识、技能熟练程度、判断力、理解力、创新能力、策划能力等；③态度考评，考评出勤状况、纪律性、协作性、积极性、责任心。

（3）员工培训与发展

员工培训与发展就是组织通过学习、训导的手段，提高员工的工作能力、知识水平，最大限度地使员工的个人素质与工作需求相匹配，促进员工现在和将来的工作绩效不断提高。

户外运动项目的发展变化非常迅速。比如户外运动俱乐部中的服务项目，以前是以素质拓展为主打项目，现在流行的项目就有野外生存、攀岩、定向越野等多个项目，以后还有更多新兴的运动休闲项目出现。作为户外运动俱乐部的员工，只有不断地学习和充实，才能吸引更多的顾客，才能为顾客提供更安全、周到、舒适的服务。另外，一名员工不可能一成不变地长期从事一项工作，随着职位、职务发生变化，其要求也随之发生改变。

据统计，我国户外运动各地各级行政管理部门和协会每年都会举办户外指导员、拓展指导员、助理教练员、攀岩从业人员培训班，对户外运动俱乐部的从业人员和爱好者进行专业技能培训，大大提高了他们的工作能力和知识水平。

(4) 薪酬福利

在企业中，薪酬福利是指员工因为被雇用而获得的各种形式的收入，包括基本工资、奖金、津贴、加班工资、各种福利项目，以及长期与短期的激励等。

在我国户外运动发展的当前阶段，行业管理的不规范导致了多数户外运动从业人员对自己的薪酬福利不满意，人员流动大。

首先，在大好的户外运动发展机遇时代背景下，优秀户外运动人才希望尽快积累资金和经验来实现自己创业的目标。其次，现在我国户外行业处于转型期，从业人员缺乏职业安全保障和长期收益保障。整个户外行业的职业保障系统和社会福利保险系统还在建立过程中，人们需要获得更大的安全感。最后，生活成本过高，户外从业人员生活压力大也是对薪酬福利不满意的重要原因。

因此，户外运动行业在薪酬福利管理方面需要进一步解决如下问题，比如薪酬和奖励机制要诚信、合理、透明；逐步建立共享未来、有安全感的人本文化；完善人才梯队建设计划，促使员工能力和经验不断升级换代。除此之外，职务任免、奖金、归属感、培训发展机会等也应该纳入户外运动俱乐部薪酬福利范围。

3. 装备设施管理

装备和场地设施是户外运动正常进行的基本物质保障，也是户外运动俱乐部正常运营的基本保证。俱乐部内部从领导者到普通员工，都有义务对俱乐部内的安全带、绳索、主锁、下降器、上升器、头盔等器材和用具保持经常的检查，对拓展运动基地的高空项目、胜利墙、荡绳过河等危险系数较高的器材设备也必须保持经常的保养和维修。在装备、器材使用完毕后和使用前，都要认真检查，如发现问题，应及时解决。养成良好习惯，严格建立规范、健全的器材设备的管理制度，保证各项户外运动设备都能在活动进行过程中处于良好的运行状态，确保每次户外运动活动顺利安全地开展。

【知识点小结】

1. 户外运动指在野外或在自然环境中进行的、与自然界紧密结合的新兴体育运动。它是综合性非常强且具有高风险的体育运动项目。它具有诸多独特价值和意义，为越来越多的人所接受。

2. 户外运动源于欧美早期的探险、科学考察。随着社会经济文化的发展，如今户外运动已经从贵族的专属活动发展到大众广泛消费和参与的运动。我国户外运动发展十分迅速。

3. 户外运动俱乐部是生产和组织户外运动产品和服务的机构，它的运营和管理模式具有自己的特点。

【知识综合实训】

1. 查找资料，论述和比较国内外户外运动发展的社会经济文化背景。
2. 你对哪一项户外运动项目感兴趣？请陈述理由。

第二章
户外运动用品与装备

【学习目标】

1. 掌握户外运动装备和用品的分类，了解不同装备的基本特点和功能，能够根据不同户外运动的性质选择合适的配套装备和用品。

2. 能够在实际户外运动实践活动中合理选择和搭配相关用品装备，并能在实践中进行正确、熟练地操作和使用。

户外运动用品与装备是进行户外运动之前必不可少的物资。目前，市面上的户外用品与装备种类繁多，合理选择与搭配户外运动用品和装备，并在户外运动实践中正确熟练的操作和使用装备，是每位户外运动参与者必须具备的基础素质。

【案例导入】

从北京ISPO（2017）看中国户外用品发展十大趋势

2017年2月15—18日，第十三届亚洲运动用品与时尚展（ISPO BEIJING 2017）在北京国家会议中心隆重召开。作为全球体育用品及运动时装行业最大的综合博览会，ISPO在海外唯一的子展设立在中国（分为北京和上海），足见中国和亚洲市场所受到的重视。

今年，ISPO北京的规模继续扩大，但在展会规模与影响力都逐年增长的情况下，中国户外行业却放缓了成长的脚步。ISPO亚洲新业务总监王亦磊在接受采访时表示："展览会是行业的镜子，容易反映行业变化。"通过在展会现场的连日走访，总结2017户外用品及其市场的10个趋势。

1. 城市户外风兴起，国内品牌还需要时间

在参加完全程的ISPO慕尼黑的展会之后，王亦磊在他的朋友圈感叹："城市户外风（Urban Outdoor）已经吹遍几乎所有户外运动品牌，并且大有压过其专业产品的势头。"

王亦磊在北京展会现场接受记者采访时表示，国内的户外品牌也有大众化的趋势，也就是说，专业的户外品牌推出的产品将会更贴近大众和日常。他拿自己当天所穿的外套举例，"衣服的面料是防水羊毛，和原有的户外冲锋衣不一样了，在性能和设计上可以

兼顾满足户外运动需要，以及日常穿着"。

2. 体育、旅行与户外三产业互相渗透更加紧密

户外露营、生存用品占据着ISPO展会负一楼近1/3的空间，其中包括帐篷、睡袋、睡垫、烧烤装备、火炉、锅、刀具、水杯等产品，这些装备通常瞄准的是徒步、登山、骑行、野营等户外体育运动爱好者，还有自驾游的用户。如今户外体育运动与自驾游的联系越来越密切。

创势资本董事长汤旭东在ISPO的演讲中表示，体育旅游分为四大类，发展最快的是户外，包括徒步、骑行、滑雪、潜水等，然后才是体育观赛旅游、国际马拉松这样的体育竞技旅游和学习培训类体育旅游。正如ISPO学院分析，旅行、体育与户外这三个产业的边界越来越模糊。

3. 海外品牌纷纷组团，看好中国市场

今年ISPO北京展会上，奥地利、韩国、瑞士、法国和加拿大组成了国家参展团，集体来挖掘中国的户外市场。15家韩国户外品牌企业由韩国的大韩贸易投资振兴公社（KOTRA）和韩国户外及运动产业协会（KOIA）带领，意在寻找中国采购商、经销商或代理合作伙伴，共同携手发展中国市场。其中主要产品包括反光面料、高尔夫装、泳衣、露营设备、户外可穿戴设备等。

4. 小众细分品类兴起，户外品牌场景化

在展会现场，发现了不少专注小众细分市场的品牌。成立于2002年的秋野地专注于汽车露营领域，2014年开始研发车顶帐篷，2016年国内的销售额达到几千万元规模。拥有防潮、防爬行动物干扰等优点的车顶帐篷目前在国内还是个新鲜事儿。此外，诸多户外军品品牌也成为一大亮点，例如，来自中国台湾的麦格霍斯（MAGFORCE）与美国的5.11战术（5.11 Tactical）。

这些小众的品类都有非常明确的使用场景和目标人群，户外领域的小众市场正在被越来越精准地挖掘。

5. 儿童户外成长迅速

泰尼卡中国公司总经理鲍永林在同期举办的第十二届亚太雪地产业论坛上表示，未来中国的度假市场一定要考虑儿童。过去的五年中，阿迪达斯童装（Adidas Kids）品类在中国市场的销售规模实现25%年均复合增长，这是阿迪达斯业绩的重要增长来源之一。阿迪达斯大中华区的战略中，已经将Kids渠道作为四大核心增长引擎之一。这样的趋势已经在ISPO展会上显现。不管是成人品牌增加儿童产品线，还是专注于儿童户外的品牌都有所增多。

6. 越来越多的品牌将环保作为亮点

来自德国的SympaTex和来自瑞典的Fjällräven都在这次展会上将环保作为宣传亮点。SympaTex强调，聚醚聚酯分子组成的聚合体的生产减少了至少50%的二氧化碳排放。Fjällräven强调了由可回收再生的聚酯PET瓶制成的环保科技面料，并且纺丝与染色同步完成，生产过程大幅降低了水资源的消耗，减少了化学制剂的使用，降低了能源消耗和碳排放。目前，国内的户外品牌还少有能像国际品牌这样，拥有追求环保的野心和能力，

不过随着消费观念的变化和国际品牌的影响，相信国内品牌也会有所效仿和创新。

7. 全渠道成为新零售趋势下的业态

2017年，ISPO首次同阿里巴巴旗下的采购批发B2B平台1688合作，开设线上展厅，在部分参展商的展位，扫描二维码即可在线订购商品。今年，ISPO现场还新增了电子商务洽谈专区、现场天猫品牌直播等活动。《中国户外用品2016年度市场调查报告》指出，2016年中国户外用品在商场渠道、户外店渠道和电商渠道零售总额分别达到112.6亿元、35.4亿元和84.8亿元。相比2015年，商场渠道销售额下降4%，户外店销售额下降9%，电商渠道增加30%。

8. 运动产品科技智能化，国内新锐品牌创新能力有所显现

探路者凭借着TIEF COOL全无缝跑步T恤和多功能都市滑雪两用滑雪服，获得今年ISPO全球设计大奖。在其展厅上，徒步智能脱卸外套，以及运用了荷叶仿生技术与变相控温技术的产品成为主打。STARY电动滑板将自己定义为科技潮牌，最高速度可以达到30 km/h，售价4000元左右。随着用户需求的提升，功能性更强、科技元素更多的户外用品产品将会在市场上拥有自己的一块领地。

9. 女性运动市场越来越受重视，女性产品呈专业化发展

根据国家体育总局的统计，2015年中国经常体育锻炼人数达到4.1亿以上，预计2025年运动人口达到5亿以上。女性人口占其中的40%。《2015年中国女性数字时尚用户白皮书》调查显示，每周运动一次以上的女性占71.8%，其中每周2~3次是主流，占30.7%。耐克、阿迪达斯、露露乐蒙（lululemon）等国际运动品牌、传统内衣品牌及国内的运动装备品牌也在抢占女性运动内衣的市场。

10. 滑雪领域快速发展，即将开启千亿市场

滑雪装备是本次展会上最受瞩目的品类之一。在国家会议中心的两层展厅里，冰雪主题就占据了半壁江山。获得"ISPO全球设计大奖"的近半产品都是滑雪装备。"本次冬季运动展区再一次扩大规模，有近百家国内外知名单板、双板滑雪器材、服装和配件品牌，以及冬季运动机械设备制造商参展。"ISPO官方表示，"全球冬季运动品牌对于中国市场的发展前景一片看好。"最新出炉的《2016年度中国滑雪产业白皮书》数据显示，2016年全国滑雪场有646家，新增78家，增幅为13.74%，而滑雪人次增长20.8%，人数的增长超过滑雪场数量的增长。

（案例来源：懒熊体育）

第一节　户外运动的基本着装

一、户外运动服装

（一）户外服装的种类及特点

选择户外运动着装时必须考虑当地的气候与复杂的地理环境，注重服装的实用性。

户外运动的着装应以宽松、舒适、耐磨等为基本原则,功能性的着装要起到防风、防水、保暖、透气的作用。

根据功能,户外服装一般分为三类,即从内到外的三层,通常称为内层服装(排汗层)、保暖层服装(保暖层)、外套层服装(防水透气层)。

1. 内层服装及其特点

内层服装即内衣(图2-1-1)的主要功能是排汗、透气和保暖舒适,在不同的季节,内衣在功能上又有不同的侧重,春、夏、秋主要是排汗,而冬季和初春则要以保暖为主。其中内层服装一般都由排汗性能较强的合成纤维物质制成,有些优质的面料在洗后10~15分钟即可晾干。尽量避免穿着纯棉和纯毛制品,不要穿紧身的内衣。

2. 保暖层服装及其特点

保暖层服装(图2-1-2)多采用人工材料和天然材料制作,一般没有防水功能,主要配合外套层穿着,这类服装一般在冬季或比较寒冷的地区才使用。

3. 外套层服装及其特点

外套层服装(图2-1-3)是户外服装中最重要的部分,一般由具有防水和透气功能的材料制成。外套层服装在设计上有许多独到之处,比如,这些服装在肩部或肘部等易磨损的部分会加一些防磨的牛津尼龙布,在衣服的缝合处还压上一层胶质以防止雨水浸入,在衣服的袖子下面还增加了拉链,随时可以拉开透气。此外,这些衣服最重要的就是在布料的内层涂上了特殊的胶质,很好地解决了防水性与透气性之间的矛盾。

图2-1-1 内层服装

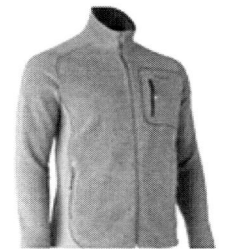

图2-1-2 保暖层服装

图2-1-3 外套层服装

(二)户外服装穿着注意事项

根据探险者多年来的户外经验,人们总结出"三层着衣"的概念,并根据此概念来选择、购买、添减衣物。"三层着衣"时应该注意以下事项。

第一,"三层着衣"中的每一层不是独立的,需要三层服装互相配合提供保护,例如空气被隔阻在两层之间要比单独的一层具有更好的保温作用。

第二,为了使衣物达到最佳的效果,各层的透气和排汗功能应该保持一致,如果其中一层不透气排汗,那么其他层的效能将无法发挥。

第三,三层衣服的好处在于可以因气候制宜、灵活运用。在户外运动时并不是任何时候都需要穿这三层，而是根据自身的需要加减。

在"三层着衣"的原则之外，如夏季高温环境下，快干衣物是户外运动的首选。快干衣可以更快地将水分排出，从而保持衣物自身的干爽。快干衣物多采用化纤材料，一般有快干、防水、防撕、防紫外线等功能。

二、户外运动鞋子

（一）户外鞋的种类

户外用鞋种类很多，一般根据其功能和用途可分为高山靴（图 2-1-4）、登山鞋（图 2-1-5）和轻型登山鞋（图 2-1-6）三大类，另外在一些户外运动中还需要有一些专门的鞋，如攀岩鞋、沙滩鞋、溯溪鞋、滑雪鞋等。现在在户外运动中使用比较广泛的是登山鞋，此类鞋根据重量和材质还可以分成重型登山鞋和中型登山鞋，适用于低海拔登山、徒步穿越等。

图 2-1-4　高山靴

图 2-1-5　登山鞋

图 2-1-6　轻型登山鞋

（二）户外鞋的功能

行走是人类最基本的技能之一。在户外运动中，保护双脚是至关重要的。在户外环境中，人们需要面对不同的路况，有时是布满石头的山路，有时是终年积雪的雪山，有时是阴暗潮湿的幽径，参与者要背负笨重的背包在户外行走，双脚要受到比平时大得多的压力，脚踝会受到不同方向的冲击，所以选择合适的鞋子就成了保护双脚的首要工作。

（三）户外鞋的选择

1. 根据户外运动的具体情况选择

户外活动的内容、性质、强度、地形、路况等决定鞋子的种类。如果活动情况复杂，就千万别指望一双鞋能带给你全面的功能。

2. 根据材料构成进行选择

鞋子的材料决定了鞋子本身的重量、透气性能、耐用耐磨程度及防水性能。采用重量轻、透气性能好的尼龙织布与小块皮拼接而成的面料的鞋，穿起来比较柔软方便，适用于进行短途户外跋涉且携带较少物品的行走。否则就要考虑采用防水性能好、耐磨程度高的纯皮面料的鞋。

3. 根据脚的大小选择合脚的鞋

穿鞋最重要的是合脚，所以购买时一定要亲自试穿，不要用平时穿鞋的尺码去确定鞋的大小，也不要被鞋子标注的号码所迷惑，试穿时一定要记得穿一双厚一点的袜子。

（四）户外鞋使用注意事项

刚买来的新鞋要磨合一段时间，出发前至少应该穿两周，若脚底出现水泡，试着多加一双袜子；若脚背出现水泡，可以把袜子穿薄一点；若脚后跟被磨伤，则将鞋带系紧；准备一些胶布，在出现磨脚的情况下可以贴在磨脚处。

鞋子不能穿得太紧，尤其是脚趾部分，否则会出现瘀血；也不能太松，否则脚容易打滑，太多的空间会让足底与鞋底长时间摩擦出现水泡。

即便是有防水功能的鞋，它也不是雨鞋，如果鞋内进水，可以换双干袜子后在脚上套上塑料袋应急。

让鞋子在通风处晾干，不要用火或加热器来烘烤潮湿的鞋子，也不要把鞋子放在太阳光下暴晒，这样可避免鞋子变形和皮面裂开。一旦鞋子清洗干净并被晾干，可以套入鞋叉或报纸团来维持鞋内干燥和鞋型，然后将鞋保存在凉爽、通风、干燥、避光的地方。

三、户外运动袜子

（一）户外运动袜子的种类及功能

在户外运动中，尤其是负重长途行走，脚是最辛苦的，所以在户外更要善待双脚，在拥有一双好鞋之后，穿着合适的袜子也同样重要。根据制袜的主要材料，袜子可分为棉质袜、丝质袜、毛制袜、合成材料袜。

棉质袜（图2-1-7）吸汗性好，保暖性和舒适感都较好，但排汗差，不容易干燥，经过长时间徒步后，脚容易出现水泡，而且在停下脚步后，潮湿的棉袜保暖性很差，会冻伤脚。

丝质袜子（图2-1-8）排汗效果好，穿着舒适，十分轻巧，但不如其他材料耐磨，保暖性也差，一般不单独使用，通常作为衬袜与其他种类的袜子一起使用。

毛制袜（图2-1-9）主要使用羊毛材料，此类材料的优点是保暖性好，柔软，穿着舒服，即使潮湿后也可以保暖。但缺点是较重，耐磨性也较差，不易干燥。

使用合成材料制成的袜子（图2-1-10）很大程度上满足了人们对户外运动的要求，在实际使用中，一般都是在天然材料中加入合成材料，使袜子达到舒适、保暖、排汗、快干等综合目的。当然此类袜子也有缺点，在穿着后会有强烈的异味。

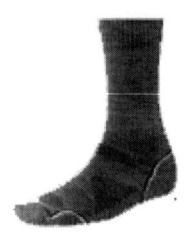   

图 2-1-7　棉质袜　　图 2-1-8　丝质袜子　　图 2-1-9　毛制袜　图 2-1-10　合成材料制成的袜子

（二）户外运动袜子的选择

一双好的袜子应该有以下特点：裁剪细密，做工精良；袜口弹性良好，多次穿脱不变形；加入合成材料保存袜子整体的弹性，能保持与脚部良好的贴合；在脚跟、脚尖、脚踝部加厚，使袜子更加舒适、耐磨。袜子具备以上特点的同时，选择一双合适的袜子还需要考虑以下几点：①选择适合环境的袜子；②选择大小合适的袜子；③选择合适的材料。

（三）户外运动袜子穿着注意事项

第一，出发前应该多准备几双袜子，袜子和鞋一样，新袜子要提前和脚磨合一下，尽量不要穿新袜子长时间行走。

第二，在寒冷的环境下一定要穿羊毛袜子或穿双层袜子。

第三，袜子一定要勤洗，如果袜子发臭，可以在洗时加醋或洗后浸泡在醋里一段时间，这样既可以除臭，也可以杀菌。

第四，袜子洗干净后应该夹住袜口在通风处晾干，不要再阳光下暴晒。在紧急情况下，可以将袜子放在睡袋里捂干。

四、户外运动雨具

（一）户外雨具的种类及特点

户外气候多变，一套防雨用具十分重要。背着很重的背包撑一把雨伞在林中和山地间行走是非常不方便的，因此雨衣便成为户外雨具的首选。

雨衣一般分为两种，一种是分身式雨衣（图 2-1-11），它是由雨衣和雨裤两部分组成的，挡雨性能好，在没有御寒衣物时代用，也有一定的效果，若遇溺水时，将雨裤裤脚扎紧，然后将裤腰收紧，就可以做成一件简易的救生衣。另一种是斗篷式雨衣（图 2-1-12），其最大的优点是通风透气，穿上后还能将背包等一并遮住，价格也便宜，其缺点是挡雨性能较差，防水性能也不好，尤其对下半身的防护。

图 2-1-11　分身式雨衣

图 2-1-12　斗篷式雨衣

（二）户外雨具的选择与使用

斗篷式雨衣应该选择大一点的，野餐时可做餐布，支起来可做凉棚。在没有雨衣的情况下，找一个大塑料袋在底部剪一个头可以钻过的洞，可充当临时雨衣。此外，目前人们多选用冲锋衣裤来抵御风雨。

五、户外运动帽子

（一）帽子的作用

帽子在户外主要起到保温、防风和防晒的作用，但是很多人在进行户外运动时往往忽视了帽子的作用。根据研究，头部的表面积占整个体表面积不到 1/10，但人体所产生的热量却有一半左右是从头部散失的。户外运动时戴上帽子，冬季可以保暖，夏天可以防晒，还可以防止高处落下来的物体或树枝损伤头部。

（二）帽子的分类

帽子的种类很多，根据户外运动的需要，常用的帽子可分为：

棒球帽（图 2-1-13）：主要特点是帽子的前部有较长的硬质帽檐，可以遮阳挡雨，保护面部。

丛林帽（图 2-1-14）：户外较为常用的帽子，其特点是有一圈软质的帽檐，可以较好地保护面部和颈部不被太阳晒伤，还可以防雨和阻止虫子等落入颈部。

滑雪帽（图 2-1-15）：为了降低风阻、扩大视野，滑雪帽一般有可折叠的帽檐，需要时可以翻下来保护耳朵。

图 2-1-13　棒球帽

图 2-1-14　丛林帽

图 2-1-15　滑雪帽

(三)帽子的选择与使用

帽子的形状应该符合户外运动的需要,如果在丛林或者阳光较多的地方,应选择丛林帽;如果在冬季,应该选择保暖性能较好的抓绒帽。选择帽子的时候一定要考虑其防水性,帽子的辅件要齐全,例如丛林帽应该具有帽绳,防止大风吹走帽子;棒球帽应该能够方便调节松紧;在清洗帽子时切记不要使用洗衣机来洗涤或甩干。

六、户外运动手套

(一)手套的作用

手套是户外运动的必备物品之一,手是人体活动最主要的部位,做任何事情都离不开手,因此对手的保护也应该格外重视。手套在户外运动中主要起到保温和防止划伤、刺伤及防滑的作用。

(二)手套的分类

手套按外形可分为并指手套和分指手套。并指手套(图2-1-16)是指除大拇指以外,其他四指连在一起的手套。这种手套一般在寒冷的环境中使用。分指手套(图2-1-17)是指5个手指各自独立、完全分开的手套,手部做动作时比较方便、灵活。这类手套还有一种半指手套(图2-1-18),即5个手指的指头部位露在外面不加保护,这样的手套一般用于不是特别寒冷的情况下。

户外用手套一般分为两层,内层保温、保暖,外层防水、防风、耐磨。手套通常使用的材料有抓绒、羊毛、羽绒、合成材料,在制作手套时一般会根据材料的特性将其缝制在手套的不同层面和部位。

 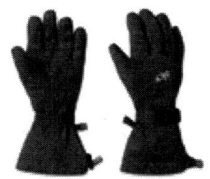 

图2-1-16 并指手套　　　图2-1-17 分指手套　　　图2-1-18 半指手套

(三)手套的选择与使用

户外运动时,手套的选择也要考虑活动地的具体环境,在冬季外出时,可以考虑将并指手套和分指手套各备一副。选购手套时要注意袖口和手指的活动程度,手套口应盖过外袖的袖口。手套和服装一样,也可以考虑多层穿着方式,根据实际情况增减。在抓取锋利物件或烫热物品时要小心,避免伤害手套的表面材料。充分利用手套的部件,不用时可以用手套的扣子和外套或背包相连,避免丢失。

七、户外运动眼镜

（一）户外眼镜的作用

户外运动，尤其是在沙漠、海边、山顶、雪地等地，阳光的照射没有阻隔，眼球会受到紫外线的伤害。太阳会放出不同波段的辐射，其中有些波长的辐射人眼可见，如彩虹里的各种颜色，但是，在可见光之外还有肉眼看不见的紫外线和红外线，其中的紫外线能伤害皮肤和眼睛，在户外运动时佩戴一副合格的眼镜是非常必要的，这种眼镜也就是俗称的太阳镜或墨镜。

户外运动眼镜的基本功能：防止紫外线伤害，防长时间风吹眼睛，防止异物进入眼睛，阻隔太阳光，预防眼睛疲劳。

（二）户外眼镜的种类

户外运动眼镜按镜片种类可分为偏光镜、彩色镜、变色镜。

偏光镜（图2-1-19）是由特殊材料制成，可以滤去来自大地的强烈反射光线，并彻底清除来自水平方向的刺眼偏光。

彩色镜（图2-1-20）是在镜片上着色或镀色，一般的太阳镜都属于这种。

变色镜（图2-1-21）指镜片会随着光线的强弱而改变本身颜色的深浅。

根据用途，运动眼镜又分为登山镜、雪镜、防风镜、自行车眼镜等。

 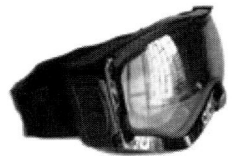 

图2-1-19　偏光镜　　　　图2-1-20　彩色镜　　　　图2-1-21　变色镜

（三）户外眼镜的选择及注意事项

在准备眼镜时，可根据户外运动的内容、性质、当地气候环境选择运动眼镜。镜片是眼镜中最关键的部分，需要有专业的光学设计。千万不要在不正规的眼镜店购买便宜的眼镜，这些眼镜虽然外观看起来不错，但是长时间佩戴会损害你的眼睛。

佩戴眼镜时不能过松或过紧，不要将眼镜挂在头上，这样也许好看，但会使眼镜变形。切忌将于眼镜长时间置于高温的环境中，比如车内、阳光下、篝火旁。避免让眼镜接触海水、香水、杀虫剂等有腐蚀作用的物质，以免对镜片、镜框造成腐蚀。眼镜在放置时应该避免与硬物或尖锐的物品放在一起，也不要放在口袋或皮包里，以免刮伤镜片。

第二节 户外运动的常用工具

一、户外灯具

（一）户外灯具的种类

灯具是户外运动的必需品，夜间操作、活动都离不开照明的灯具。户外灯具可分为手电筒、头灯、营地灯、小型瓦斯灯。

手电筒（图2-2-1）是最常用的夜间照明工具，它轻巧、操作方便、价格低廉，但有一个缺点就是必须手持，在户外行军需要手来做其他事情的时候，手电筒就不太合适了。

头灯（图2-2-2）是户外运动中使用起来也比较方便的灯具，作为戴在头上的灯具，它能够使人们在夜间活动时解放双手，去做其他重要的事情，如搭建营地、做饭、写日记等，而且头灯戴的位置正好在眼睛的上方，光线刚好与视线同步，十分方便，同时也提高了户外运动的安全性，是户外运动首选的灯具。

营地灯（图2-2-3）是专为照亮大面积的地方而设计的，其光线也明亮得多，适用于参加人数较多的活动。其缺点是体积较大，比较笨重。营地灯有使用电池和使用燃料两种，使用电池的操作比较方便，但使用时间较短，而使用燃料的正相反。

小型瓦斯灯（图2-2-4），如果人数不多或只需要在帐篷中使用，可以选择使用小型瓦斯灯，这种灯体积较小，携带方便，照明强度高，对小型团队十分适用。

图 2-2-1　手电筒　　图 2-2-2　头灯　　图 2-2-3　营地灯　　图 2-2-4　小型瓦斯灯

（二）户外灯具使用及注意事项

应该根据活动的内容和活动地的气候条件选择灯具，同时也要根据活动时间的长短备足所需要的电池和备用灯泡。注意尽可能选择1号或5号电池，因为这两种型号的电池较普遍，容易购买。热灯丝光源的优点是亮度高，光线集中，光照有效距离远，缺点是费电且使用寿命短。而冷光源的优点是省电和使用寿命长，缺点是亮度不是那么高，光照有效距离不远，所以要根据实际情况配备好。

水是灯具的大敌，户外运动时一定要选择有防水功能的灯具。千万要记住，在户外不要随意丢失废旧电池，电池内的化学物质会污染环境。保存灯具时一定要取出电池，避免灯具被腐蚀。

二、户外水具

人体中水的含量占体重的 2/3，同时，水又是人体活动的重要介质，其重要性众所周知。户外运动中，人体的水会随着呼吸、排汗等大量流失，及时补充水是人体机能得以正常维系的关键。在户外，大多数情况下不是马上就能找到水源，因此，随身携带的水具就显得格外重要。户外运动中通常需要携带的水具有水壶、折叠水桶、净水器等。

水壶（图 2-2-5）的种类很多，比如铝水壶、塑料水壶、保温壶、军用壶等，目前使用比较普遍的是铝水壶。它的优点是坚固耐用、重量轻、设计合理，缺点是壶口较小，不易清洗，保温性差。

折叠水桶（图 2-2-6）压缩后形成一圆形薄片，打开后成一个水桶，主要用于营地的水源储备，携带方便。如果户外运动地的水源较远或者人数较多时，则应该考虑携带折叠水桶。

净水器（图 2-2-7）不是携带水的工具，而是将户外水源直接处理为饮用水的装置。它的主要功能是通过物理过滤和化学杀菌的方式，将水源净化。净水器是户外处理水最好的装备。

户外运动时，首先要根据使用的环境来确定水具的类型，其次是任何一种水具都必须具备以下三点特性：严密性、卫生、方便携带。水具在使用前后一定要注意清洗消毒，通常可以采用药品消毒和煮沸消毒的方法。

图 2-2-5　水壶　　　　　图 2-2-6　折叠水桶　　　　图 2-2-7　净水器

三、户外刀具

刀具是户外运动不可缺少的工具，一把坚实可靠的好刀可以帮助你排除困难、脱离险境、抵御野兽，在特殊的情况下还可以挽救你的性命。户外生存生活携带一把好刀可以帮助你完成很多工作，通常是带一把大刀和一把小刀，用于料理食物、修理装备、整理营地、获取食物及柴火等。这些工具一定要随身携带并小心保管，并能够正确使用。

（一）户外道具的种类

1. 多功能折叠刀

多功能折叠刀（图 2-2-8）由多种工具组合而成，包括刀、螺丝刀、镊子、开瓶器、罐头开启器、剪子等，在户外使用非常方便，其中最具有代表性的是瑞士军刀，其因功能齐全、质量好、携带方便而闻名于世。

2. 野战刀

野战刀（图2-2-9）相对于多功能折叠刀而言其刀身要大得多，可用于户外丛林开路，其刀背上有锋利的锯齿，适于劈砍，可切削绳索、树木等，在遇到动物袭击时还可以进行有效的自卫。

图2-2-8　多功能折叠刀

图2-2-9　野战刀

（二）户外刀具的使用及注意事项

在户外运动中，刀具应放置在便于取用的地方，以应付突发事件。刀具一定要收好，传递刀具的时候，一般要将刀柄转向对方，等到对方拿稳后才可放手，在使用过程中应避免伤害自己和别人。劈砍树木时首先要站稳，砍伐的角度为45°左右。相对一般树木而言，竹子要硬些，所以在砍竹子的时候，角度要更大些，并且要单根砍。为了保持刀锋的锐利，不要将刀刃向树上或地面扔。除非是迫不得已的情况，不要用刀刃来拧螺丝，也不要用刀尖当凿子使用，另外，刀刃绝不可以放进火里烧烤。刀具的材料通常是不锈钢，但如果保养不好也一样会生锈，所以在使用完刀具后一定要清洗干净，并擦干存放。

四、户外火种

在户外运动中，火种是必备物品，千万不要忘记携带，否则会给你带来很多麻烦。现在取火的方法一般为使用火柴或打火机点火。在一般环境中火柴和打火机就足以应付，但是如果环境太恶劣，建议最好携带具有防风防水功能的专业火柴或打火机。假如忘记带火种，可以采用放大镜、电池短路、钻木取火等方法获得火种。户外用火一定要小心，使用不当会造成火灾。

用火应注意以下事项：①不要在禁止用火的地方用火；②在树多、草多的地方行军时，不能抽烟；③在大风时，最好不用火，以免强风吹散火堆，引起火灾，如必须用火，可选择在避风的沟坎下，并使用防风板保护；④用火时应该选择近水的地方，并准备一桶水，以免发生意外；⑤在户外用火时应有专人负责生火、灭火，并及时检查；⑥灭火时，应该用水把火堆浇透或用土盖灭，并恢复自然环境原状；⑦在户外万一发生火灾，一般采用水浇、铺盖、挖防火隔带的方法灭火。

五、户外通信工具

在户外活动中，保持人员之间的联系非常重要，无论是队伍一致行进，还是在紧急情况下的救援等，都需要良好的通信器材。在户外，人声和哨响的有效范围很小，不能满足户外运动的需要。因此，为了更好地完成户外运动，保证活动的人身安全，携带有效的通信工具十分必要。常用的通信工具有手机和对讲机。

手机（图2-2-10）就是移动电话。手机使用前提是有通信信号，因此在户外运动中，尤其是在偏僻的深山老林，其功能受到一定的限制，但不能因此而不带手机，因为在遇到危险的时候，一旦找到微弱的通信信号，就可以依靠手机发出求救信号。在户外，手机没法充电，因此，临行前一定要充满电并带好备用电池。如果这样也不能保证手机使用的时间，可以与联系人和队友事先确定联络的时间，然后将手机关闭。

对讲机（图2-2-11）主要用于户外运动中队友之间的通信，尤其是在手机没有信号的情况下，对讲机就越发显得重要。

图2-2-10　手机

图2-2-11　对讲机

使用对讲机应注意以下事项及技巧：①对讲机不是人人都要配置，应根据团队的大小来确定，一般是10人左右配备2~3个对讲机；②带上足够的备用电池，最好是大容量电池，在低温状态下，要注意电池的保暖；③为了节约电量，在正常情况下可以约定好开机的时间，比如间隔1小时开机，每次开机10分钟，但是在环境恶劣的情况下，应该保持全程开机；④使用时，要注意语言简短、扼要，语速要均匀，声音短促有力，话讲完注意使用over提示语，这样才能保证对方收听清楚，同时也节省电量。

六、定位工具

定位设备是户外运动中的重要装备，在确定方向、行进路线，判断行程等方面起着重要的作用。常用的定位仪器主要有指北针和全球定位系统。

指北针（图2-2-12）是利用地球磁场的原理来确定方位的仪器，是户外运动必不可少的指向工具。指北针有必要人手一个，而且每人要掌握正确的使用方法。目前指北针有民用和军用两种。

全球定位系统（图2-2-13）简称GPS，它是美国从20世纪70年代开始研制，于1994年建成的能够在海、陆、空进行全方位实时三维导航与定位的新一代卫星导航与定位系统。它具有全天候、高精度、自动化、高效益等显著特点。目前，我国自主研发的北斗导航系统已经达到国际先进水平，有望打破美国对该领域的垄断地位。GPS 不仅能指示活动者所在的位置，记录已经走过的路线，而且还可以输入即将行进的目的地，指示你如何行进。另外，它还有测定海拔高度、预报天气等多项功能，是非常理想的户外运动装备，但是 GPS 较高的价格使其普及度受到一定限制。

图 2-2-12　指北针

图 2-2-13　全球定位系统

GPS 使用时的技巧及注意事项如下：①GPS 最少需要 3 个卫星才能定位，所以尽量在开阔地方使用，如在建筑物内、洞内等类似有阻隔的地方，可能无法正常使用；②GPS 的定位实际上会有一定的误差，不要盲目按照其指示的点行走，应该边走边观察；③GPS 在静止的情况下无法指示方向，这个时候要通过移动来实现指向功能，但是要注意脚下，避免意外发生；④GPS 的耗电量远远大于手机，有时候为了省电可关机，只到需要的时候再开机，出发前，备足备用电池是非常必要的；⑤GPS 为高科技电子产品，在使用过程中应该避免碰撞和摔打，避免雨水和灰尘，远离高温物体，以防止受到损坏。

第三节　户外运动的露营装备

一、户外背包

（一）背包的种类

户外运动时，有大量的行李物品要携带，而背包就是装载这些物品最主要的装备，因此，背包是户外运动中最基本的装备之一。背包的种类很多，根据背包的大小可分为：大型的背包、小型的腰包、袖珍型的救生包；根据背包的使用范围可分为：登山包、旅行包、自行车包、背架包；根据背包的结构功能还可以分为软式背包、外支架背包、内支架背包。在这里我们主要介绍软式背包、外支架背包和内支架背包。

1. 软式背包

软式背包（图 2-3-1）基本为中、小型背包，没有任何内支架，一般没有背负系统，属于多用途背包，比较适合轻装徒步的户外运动。它的优点是价格便宜，体积较小，使用方便。缺点是容量太小，一般无法承载较大的负载。

2. 外支架背包

外支架背包（图 2-3-2）拥有非常牢固的外部支架，背包和背负系统均固定在框架上。它的优点是背包的容量大，背包和身体间有间隙，可以保持背部的凉爽，使用者在较平坦的路途上行走时，感觉比较舒适。缺点是体积大且笨重，不便乘坐交通工具，背包重心较高，在路况较差的情况下使用较危险。

3. 内支架背包

内支架背包（图2-3-3）将支架移至背包的内部，使支架和背包更紧密地融合在一起，体积大大减小。如今大多数背包都是这类。其优点是背包紧贴身体，使重心更稳定，使用时更加灵活，体积相对于外支架背包要小得多。缺点是存放空间较狭窄，背包与身体结合较紧密，透气略差，会使背负者的背部感觉比较热。

图 2-3-1 软式背包

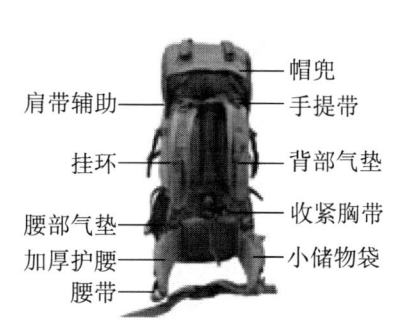

图 2-3-2 外支架背包

图 2-3-3 内支架背包

（二）背包的选用

户外运动时，要根据行程的性质选择合适的背包，既要具体考虑出行的季节、行程的远近、目的地的地形、气候条件、户外运动中要将参加的活动类型及一年中所使用的次数等因素，又要充分考虑各种背包的优缺点，以便决定一个合适的背包款式。选购背包的大小要考虑个人身材的差异，最好是亲自负重试一试背包是否舒适，同时检查背负系统（腰带、肩带、胸扣、支撑结构等）是否符合标准。总之，一个合适的背包应该具有功能性、耐用性和舒适性。

（三）背包使用的技巧

1. 背包装填的方法

背包装填的方法关系到背包空间的充分利用和使用者的背负感觉。不合适的装填方法会造成背包重心偏移，甚至背包的损坏。

装填背包时，要合理分布背包重量，正常情况下应该是背包的重心略高并靠近背部，左右要平衡，轻的物品在下，重的物品在上，而当遇到艰险的地势，重的东西可稍往下放，使背包重心降低，这样较易保持平衡。装包时应该保持物品便于取用，如手套、帽子、墨镜、地图、防雨罩等，最好放入头包和侧包里。坚硬的物品不要放在贴近后背的部位，以免棱角压迫背部。物品要分类装填，最好养成物品固定位置放置的习惯。为了防水，可将物品分别用塑料袋装好，再放入背包中。帐篷、防潮垫等可放在背包的外部，使用外挂来固定。无论何时，把做好防水处理的睡袋放在最下面是不变的原则。原因是首先，放下背包时可以有一个缓冲；其次，睡袋是最后到达露营地才需要拿出来的物品。

2. 正确的背包技巧

上包也有技巧，常用的方法主要有两种。第一种方法是将背包拖到较高的地方。人只要稍稍地蹲下便可以将双手同时穿入肩背带，靠双腿站立起来，然后扣好腰扣即完成。第二种方法是双脚站弓箭步，用双手将背包提起来，使背带面对自己，背包放在大腿上，然后用一只手控制包，另一只先穿入背带，接着背包上肩并以单肩撑住背包，随后另一只手快速穿入另一边的肩带，随即扣好腰带主扣即完成。注意完成上包动作后不要着急起步，应对背包的各种调整带再做适度调整，以最舒适的背负状态前进。

3. 背包使用的注意事项

无论是在路中休息或者是抵达营地，下包后第一件事就是把腰带的主扣扣上，避免被踩坏。行军通过急流或者陡峭地段时，应扣紧胸带和腰带，使背包与人形成一个整体，万一发生意外，背包会有一定的保护作用。露营时，背包口要扣好，避免小动物进入。睡觉时可以将背包当枕头使用。如果将背包放置在帐篷外，则一定要用防雨罩盖住包，以免露水打湿背包。背包使用完后，要取出所有物品并将背包清理干净，放置在干燥、通风的地方，防止发霉。

二、户外运动帐篷

（一）户外运动帐篷的功能

帐篷（图2-3-4）是户外住宿和休息必不可少的装备。一顶帐篷既可提供有形的庇护，使露营者与周围的天然环境隔绝开来，又可以无形地从心理上为人提供一种安全感。帐篷可以遮挡风雨，阻隔低温、尘土及各种各样的小昆虫，还可以在空旷的户外提供一个私密的空间，让人拥有踏实、放心的感觉。

图2-3-4 帐篷

（二）户外运动帐篷的种类

帐篷的分类很多，根据帐篷的形状可分为："人"字形帐篷、蒙古包形帐篷、拱形帐篷、屋形帐篷。根据帐篷的支架材质可分为：玻璃钢杆帐篷、尼龙杆帐篷、合金杆帐篷等。根据帐篷的结构可分为：单层帐篷、双层帐篷、复合层帐篷。根据帐篷使用的人数可以分为：单人帐篷、双人帐篷、多人帐篷。根据帐篷使用的季节可以分为：三季帐篷、四季帐篷。

（三）户外帐篷的选择与使用

帐篷主要由内外帐、支架、帐底、辅助配件四部分构成。一顶好的帐篷应该具备以下特征：①用料讲究，防风防雨，坚固耐用；②设计合理，搭建方便；③重量轻，收纳体积小，携带方便。

因此，在选择帐篷时应该注意考虑以下几个问题：①首先要确定帐篷的使用需求，明白自己需要在何种环境中使用帐篷，然后确定自己关注的重点是重量、强度、功能；②帐篷的内帐要求透气性好，外帐要求防风防水性能高，底帐要求有良好的防水防湿性能，而帐杆要求强度高，回弹力好；③帐篷的颜色最好是暖色调，如黄色、橙色或红色等颜色，这样在自然环境中容易被找到和辨认。

帐篷的使用虽不复杂，但也是一种学问，同样的帐篷，使用得当，则防风防雨性能俱佳，反之则会不理想。使用帐篷时应该注意以下事项。①搭建地址的选择。营址应该选择在相对平坦的地方，地面相对干燥，若有薄草坪最好，应注意避免在有落石的地点扎营，也不要在河边扎营，以免突然的涨水冲走帐篷，更不要在大树底下扎营，以免遭雷击。②搭建帐篷的要点：帐篷铺开后首先固定帐篷的四角，使帐底在地面上铺平，如有条件可加铺一层防潮垫。一般先撑起外帐或内帐，注意使外帐绷紧并和内帐保持一定的距离。记住要使用地钉和防风绳，防风绳与地钉呈90°最好。③一定记得在帐篷的四周挖排水沟，排水沟应该沿着帐篷的四边开挖，位置以能够使外帐的水正好流入排水沟为宜。④睡觉时应该打开通气孔，保持帐篷内的通风，避免雨水、烂泥、石子入帐。帐篷使用过后要注意清理晾干，避免在同一部位反复折叠，反复折叠部位的防雨性会下降。帐篷不使用时应该放置在通风处，不要密封，以免下次使用时有霉味。

三、睡袋

（一）户外睡袋的功能

睡袋是把"被子"和"褥子"结合在一起的用具，在户外，睡袋为登山、探险、户外生存者提供安全、温暖的睡眠条件，对保障户外运动者体力恢复起着举足轻重的作用。

（二）户外睡袋的分类

户外睡袋的重量从100 g到2000 g不等，使用者可以根据活动地区的温度来选择。人们习惯根据睡袋内部的填充物和材质对睡袋进行分类。

1. 根据内部填充物分类

（1）棉睡袋

棉睡袋一般使用中空棉制成，优点是舒适，保暖性较好，易干燥。缺点是体积太大，保暖性能弱于羽绒睡袋。

（2）羽绒睡袋

羽绒睡袋一般使用鸭绒或鹅绒制成，优点是保暖性很好，体积小，使用寿命长。缺点是打湿后不易干燥，且价格较高。

（3）人造棉睡袋

人造棉睡袋一般使用抓绒制成，较薄，保温性一般，往往作为夏季睡袋或在投宿旅店时使用。

2. 根据睡袋的外形分类

（1）木乃伊形睡袋

顾名思义，木乃伊形睡袋（图2-3-5）的形状像古埃及的木乃伊，肩部较宽，往下逐步变窄。优点是体积小，保温效果好。缺点是睡袋空间较小，会造成睡觉不舒服。

（2）信封形睡袋

信封形睡袋（图2-3-6）的外形像个信封，优点是睡袋内部空间大，睡觉舒服，拉开后还可以做被子或垫子。缺点是体积较大，不利于保温。

图2-3-5　木乃伊形睡袋　　　　图2-3-6　信封形睡袋

（三）户外睡袋的选择与使用

选择和使用户外运动的睡袋时，要考虑参与活动的强度和活动地区的温度及气候条件。温标是选择睡袋的重要标准之一，通常一个睡袋有3个温标：极限温标、舒适温度、最高温度。通过温标，使用者可以直观地了解睡袋的品质。睡袋的选择应把握轻便、舒适、保暖的原则。

睡袋本身不会产热，而正确的使用方法和技巧可以提高使用者睡眠的质量。扎好营地时就把睡袋先打开，让睡袋处于蓬松状态，时间越长越好。睡觉前可以先做一段热身运动或喝一杯热饮,使体温略微提高,这有助于缩短睡袋变暖的时间。睡觉时穿一套干爽的内衣和袜子,将帽子、颈部的隔断带收紧,同时在脚部覆盖一些衣物,以达到更好的保温效果。睡觉时可以戴一顶帽子,因为身体的热能有一半是从头部散失的。无论何种睡袋都要保持干燥,尤其是羽绒睡袋。睡袋受潮后应尽快晒干或风干,否则时间一长就会发霉甚至出现蛀虫。配备一条好的防潮垫是非常重要的。

四、防潮垫

(一) 防潮垫的功能与种类

防潮垫的主要功能在于防潮、隔热,可用来抵御来自地面的寒气,保证睡眠的质量,保护宿营者的身体健康。常见的防潮垫主要有两种:一种是泡沫防潮垫(图2-3-7),另一种是自动充气防潮垫(图2-3-8)。前者价格便宜,重量轻,但体积大,不易压缩;后者价格略高,但比较舒适,且容易压缩,体积小。

图 2-3-7　泡沫防潮垫

图 2-3-8　自动充气防潮垫

(二) 防潮垫的选择和使用

在选择防潮垫时,要注意考虑以下几方面的因素:天气、舒适度、重量、体积、价格。在使用防潮垫时要注意以下问题:①防潮垫一般都是外挂在背包上,使用防潮垫套可以减小不必要的损坏,延长垫子的使用寿命;②使用自动充气防潮垫时,不要太多用嘴补气,避免吹入的水汽影响垫子的使用寿命;③使用防潮垫时,地面要平整,清除地面的石子和树枝等坚硬的物体,以防损坏防潮垫;④防潮垫的材料多为易燃物,应注意防火,不要在上面使用炉具,也不要在防潮垫上抽烟。

五、户外炉具

(一) 户外炉具的功能

早先户外露营时,炊事都是就地取材点篝火,来解决吃饭的问题。这样虽然简便、花费低,但是受环境因素的制约较大,如遇到刮风下雨等天气,传统的做饭方式就很难实行,且篝火的残余和痕迹都会污染环境,如果使用不慎还会引起火灾。随着户外运动的发展,现在为户外运动提供的炉具不但使用方便,而且高效安全,对于周围的环境影响也小。

(二) 户外炉具的种类

1. 汽油炉

汽油炉（图2-3-9）主要使用燃料用油（包括煤油、白汽油、无铅汽油等），由于汽油使用危险性高，故汽油炉的设计都比较坚实、复杂。

2. 瓦斯炉

瓦斯炉（图2-3-10）主要使用液态石油气（包括甲烷、乙烷、丙烷等），因为它容易点燃并控制火力，无须使用气泵，且构造简单、体积小、重量轻、不易发生事故，所以目前瓦斯炉不论在构造上或操作上都是最实用的炉子。

3. 酒精炉

酒精炉（图2-3-11）使用酒精（包括液态酒精、固态酒精）作为燃料。其优势在于价格低廉，安全性高，原料易得。但是由于酒精燃烧值低，且液态酒精运输不方便，故现在使用它的人已经很少了。

图 2-3-9 汽油炉　　　　图 2-3-10 瓦斯炉　　　　图 2-3-11 酒精炉

(三) 户外炉具选择和使用

户外运动时，炉具的选择要考虑以下因素：①用途，根据参加活动的强度和实际情况选择炉子的种类，瓦斯炉可以在大多数情况下使用，但是如果是在高海拔地区活动，瓦斯炉可能就无法工作；②燃料，选择的炉具要有充足的燃料供给，且燃料的燃烧值要高，以减轻重量；③重量与结构设计，在保证稳定性的前提下尽量减轻重量和体积。

无论是汽油炉还是瓦斯炉，在使用炉具过程中都应该注意下列事项：①外出前一定要检查炉具是否可用；②使用时一定要注意通风，切记不要在密封的环境中使用，不到万不得已，不在帐篷内使用炉具；③每个炉子都有指定的燃料，不可任意更换，应按要求使用；④如果在使用中发生爆燃，应先关闭燃料控制阀，再用大锅或湿毛巾等迅速覆盖以隔绝空气；⑤如果不熟悉炉子的结构，出现问题之后最好找专业人员修理。任何炉具在使用后都必须加以清洁保养，以延长炉具的使用寿命。

第四节　户外运动的技术装备

户外运动技术装备是指在进行户外运动时为保障人身安全所使用的器具，主要有登山绳索、安全带、头盔、主锁、上升器、下降器、保护器、扁带等。

一、登山绳索

绳索（图2-4-1）是通过扭或编的方式加强后，连成一定长度的纤维，其拉伸强度很好但没有压缩强度，可用来做连接、牵引的工具。公元800年，中国人已经掌握了麻绳的主要制绳材料。1775年，英国发明家马虚发明制绳机，结束了手工制绳的时代。从1950年开始，人们用人造纤维制造绳索。

图2-4-1　绳索

无论是登山攀岩还是溯溪垂降等户外运动，绳索都是必不可少的装备。早期的登山家、航海家为了互相保护，已经开始使用由天然纤维制成的绳索，直到今天我们还能在某些地方看到此类绳索。但是，此类绳索的抗冲击能力、耐磨性都不能满足现代登山攀岩与溯溪垂降等户外运动的要求。在第二次世界大战期间和战后，随着合成纤维的采用，制绳行业出现了重大发展。这些人造纤维材料具有许多实用优点：①强度大；②对由霉菌引起的变质和腐蚀的耐受性强，从而减少特殊的保护性处理；③通过采用更小、更轻的绳索，降低储存的费用，又便于使用。

（一）登山绳的种类

1. 根据绳索的主要功能分类

登山绳索根据主要功能可以分为主绳和辅助绳。

（1）主绳

主绳长60~100 m，直径约为10 mm，每米重量要求在0.08 kg左右，抗拉力要求不小于1800 kg，过去多用黄麻制作，近年来已改用尼龙纤维作为原料。另一种直径为8~9 mm的主绳，每米重0.06 kg，抗拉力不小于1600 kg，用于攀登陡险岩壁。

（2）辅助绳

辅助绳长度根据各地区的活动要求而定，无统一规格，绳直径为6~7 mm，每米重量不超过0.04 kg，抗拉力不小于1200 kg，原料与主绳相同，用作自我保护和在主绳上使用各种辅助绳结进行保护，以及搭绳桥渡河，用牵引绳桥运输物资等。

形象地说，如你看到一个登山队在登山，前后队员都会各自有一段贴身绳索连接在一条长绳上，那条长绳就是主绳，而连接长绳和每个队员之间的短绳就是辅助绳。

2. 根据绳索在拉力下的延展能力分类

根据绳索在拉力下的延展能力，绳索可分为动力绳和静力绳。

（1）动力绳

动力绳能通过自身的延展性来吸收攀登者坠落时产生的冲击力，动力绳的延展能力是有所限制的，国际标准要求单绳的静态延展率不得超过10%。有的人在挑选绳子时经常会问：绳索的强度有多大？似乎绳索只要足够结实就能够保证他们的安全，其实这是个误区，试想一下，如果攀登者坠落而绳索没有任何伸展性，虽然可以保证攀登者不会直接坠地，绳索也能完好无损，但是攀登者的身体受力部位，也就是腰，可能会因为承受了过大的冲击力而折断。所以攀岩登山用的绳索都是有延展性的动力绳。动力绳是攀登时用得最多的一大类，它又可以分为单绳、双绳和半绳（表2-4-1）。

表2-4-1 动力绳的分类

动力绳	直径	使用要求	用途
单绳	9~11 mm	通常使用的单绳长度在50~60 m，重量3~4.5 kg	用于可能发生冲坠的各种攀登，最常见的是运动攀登
双绳	8~9 mm	攀登时两根绳必须同时使用，两根绳可以轮流挂入不同的保护点	常用于攀冰、大岩壁攀登、器械攀登、结组攀登及登山结组过程中，使用双绳攀登可以有效降低因线路改变而造成的绳索摩擦，从而使攀登和保护更加安全；此外，在下降操作中，可延长双倍的下降距离
半绳	7~8 mm	任何情况下，两根绳必须同时使用，两根绳必须挂入每一个保护点	与双绳类似，由于双股绳要同时通过一个保护点，所以更安全，多用于易出现较大摩擦的自然岩壁的攀登，其单根的重量也是最轻的

（2）静力绳

静力绳延展率近似零。这种绳索一般是用于工程、救援和探洞等场合。静力绳基本不用于攀登，尤其不能用作下方保护绳。静力绳多为白色，即使是其他颜色也多为单色。

（二）登山绳的使用注意事项

使用时尽量避免直接把绳索放在地面上，建议用专门设计的绳包，每次使用时都把绳索摊在绳包上，即使没有绳包也应该在地上垫上防潮垫、地席等，避免绳索直接接触地面。在使用时千万要避免踩踏绳索，因为细小的沙砾会因此进入纤维内部，这些沙砾会像无数锋利的小刀慢慢地切割纤维结构，降低它的使用强度，直到破损。

保护器和下降器在与绳索连接的时候，都是利用摩擦力发生作用，这样会产生相当大的热量，当它们之间摩擦速度太快，产生的热量不能及时散发出去的时候，热量就会传导到绳索上，温度高于130℃就会改变绳索纤维的特性，这种现象称为"烧绳"，因此在下降和保护放绳时一定要注意控制速度，尽量平缓、匀速。

绳索的绳头如果不做处理，是很容易散开的，可以用火烧绳头使尼龙纤维熔化黏合，也可以在需要切割的部位缠绕上强力的胶带，然后从胶带的中部切下。

绳索不可以直接穿过挂片、扁带等器材，和这些东西的摩擦会对绳索造成伤害，挂片的边缘在受力的情况下相当于刀割的效果。尽量避免让绳索通过尖锐的岩角、冰块等地方，如果需要通过，最好在绳索和尖锐部位之间用绳套垫住。

绳索在不使用时应该存放在通风良好、干燥阴凉的地方。阳光中的紫外线对于尼龙制品来说是个"杀手"，它会使尼龙制成的绳索老化，带来安全隐患。尼龙绳特别惧怕酸性和碱性溶液，它们将严重危害绳子的性能，一定注意远离这些东西。如果绳索特别脏了需要清洗，应当用清水冲洗，不要使用洗涤液，清洗后放在阴凉通风处晾干。

所有的化纤制品都有一定的使用年限，偶尔使用，大概1个月使用2次的，使用年限一般为4年；大概1周使用1次的，使用年限约为2年；经常使用的，大概1周2~3次的，约半年就应该更换一次。有时候，攀岩者在尝试新路线，或是某个地方老是过不去时，经常会发生短距离的坠落，这种短坠落对绳索的损伤比较大，大约半年就要更换一次新绳索。一般而言，使用频率较高、冲坠次数较多、磨损过大的情况下，绳索的寿命会大大缩短。所有攀登者都应该养成定期检查绳索的习惯，观察绳索外鞘是否有破损，用手感觉绳心的情况，检查是否有突然变细或变软的情况，如有这些状况，就证明绳子内部结构发生了改变或损坏，为了安全起见就应该停止使用。

值得注意的是，尽量不要把绳索借给别人或借别人的绳索使用，因为这样很难知道绳索的使用情况。对来路不明的绳索不到万不得已的情况下千万不要使用，对自己的绳索要做到心中有数。

（三）绳索的技术参数

一般的攀登者总认为登山绳的拉力是一个至关重要的技术参数，其实登山绳一般都不标最大拉力，而是标有冲击力（Impact Force）、延展性（Stretch）和国际登联下坠次数（UIAA FULL）这几个参数。这里先要说明一下攀登对登山绳的要求：使下降物体停止下落的拉力远远大于其本身所受的重力，而攀登者在下落时最终要靠登山绳的拉力止住下落，因而登山绳给人体一个极大的拉力，这个拉力是关系到攀登者是否安全的重要参数。国际攀登联合会（UIAA，以下简称国际登联）要求这一冲击力绝不能大于12 kN，超过这一拉力的登山绳可能会把攀登者的腰拉断。

出于对攀登者安全的考虑，UIAA规定动力绳的延展率要低于8%，否则将使登山绳变为蹦极绳，使攀登者在岩壁上上下乱撞，十分危险。还有一类被称为Static（静力用绳）的绳索，这类绳索的延展性低于1%，或视为理想状态下的零延展性的绳索，这类绳索一般用于如下用途：洞穴探险（Caring）、登山时的修路绳（Fixed rope）和工业用途等。这里要特别指出的是静力绳的颜色一般为白色，价格比登山绳便宜1/3，但绝不能用来进行攀登。实验结果显示，80 kg的物体下落0.6 m被静力用绳拉住后，绳索给物体的冲击力远远大于12 kN，这对攀登者来说是灾难性的。

国际登联下坠次数是检验绳索耐用性的一个参数。所谓国际登联下坠是指用来检验登山绳的一个标准实验过程，国际登联规定将一个80 kg的重物自由下坠5.6 m，拉住重物的登山绳长度为2.8 m，物体止落时所受冲击力小于12 kN，绳索的延展率低于8%，绳索所能承受的这样下坠的次数被称为国际登联下坠次数。当然这种检验过程是针对绳头标有UIAA字样的主绳，对于辅助绳（半绳）另有一套检验标准。

（四）绳索的选择

绳索是攀登者最重要的一项安全装备，不同类型的攀登对绳索的要求差异很大，挑选时一定要慎重。市场上绳索的品牌、款式多种多样，如何能够在琳琅满目的绳索中挑选一款适合自己的绳索呢？其实要比较不同品牌绳索的性能，只要仔细查看一下绳索的标签，就不难得出结论。

当你拿到一款绳索，首先要看一下绳索的标签。每一款绳索都有标签，标签上标注着绳索的最基本数据，而且这些数据是强制标明的，这些数据的真实性是绝对可靠的，因为这些数据不是厂家随便标出的，而是经权威认证机构检测后得出的。这些信息包括：绳索的品牌、型号、规格、类型、首次冲击力、每米重量、下坠次数、绳索长度、CE认证、UIAA标识等信息。

二、安全带

在从事各种攀登活动的时候，安全带是连接攀登者和主绳之间的装备，对于攀登者来说，安全带是非常重要的。登山运动的初期是没有安全带的，攀登者将绳子系在腰间，保护者也是通过增大腰间摩擦来实施保护的，但是这种方式的缺陷是显而易见的，肋骨会因为压力增加而产生剧烈的疼痛感，并且这种疼痛不会因为攀登的结束而终止，而会在攀登结束后持续一段时间。但是更糟糕的是，如果在攀登中发生了冲坠，那么后果是致命的。冲坠力达到3.7 kN属于一次中等强度的冲坠，但是只要发生这种冲坠，几分钟后攀登者就会因为腰部受到巨大拉力而失去知觉甚至死亡。所以设计安全带有两个主要目的：承受冲坠力和分散拉力。

（一）安全带的种类

1. 可调式安全带和不可调式安全带

安全带根据使用类型可分为可调式安全带和不可调式安全带，可调式安全带的腰带和腿环的大小可根据体型进行调节，使穿着者感到舒服、安全，适合不同人群使用。

2. 坐式安全带、胸式安全带和全身式安全带

安全带根据形式还可分为坐式安全带、胸式安全带、全身式安全带等。

（1）坐式安全带

山地户外用得最多的是坐式安全带（图2-4-2），此类安全带结构简单、质量轻、便于携带、使用安全方便，是登山、攀岩、户外探险的首选。它主要由腰带、腿环、装备环等部分组成。

（2）胸式安全带

由于坐式安全带的保护点在腹部附近，如果身体重心比较靠上，则滑坠时可能会头部向下，十分危险。胸式安全带（图2-4-3）能为上半身提供额外的支撑，使身体保持原来的位置。一般的攀岩活动并不需要使用到胸式安全带，但是当必需背着背包上攀，或是溯溪、冰雪地攀登遇到较危险的地形时，有胸式安全带和坐式安全带配合，能提高活动的安全性。胸式安全带一定要和坐式安全带配合使用，才能达到支撑的效果，绝对不能单独使用胸式安全带！

（3）全身式安全带

全身式安全带（图2-4-4）是结合胸式及坐式安全带的一个完整安全系统，除了可以避免头下脚上的坠落外，还能将冲击力平均分散到整个躯干，减少对下背部的伤害，对小孩和髋骨太窄的大人较为适用。它的缺点是如果冲坠过于猛烈，它会不断地转动，使攀登者眩晕，而且有可能会使脖子受伤。

图2-4-2　坐式安全带　　　　图2-4-3　胸式安全带　　　　图2-4-4　全身式安全带

3. 登山用安全带、户外攀岩用安全带和运动攀岩用安全带

安全带根据用途还可以分为登山用安全带、户外攀岩用安全带和运动攀岩用安全带。

（1）登山用安全带

考虑到长时间的登山行程，一般登山用的安全带都尽量减少护垫的设计以便于减轻安全带的重量和减小体积。在使用的材质上会选用耐磨、防水的材质以应付严酷的地形和气候。调整式的腿环可以方便穿脱衣服和冰爪，而不需要脱下安全带。

（2）户外攀岩用安全带

一般从事大岩壁的攀登通常要进行多次绳距的攀爬，甚至要经过数天的努力才能完成，因此安全带的设计必须着重考虑舒适性。护垫的设计是必不可少的，以减轻长时间悬吊操作所产生的压力和不舒适。调整式的腿环可以方便穿着保暖的衣服活动，器材安全环的数量至少要有4个，可以让使用者将需要的器材或粉袋钩挂在吊环上，方便取用。

在安全带的前面设有一个垂降绳环，可以让使用者很方便地帮人确保或自己从事下降。

（3）运动攀岩用安全带

重量轻、舒适性高是此类安全带的设计重点，柔软的护垫内侧设计增加攀岩的舒适度，固定式的腿环设计不会影响到攀岩者的活动。如果是比赛型的安全带，腿环的宽度设计比一般攀岩型的还要窄，器材吊环的数量根据使用者的攀岩方式而有不同考量，如果只是从事运动攀岩或上方确保方式，2个装备环就已经足够了，如果需要携带器材从事传统攀岩，4个装备环是比较足够的。

（二）安全带的选择

1. 必须根据个人的身材选用适当尺寸的安全带

挑选适合自己的安全带是很重要的，如果安全带太紧，就会限制使用者的活动，以及产生不舒服的感觉，特别是悬吊在半空中的时候；安全带太松，则会产生滑动，摩擦身体产生不舒服的感觉，在发生倒坠的时候，使用者甚至会从安全带中滑掉出来，在悬吊的时候也有可能因为拉到胸部，压迫到横隔膜而让人不舒服。所以挑选安全带时，最好可以穿着你在使用安全带时的服饰再进行试穿，如果你从事攀登的活动要同时背着背包和安全带，一定要确认两者的结合不会造成活动的不方便和不舒服。

2. 要注意腰带和腿环的选择

穿安全带时，腰带的位置应该在髋骨的上方，不可压迫到横隔膜，影响到呼吸，应在腰部留下 2.5~5 cm 的空间，穿好之后，不论多用力拉，安全带都不能被拉到髋骨之下。腰带的带子通过腰带扣环拉紧之后，带子应该剩余 8 cm 以上的长度。腿环的宽松度应该让人感觉很舒服，如果是可调式的腿环，将带子通过腿环带扣并系紧，带子应该剩余 5 cm 以上的长度。无论选择哪一种款式，应注意腿环的宽度保持在 6~8 cm。安全带背面与腿环都用一种带弹性的材料进行连接。如果是髋骨太窄的成人或者是小朋友，就必须使用全身型的安全带，才能确保攀岩时的安全。

3. 材料与结构的选择

安全带上磨损最多的地方就是打结环的地方，这些地方通常会另外用材料加厚，安全带中的内衬应该是柔软而舒适的。毛绒的衬底虽然会非常柔软，但材料被打湿后不容易干燥，并且易结冰。腰带通常内层为柔软的护垫，外层为耐磨的尼龙，腰带扣采用反扣设计。

（三）安全带使用的注意事项

1. 腰带扣的使用

目前的制造厂商都采用双扣（double-buckle）设计，在穿着安全带时先将带子穿过腰带扣，就像一般穿着皮带的方式，然后必须将带子回头穿入腰带扣之中，也就是所谓的反扣，才能够确保带子不会在坠落的冲击力之下从腰带扣中滑脱出来。市场上绝大多数安全带在穿着时，最后通过承重环时需要反扣，但现在有一种扣环设计已经省略了多余的一步，这种设计的特点是无论穿安全带还是脱安全带，扣环永远是反扣的，只需松开它或是拉紧它即可。

2. 使用方式

每一种安全带跟绳索的绑法都不一定相同，使用者一定要确实知道身上安全带的正确使用方法和程序，才能确保自己的安全。

3. 安全带的保护

安全带应尽可能地避免阳光的直接照射，远离热源和化学物品；使用冷水和温和的肥皂清洁；在使用之前，检查是否有缝线脱落、缺口和其他损坏的情形。

安全带在每周都使用的情况下，大约有2年的寿命。如果经常发生坠落或和岩壁摩擦，使用寿命会更短。如果发现安全带有磨损或损坏的情况，为了生命的安全，尽早更换是明智的选择。

三、头盔

在自然环境中，头盔能有效防止落石对头部的伤害，也可以防止在滑坠过程中，岩石对头部的伤害，还可以防止非正常脱落姿态带来的头部伤害。

当佩戴者头部受到坠落物的冲击时，头盔的帽壳、帽衬在瞬间先将冲击力分解到头盖骨的整个面积上，然后头盔各部位缓冲结构的弹性变形、塑性变形和允许的结构破坏将大部分冲击力吸收，使最后作用到佩戴者头部的冲击力降低到安全范畴，从而起到保护佩戴者头部的作用。

（一）头盔的种类

头盔根据制作的材料可分为硬壳、泡沫塑料、混合式三种。硬壳头盔用高强工程塑料或纤维增强高聚物制成，这种头盔强度高，经得起摔打（装包时不用太担心），缺点是重一些。泡沫塑料头盔并不"软"，好处在于轻巧，但不及前者结实。混合式头盔采用一层薄的硬壳制成，内衬是泡沫塑料，其设计原理和使用感觉和泡沫塑料头盔比较接近。头盔根据外形可分为全盔和半盔，根据用途还可分为登山头盔（图2-4-5）、攀岩头盔、自行车头盔等。

图 2-4-5 登山头盔

（二）头盔的使用及注意事项

在使用头盔之前应检查外观是否有裂纹、碰伤痕迹、凸凹不平、磨损，帽衬是否完整，帽衬的结构是否处于正常状态，如存在影响其性能的明显缺陷就应该及时报废，以免影响防护作用。使用者不能随意在头盔上拆卸或添加附件，以免影响其原有的防护性能。使用者不能随意调节帽衬的尺寸，这会直接影响安全帽的防护性能，落物冲击一旦发生，头盔会因佩戴不牢而脱出或因冲击后触顶直接伤害使用者。

注意头盔是否完全符合头部的尺寸大小，太小与太大都造成安全与舒适度上的影响。使用时一定要将头盔戴正、戴牢，不能晃动，要系紧下颌带，调节好后箍以防安全帽脱落。不能私自在头盔上打孔，不要随意碰撞头盔，不要将头盔当板凳，以免影响其强度。如果头盔经受过一次强烈冲击，请勿继续使用。头盔不能在有酸、碱或化学试剂污染的环境中存放，不能放置在高温、日晒或潮湿的场所中，以免其老化变质。应注意在有效期内使用头盔。登山攀岩时应佩戴专用头盔，不要使用其他类型的头盔来代替。头盔要端正佩戴才能护住前额、后脑及头部的侧面。出现落石时，千万不要仰头观望或以手抱头，无处可躲时让头盔发挥作用。

（三）头盔的安全标准

在欧美出产的登山专用的头盔都必须符合欧洲联盟（CE）或/和国际登联（UIAA）的标准。在欧洲，欧洲联盟要求所有在市场上销售的头盔通过 CE 的标准测试。在美国，政府虽然没有相应的强制性规定，但由于市场的竞争和从法律上的考虑，事实上所有在美国销售的登山头盔都通过了 CE 或/和 UIAA 标准检验。EN 12492 是欧洲联盟（CE）关于登山头盔的标准，UIAA 的相应标准（UIAA Standard 106）是在参照 CE 标准的基础上制定的，但比 CE 的标准更为严格一些。CE 和 UIAA 的标准有 4 项，简要介绍如下。

1. 正冲击试验

5 kg 钝头重物（钝头半径 5 cm）从 2 m 高自由落体，砸到头盔顶部，假人（木头制）颈部承受的冲击力必须小于 8 kN（UIAA 的标准）或必须小于 10 kN（CE 的标准）。

2. 侧冲击试验

与正方向（头顶）呈 60°，分别从前方、两个侧方和后方测试，钝头重物从 50 cm 高处自由落体，假人颈部承受的冲击力必须小于 8 kN（UIAA 的标准）或必须小于 10 kN（CE 的标准）。

3. 锐物穿透试验

一个 3 kg 重的锥状体（0.5 mm 的尖头）从 2 m 高度自由落体，头盔必须承受至少一次这样的冲击。头盔允许被破坏，但不许锐物直接触及头皮。

4. 稳定性试验

稳定性试验也叫前后移位测试。10 kg 的重物从前方和后方分别砸在头盔上，头盔必须仍然好好地戴在假人头上（测试时记录下被砸后头盔移动的角度）。

四、主锁

主锁是户外运动中用途最广、不可缺少的基本装备之一，其主要作用是攀登时用来连接保护系统的各个点。在技术操作中，一些装备之间需要不断地进行连接和解脱，为避免繁琐的结绳、解绳操作，使动作简单而迅速，就必须使用主锁。它的主要用途在于钩挂上升器、下降器、胸带或主绳。它一般为高级铝合金制品，承受的瞬间拉力可达 2000~3000 kg。

（一）主锁的种类

主锁有四种基本形状：O 形、D 形、变 D 形和 HMS（又称梨形）主锁（图 2-4-6）。

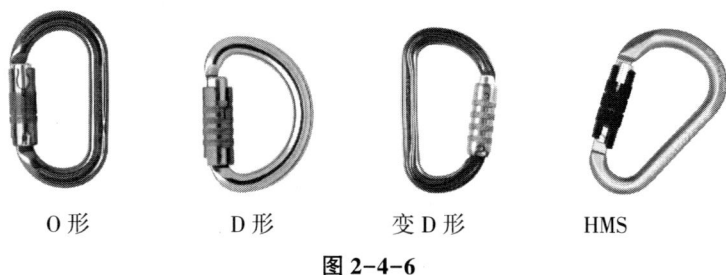

O 形　　　D 形　　　变 D 形　　　HMS

图 2-4-6

1. O 形锁

O 形锁是主锁最初的基本型，左右对称，形状浑圆无锐角。

优点一是用途多：使用上升器、下降器、自攀器或滑轮时，必须搭配 O 形主锁。因为它能让器材保持垂直，不会左倒右倒；它还能携带较多的器材，如锚桩、冰桩等，拿取也比较方便。优点二是价格低：相同厂牌的 O 形主锁比其他形状主锁便宜。

缺点是强度中等：由于形状的关系，O 形主锁的长轴（一条假想轴，通过主锁距离最远的两个点）两侧受力均等，所以在开口部分的负荷会比其他形状的主锁大，造成它的整体强度较差。因此 O 形主锁很少用来直接受力。

2. D 形锁

D 形主锁的设计能让强度最大一侧（没有开口的那一边）承受更多的负荷，改善 O 形主锁强度不足的缺点。相同大小的 D 形主锁比 O 形轻，也比较容易挂进绳子或固定点。

3. 变 D 形锁

变 D 形锁顾名思义，是 D 形主锁的"异形"。一端宽，另一端较窄，整个形状有点像变形的梨子，这样的设计使它比 D 形主锁轻，强度却更大，加上它的开口也比 D 形锁大，让挂进或挂出的动作更容易，并让使用者快速地知道开口是哪一边，因此变 D 形锁有超越 D 形锁的趋势。

4. HMS 锁

HMS 锁（梨形主锁）是一种一端比另一端大很多的梨子形状的主锁，因为时常和"8"字环等确保或下降器材配合使用，多数有可上锁设计，避免主锁被意外打开。

（二）主锁使用、选择与保养

1. 使用主锁的注意事项

不使用借来的或捡来的主锁，也尽量不要出借自己的主锁。检查用来挂绳的主锁开口所朝的方向，一般情况下，它应该朝下；如果线路需要向左横渡，它应朝右；向右横渡则应朝左。如果方向不对，坠落时绳子很容易从主锁中掉出来。挂绳的动作要正确，不要挂错绳子。初入门者应在实际攀爬前，先练熟挂绳动作。不可让主锁在打开的情况下受力。下面几种情况会让它被打开，要特别留意避免：主锁猛力撞上岩石；防脱闩被突出的岩角顶住推开；剧烈坠落时造成的震动，使主锁被暂时打开（称为 gate lash），这会降低主锁强度。

主锁若沾上泥土、碎冰或其他杂物，会无法完全闭合，影响操作及安全。确定主锁在承受体重时，还能被打开，这点在确保和人工攀登（使用上升器、自攀器等工具）时很重要。绳子从攀登者经主锁到保护者必须要保持不扭曲、不纠缠。为了减轻保护绳索在岩壁上的摩擦并避免纠缠，采用两个主锁或主锁—带环—主锁的连接方式。连接支点和保护绳索时，不能连接 3 个以上的主锁一起使用，因为这样的连接会使主锁有可能纠缠并且扭开。

2. 主锁的选择

在选择主锁时，要根据实际需要而选择，因不同用途、不用种类主锁的强度、重量、价格都不同。如普通的登山和攀岩用的 D 形主锁一般重量为 50 g 左右，而带保险丝扣的保护主锁重量为 100 g 左右，价格上差距也很大。攀登者在选购主锁时还应注意主锁上刻有的各种标识，如刻有 UIAA 字样，则表明是经过国际登山联合会认证的。正规厂家生产的主锁都应该刻有三个标准强度：长轴方向、断轴方向和开口强度。根据 UIAA 的标准，主锁长轴方向的强度在打开时不能小于 6 kN，闭合时不能小于 20 kN，断轴方向的强度不能小于 4 kN。在户外环境中，便于操作是十分重要的，使用越顺畅，越能节约时间。所以在购买时，最好亲手拿起来，感受一下主锁是否顺手易用，大小是否适合你的手掌，如果能单手操作则最好。

3. 主锁的保养

每次使用后检查表面有无裂痕、粗糙的地方，或是尖锐的角，沾到杂物一定要清理干净，检查枢纽部分有无变形或缺少零件。若是用久了，或觉得开关不顺，先将主锁清理干净，于枢纽处涂上润滑剂，再开关几次即可，记得擦掉多余的润滑剂。如果主锁自 6 m 高的地方掉下来，就要停止使用。因为外表虽无裂痕，内部可能已严重受损。

主锁应避免接触腐蚀性物质，盐分对主锁也有侵蚀作用，记得定期清理主锁（用湿布擦拭即可)。注意其他器材上的锐利或不平处,它们会磨伤主锁。主锁应收在干燥通风处,不要和湿掉的绳子、吊带等包在一起。绝对不能用锉刀去锉主锁上粗糙的地方,如果要磨平,可用200~400号的砂纸,要是还不行,这主锁就不宜再用了。

五、上升器

第二次世界大战后,随着户外登山运动的不断普及,上升器(Ascender)日渐成为各国登山和探洞爱好者用作通过危险地区时的重要自我保护装备。其主要用于陡峭地形上升,探洞上升或在保护时和安全带主绳配合使用。此外,上升器也是提拉系统(Hauling System)的重要组成部分,通常替代抓结绳。它是消防、救援机构在处理事故时用于拖拉重物的核心器械,在拉升系统中扮演"反复拉升"角色的装置。

(一) 上升器的原理

上升器的核心部件是内部设计的偏心装置及其上的倒齿(棘轮)。当上升器沿绳索上推时,偏心装置受绳索的摩擦力处于放松状态,上升器在绳索上可以顺畅地向上移动;当上升器沿绳索反方向运动时,偏心装置受绳索的反向摩擦力而处于夹紧状态,其上面的棘轮在力的作用下挤入绳索外层,从而使运动停止。所以通俗地说,上升器就是一种能在绳索上单向运动并能从锁紧状态放松的器具。

(二) 上升器的种类

上升器分为手式上升器(图2-4-7)、胸式上升器(图2-4-8)和脚式上升器(图2-4-9)三种,其中手式上升器分为左手式和右手式。手式上升器是用途最广、最常见的上升器,广泛用于登山、攀岩、探洞、溯溪、搭绳过河等户外运动中,而且使用方便,单手就能完成操作。手柄式上升器是使用最广泛的手式上升器,左手为黄色,右手为蓝色。其他类型的上升器只是手式上升器的变种。

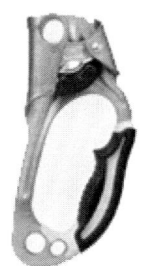
图 2-4-7 手式上升器

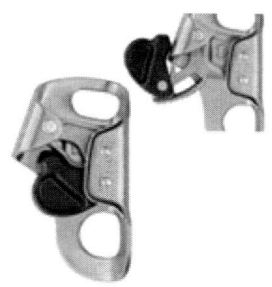
图 2-4-8 胸式上升器

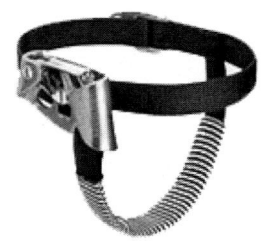
图 2-4-9 脚式上升器

(三) 上升器的操作

1. 手式上升器的操作

每个上升器应自带绳梯,利用左右手式上升器,左手上升时通过绳梯带动左脚抬起,左手到位后，开始左手拉，左脚踩，使身体上升，左脚站稳后，开始右手的同样动作，通过左右依次动作来使身体向上攀升。

2. 胸式上升器的操作

胸式上升器固定在胸部，与安全带通过主锁连接，随着身体一起运动。如果出现胸式上升器无法上升的情况，首先应检查安装是否正确，确认正确后，用手拉动胸式上升器下方的主绳，就可以正常工作。

3. 脚式上升器的操作

使用脚式上升器首先要安装正确，脚踝扣一定要扣紧，才可以顺利动作。脚式上升器需配合手式上升器和胸式上升器使用，如果手式上升器为左手，则与之搭配的脚式上升器为右脚。

（四）上升器的使用注意事项

使用上升器时应注意以下事项：①使用上升器时应尽量保持推进的方向与绳索的方向一致，在推进上升器时应将绳索拉直；②不要将上升器作为保护支点的连接，上升器受到冲击时容易与绳索脱离；③安装好上升器后，应在上升器上端小孔上装上一个主锁，防止绳索受不同方向的力时，从上升器中脱出；④在进行探洞等垂直上升活动时，手式上升器可配合扁带使用。用扁带制作的脚踏可以减轻体力消耗，保持身体平衡。

六、下降器

下降器（Descender）即用于户外运动、救援中保护操作人员（有时需要保护被困人员）的保护器，也叫下降保护器。它与上升器相对，通过增大对绳锁（钢缆、轨道）的摩擦力来加强缓冲效果，从而达到慢速下降的目的。

（一）下降器分类

目前市面上的下降器大致可以分为两类：自锁下降器和非自锁下降器。

1. 自锁下降器

这类器材在有外力突然加载（如坠落）的时候可以自动锁住绳索，因而应用得特别多，也最受欢迎。这类下降器不需要你做任何动作就可以停止你的坠落。但这类下降器比较适合动作不大或者说是静态的情况使用，而向上的一小步或者一个跳跃动作都有可能使它发挥作用，也就是说在你不想要停的时候突然停止你的动作，这样可能导致动作变形甚至坠落。当然这类下降器可以使你免受突然滑坠后的伤害，也比其他防坠落器材更可靠一些。自锁下降器在坠落过程中绝对不能推动，否则可能导致绳索不能自锁。因为这类自锁下降器只能用于单绳上，所以主要用于攀岩。自锁下降器虽然使用简单，但在熟练使用之前需要一定的经验积累。

2. 非自锁下降器

这类下降器需要用手牵拉住绳子的一端来阻止下落，如果没有牵拉，就不能停止下落。非自锁下降器可以使用双绳用于攀登和绳降过程中，但因为不能自锁，所以建议在器材后面的绳索上打上一个抓结来保证安全，虽然这类下降器有很多种类型，但是最常用的还是"8"字环和ATC。

（二）常用下降器介绍

目前使用较多的下降器主要有"8"字环类下降器、ATC类下降器和机械性制动类下降器三类。

1. "8"字环类下降器

"8"字环类下降器（图2-4-10）是最普遍的下降器。它的特点是没有复杂的机械机关，在使用的时候不会出现机械故障。"8"字环的使用方法也相对简单，它本身是左右对称的封闭金属环，没有制动端和攀爬端之分，在装绳时只要按照通常的方法操作就可以了。其不同的造型是为了调节绳子的形变角度和增加摩擦力而设计的。在使用方面，"8"字环类保护器对所使用绳子的直径要求不是特别高，适用范围相对比较广。优点是用途多种多样；价格便宜。缺点是不能自锁；很难适用于双绳；用于大重量的绳降的话，可能导致绳索互相缠绕。

2. ATC类下降器

ATC类下降器（图2-4-11）是近年来除了"8"字环类保护器以外，使用最为广泛的一类下降器。其结构相对机械性制动类下降器要简单许多，操作和"8"字环一样简单，但与"8"字环相比较，最大的优点是绳索过锁后不容易发生变形。另外，ATC类下降器是靠制动端下压使绳索形变而增大摩擦力的，因此一般都分制动端和攀爬端。在装绳时要注意按照下降器上的图例要求的绳索走向安装。使用方面，ATC类下降器对所使用绳子的直径要求比"8"字环严格，一般为8.3~12 mm，但如果需要和小直径的绳索相匹配，就要选择小口径的ATC类下降器。

3. 机械性制动类下降器

相对于"8"字环类下降器和ATC类下降器，机械性制动类下降器（图2-4-12）的操作要复杂得多，特别在安装绳索上有非常严格的规定，一旦错误就可能直接发生致命的危险。机械性制动类下降器在使用方面和"8"字环类、ATC类下降器相比较也存在很大的差异，一般只用于下降（单绳）和顶绳保护（单绳）。其最突出的优点是可以自锁并可以通过用手调控自由绳端来控制下降速度。

  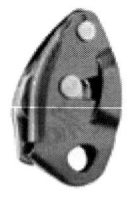

图 2-4-10　"8"字环类下降器　　图 2-4-11　ATC 类下降器　　图 2-4-12　机械性制动类下降器

七、其他技术装备

1. 冰爪

冰爪（图 2-4-13）是在冰、雪上攀登时套在登山鞋上的装备，由轻质硬金属制成，起固定和防滑作用。冰爪前掌有 8 颗钉，后掌有 4 颗钉，根据用途可分为攀冰冰爪和登山冰爪两类，区别在于前者的两个前齿向下倾，而后者较为平直。

图 2-4-13　冰爪

使用冰爪时应注意以下事项：①将冰爪调整至适合靴子的大小，最合适的长度是比靴子略短 3~5 mm，不可太短或超过靴长，若超过靴长，在下撤时会不舒服并造成危险；②向上攀登时，随时检查冰爪状况，检查螺丝或绑带是否松弛，快扣是否移位；③装好冰爪后，先走几步试验一下，再绑紧；④某些雪况下（特别是午后的湿软雪原），任何冰爪都会被雪块塞住，使用阻雪板可以增加舒适度与安全性；⑤磨冰爪时应以手握锉刀慢慢磨，绝不可用砂轮机磨，冰爪钢质会因高温而改变；⑥绝不可将冰爪加热火烤，冰爪的强度与耐用度都会因此受损；⑦不可将又脏又湿的冰爪遗留在防水袋中，保持干净与干燥是冰爪保养的原则；⑧注意冰爪能伤人，要好好保护和使用；⑨在岩石或水泥地使用冰爪会对冰爪造成伤害；⑩攀登一条路线之前记得随时检查冰爪的状况。

2. 冰镐

冰镐（图 2-4-14）是最重要、用途最广的登山装备之一。在登山时，根据地形的不同，冰镐有多种不同的使用方法。在雪线以下，可以手持镐头中部，镐尖朝后，当作手杖使用；在冰雪坡行走中，可以帮助攀登者保持平衡；在冰壁和混合地形中，经过改进的冰镐可以当作攀登的支点使用。

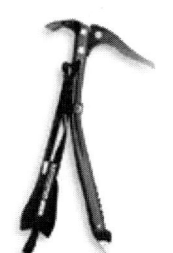

图 2-4-14　冰镐

因款式和用途不同，冰镐的镐尖形状、镐柄弯曲程度等都有所不同，大体上可分为长冰镐和短冰镐两种。根据冰镐不同的用途，冰镐的设计也形式各异。长冰镐（60～90 cm）适用于缓坡度地形的行走，攀登陡坡时更短的冰镐相对合适一些。攀冰则需要特殊设计的冰镐，如镐柄弯曲，镐尖更锋利，配重更利于挥动入冰。

冰镐分为镐头和镐柄两部分。镐头分为两种，一种由镐尖和镐铲组成，一种由镐锤和镐尖组成，镐尖还可以分为很多种，适用于冰攀中不同用途。镐柄有直镐柄和曲镐柄两种，长冰镐一般为直镐柄，短冰镐可以是直镐柄也可以是曲镐柄。

使用冰镐时应注意以下事项。

（1）正确携带冰镐

携带冰镐的头条要诀就是细心。要牢牢记住锋利的镐尖、斧刃极易对自身和队友造成伤害。假若冰镐不在手中，千万注意不可让它滑下雪坡或悬崖。

在行进途中，如果不使用冰镐，最安全的办法是把它插在装备包的镐套上，用皮带扣紧。一般情况下，都应该在镐尖、横口斧与镐尾上加上手皮套。单手登高时，手握住镐柄，镐柄与地面平行，镐尾向前，镐尖向下。

雪坡行走时，如果需要两只手暂时空出来，可将镐向下呈对角线形斜插到背与背包之间，镐尾向下，镐尖在两肩背带上固定好，和脖子保持距离。冰镐要容易插进，也容易抽出。卸下背包前先把镐抽出来。镐上尖利部位最好用皮套保护。

（2）正确握镐

攀登雪坡时，可以根据自己的喜好与雪面状况选择握镐方法，大致有两种握镐方式：①自我制动式握镐，大拇指握在横口斧下，手掌与其余的指握在镐尖上，靠近镐柄，攀登时横口斧向下；②自救式握镐，手掌握住横口斧，大拇指与食指握到镐尖下，攀登时镐尖向下。

自我制动式握镐的好处是滑倒时可以很快将镐插入雪中制动。但一般情况下，人滑倒的可能性不大，这样握镐让每次拉镐的压力都集中在虎口处，时间一久虎口就会磨痛，从而影响攀登的安全。自救式握法就舒服得多，因为拉镐的压力分散在较宽的横口斧上，整个手掌均匀受力，但在滑倒时，要迅速变到自我制动式握镐阻止身体下滑。

（3）自我保护

攀登中如果滑倒，应立即将镐柄插入雪中，阻止身体下滑。滑倒时无论用什么方法握镐都可以自救，但自救式握法更加方便，效果也好。不论上坡攀登、下坡攀登、斜登、斜降或横渡，冰镐都须朝向坡壁，因此冰镐须随时换手握持，冰镐于攀登行进间必须离地，不可将冰镐拖地前进。冰镐可以作为确保固定支点：坐姿时，冰镐的鹤嘴应插入斜后侧雪地；立姿时，冰镐应垂直插入雪地；蹲姿时，冰镐的鹤嘴应插入身体下方的雪地。为确保安全，镐柄必须插入一定深度的硬雪中，这样才能承担住整个人的重量。

【知识点小结】

1. 户外运动中常用的装备是指在户外活动中，参与者在活动过程中所需使用的生活用品和器材的总称，常见的装备类别主要有包括户外基本着装、户外常用工具、户外露营装备、户外技术装备四大类。

2. 不同的天气情况、地理环境、户外活动性质，对装备的选择和使用也不相同。因此，掌握不同装备特性及在不同环境中的应用十分重要。

3. 对装备的特点和使用注意事项的把握是成功完成户外活动的关键。

【知识综合实训】

实训内容：在学习完本章内容后，各班级自由组合分成若干个小组，每组4~5人。每小组选择某一地区，结合该地区气候及地理环境等特点模拟设计一次2天1晚的户外露营活动方案，要求活动设计中运用到本章所学的户外装备，并说明为什么需要使用这些装备，其用途是什么。

完成人数：4~5人一组。

实训要求：各小组完成一份户外露营活动方案及一份PPT汇报材料。

第三章
CHAPTER 03
结绳技术

【学习目标】

1. 掌握结绳技术定义和作用。
2. 掌握常用绳结的用途和打法。

在户外活动过程中，绳结的打法对错及打结的熟练程度有时会关系到参与活动的人的生命安危，所以熟练掌握各种类型和用途的绳结的打法是极为重要的。结绳技术的掌握来自不断的练习与体会，初学时可以依图练习，然后进行闭目打结练习、单手打结练习。无论打何种绳结，都应该做到可以在狂风怒吼中蒙住眼睛或是站在摇晃的树梢上迅速地完成打结，同样也必须做到能够迅速地解开绳结。

第一节 结绳概述

一、结绳技术的定义与作用

结绳技术又称为结绳方法，是指通过各种打结方法使绳索之间、绳索与其他装备之间相互连接的方法，是进行攀登、下降、保护训练等户外活动必须掌握的基本技术之一。

结绳方法是否运用得当，直接影响绳索使用的质量和效果，以及安全性能。不论何种绳结，都必须打得干净利索，让不同绳段保持平整而不扭曲，并且绳结应打紧，在完成后必须收紧受力方能使用，最后还要在活动端打个防脱结固定好，同时绳端至少预留5~10 cm，以免绳索自行松脱。要养成经常检查绳结的良好习惯，无论是自己还是攀岩同伴的绳结，尤其是在开始攀登或垂降前要做好绳结安全检查。

经过几代户外人的经验和智慧的积累，户外绳结种类已经非常丰富。户外活动中经常使用的有十多种绳结及绳套，在某些状况下，同一用途有多种绳结可供选择，至于选择哪种绳结纯属打结者个人的爱好。有些绳结比较受欢迎的原因是它对整条绳索的强度影响相对较小（表3-1-1）。在更多的情况下选择某些绳结，主要是因为该绳结比较容易打，或者是该绳结在使用时不易自行松开。

表 3-1-1　各种绳结对于编织绳断裂强度影响比较

绳结	断裂强度降低之比例
无	0
双渔人结	15%~30%
双套结	15%~20%
水结	20%~30%
"8"字结	20%~25%
布林结	25%~35%

二、绳子的组成部分

很多人认为一根绳索只有三部分，即绳子的两端和中间部分。但为了探讨绳结，需要加以更专业的划分（图3-1-1），绳子的两端及中间部分的使用方法有很大的差异。

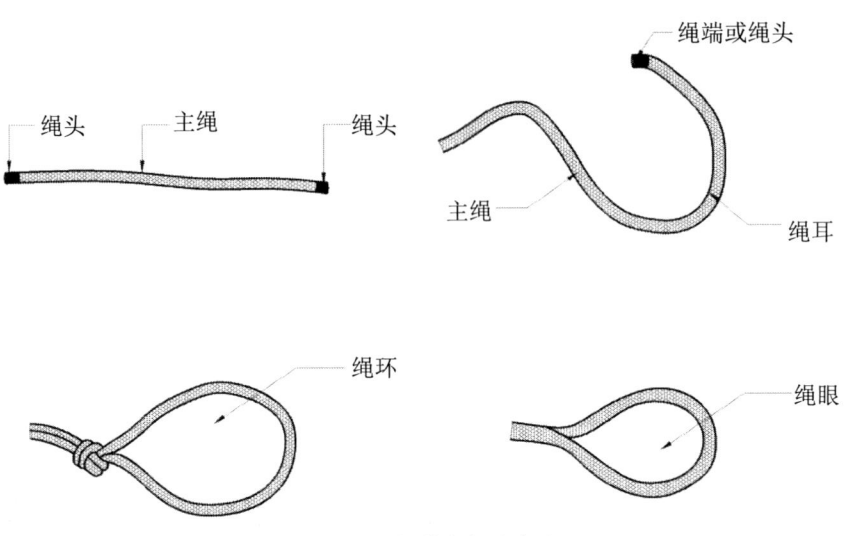

图 3-1-1　绳的各部分名称

绳耳：对折绳子，让两股绳子平行靠拢约呈180°，绳子上的弯曲或者折叠处所形成的小绳圈就称为绳耳。结绳时，不是只能用一股绳子打结，也可以用留出的绳耳打结；或者可以在绳耳内结绳，也就是说可以不在绳子的末端结绳。

绳圈：扭转绳耳让两股绳子交叉，即成绳眼，交叉旋转则围绕成绳圈。

绳环：绳子上闭合的环称为绳环。

主绳（本绳）：指结绳后垂下来的剩余绳子，或者结绳后绳头相对方向剩余的绳子。

尾绳：在靠近绳尾的那一端完成结绳后，留下的一小段单绳就叫尾绳。有时需要留出较长的一段尾绳，以易于抓取或避免绳结拉开。

绳端（绳头）：握在手中的那一段绳子叫绳端或绳头。

静止端和活动端：一般来讲，不经常使用的那个绳端称为静止端，而另一端则称为活动端。

三、结绳术语

连接：把两根不同的绳索或一个绳索的两端绑在一起。

翻转：指在某些特殊情况下，一些绳结使用后翻转成另外一个绳结。

整理：一些绳结（如"8"字结）打好后，绳子常会交叉在一起不整齐，使用时，绳结的结实程度就大打折扣，因此结束结绳的前一步骤就是正确整理绳结。任何绳结都必须充分收紧受力后方可以安全使用。

抖落：对攀爬者来说，抖落绳子是指把绳子从绳盘上解下来堆放在地面上。抖落时，一次只能解开一层绳子，这样在送绳时就可以减少绳子发生纠结的可能性。

收绳：在盘绳结束后，用余绳缠绕在绳盘上，固定绳盘的两端。

套结：指必须绕在一个物体上才能发挥作用的绳结。

双绳结：指由两条绳子或同一条绳子的两段所接成的绳结。

打结：指把同一根绳子的两个部分有目的地盘绕在一起。

拢绳：指在整理完打好的绳结后，拉紧绳子的各个部分，它能确保绳结起到应起的作用。

滑脱：指绳结意外地解开。

编结：把绞绳（或辫绳）连接在一起的结绳方法，也即拆开两股绳子的绳头再把它们编织在一起。

缠绕：指把一股绳子围绕在一个物体上，这样绳子的两端都会朝向同一个方向。

绳头结：防止绳子两端拆开或标记绳子长短的一种独特方法，也常称为防脱结。

四、绳结强度

绳子只有在保持平直时最结实，只要有弯曲就会降低绳子的承重能力，并且弯曲部分绷得越紧越不结实。因此，在条件相同的情况下，半径大的绳结要比半径小的绳结更结实。尽管到目前为止，使用者因为所打绳结破裂而受伤或者丧命的情况还比较少见，但是在打绳结时必须集中注意力。

假设绳子或扁带在不打结的状况下，其强度是100%，各类绳结的强度均有不同程度的下降（表3-1-2）。

表3-1-2 绳结的平均强度

绳　　结	平均强度
"8"字结	80%
称人结、水结、双渔人结	75%

续表

绳　　结	平均强度
双套结、系木结	65%
单结	65%
平结	45%

在使用绳子来保护自己或其他攀登者时，要注意以下三点：①打结一定要正确，且确保绳结收紧受力后方可使用；②无论打结在何处都要确保安全；③要使用正确的确保技术。

第二节　常用绳结的打法

绳结就是利用绳索打成的结。结绳技术是攀岩、速降、拓展、徒步、露营等户外运动必须掌握的基本技能之一。

一、单结

单结又叫交腕结或止结，是所有绳结中最小、最简单的绳结，也是许多绳结构成的基本元素。它广泛用于日常生活和户外攀登中，常用来把绳套固定在岩锥、树桩、犄角状岩体等上面。在拉握绳子时，单结可以用来防止滑动，当绳端绽线时，也可以暂时地防止其继续脱线。缺点是当结打太紧或弄湿时就很难解开。

（一）单结打法

单结的打法如图 3-2-1 所示。

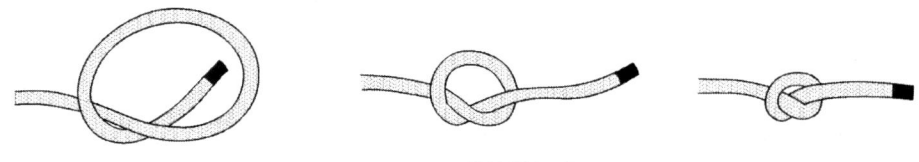

图 3-2-1　单结的打法

（二）多重单结打法

单结增加缠绕次数（一般为 2~4 次），打成较大的结形，被称为多重单结（图 3-2-2）。为了不让结打乱，"边打结边整理"为重点所在。这种结可作为绳子的手握处，或是当绳子要抛向远处时用以加重力量。

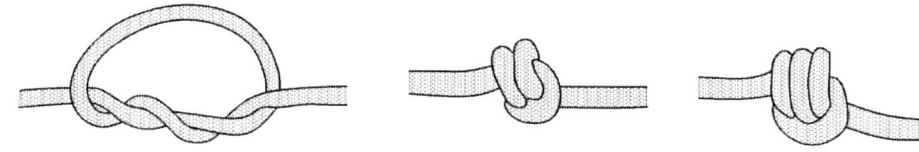

图 3-2-2 多重单结的打法

二、双套结

双套结可以很快地把绳索扣入钩环而与固定点连接，是最常见的连接开放性固定点（如树桩、铁锁等）的绳结。双套结的缺点是当绳端负荷消失时易解开，优点是打好结后易于调整保护者和保护点之间的绳索长度，而不需要将绳结解开。注意双套结在使用时一定要打紧，否则绳索会滑动。

（一）双套结打法一

双套结最常见的打法如图 3-2-3 所示。

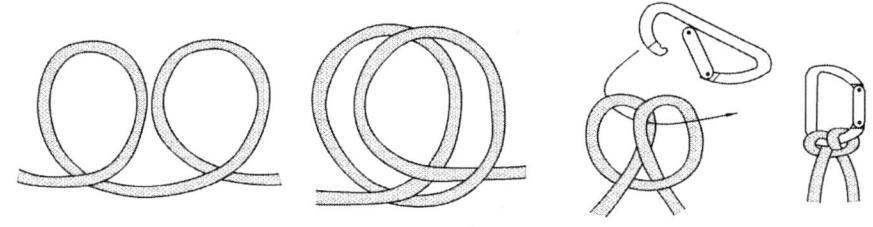

图 3-2-3 双套结打法一

（二）双套结打法二

双套结配合主锁或快挂的打法如图 3-2-4 所示。

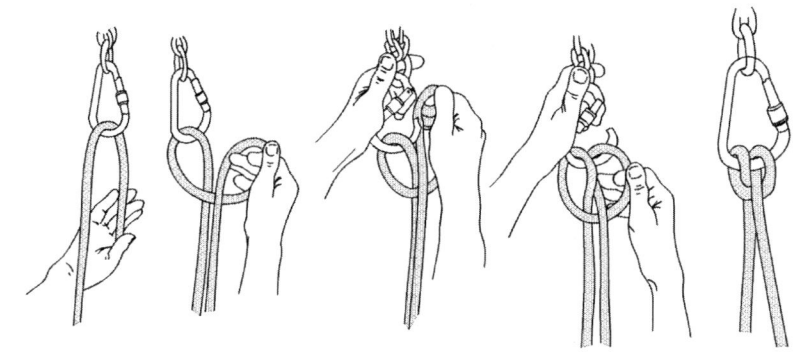

图 3-2-4 双套结打法二

（三）双套结打法三

双套结在固定点中部进行打结的方法如图3-2-5所示。

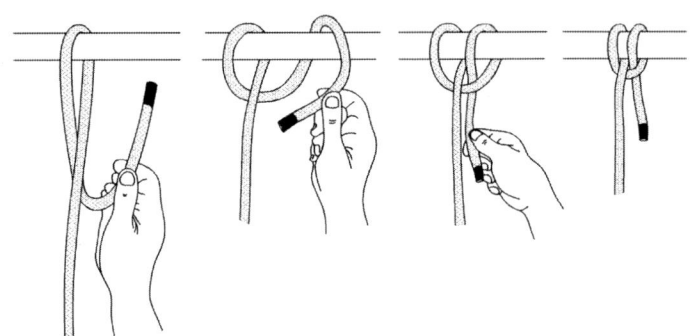

图 3-2-5　双套结打法三

三、布林结

布林结又叫称人结，一般用于绑在绳索或保护点上，优点是方便快捷，而且越受力越紧，缺点是不受力时容易松动以至完全脱开。注意布林结最后一定要打绳尾结。

（一）布林结打法一

布林结常见的打法如图3-2-6所示。

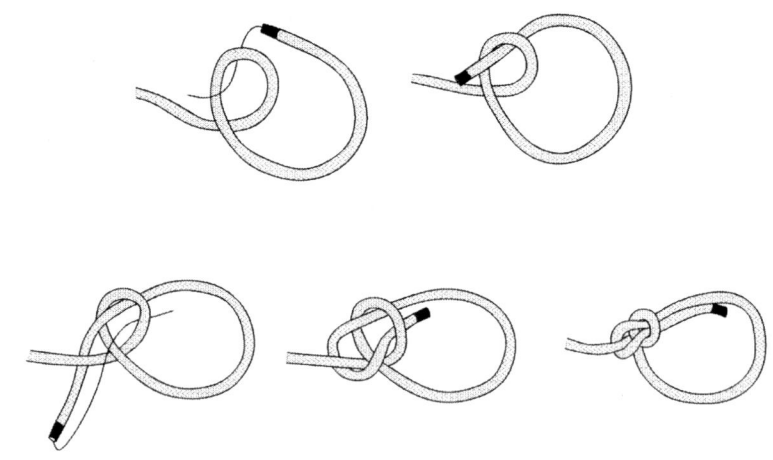

图 3-2-6　布林结打法一

（二）布林结打法二

可以用单手打布林结，具体打法如图3-2-7所示。

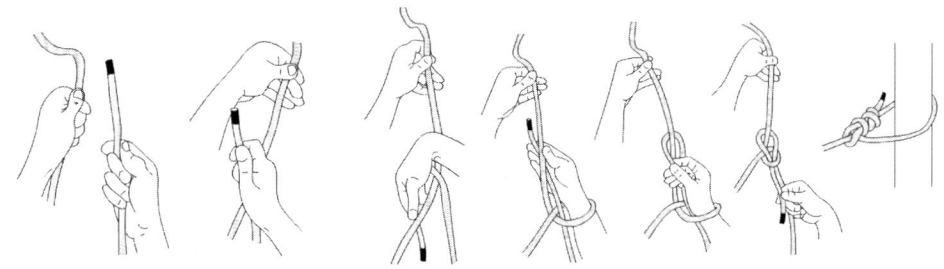

图 3-2-7 布林结打法二

（三）布林结末端的处理

布林结末端一定要做防脱处理，常见的做法是在末端打绳尾结（图 3-2-8）。

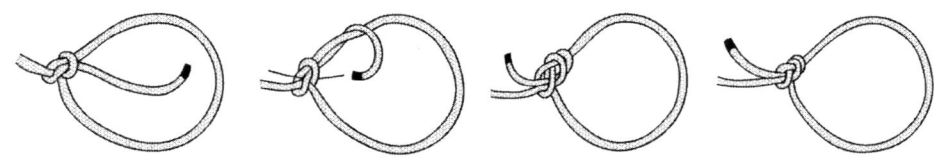

图 3-2-8 布林结末端处理

四、平结

平结（图 3-2-9）又叫方结或收帆结，是连接用的绳结中使用频率最高的绳结。平结常用于连接同样粗细、同样材质的绳索。平结的特点是同样粗细的绳索连接在一起后，结形扁平，易于解开，最适合用于绷带绑扎，因此又叫医生结。平结可用于捆扎行李、包裹或包扎伤口，也可用于垂降（注意两端绳头必须打上防脱结固定）。主要缺点是系紧受力后较难解开。

图 3-2-9 平结的打法

五、水结

水结（图 3-2-10）又叫扁带绳环结或环固结，是连接两根扁带或连接一条扁带的两端所打出的绳结，也是扁带连接的唯一安全结。水结的端点在不受力时很容易松动，所以打结时尾端要留长一点，在使用前要用身体的重量去拉拉看，以确保不会一拉就开。

图 3-2-10　水结的打法

六、渔人结

渔人结主要用于两条主绳的连接，一般是连接直径相同且小于 8 mm 的圆绳，在做成绳套时，绳尾应留绳子直径的 8~10 倍长，并最好用胶布缠上。渔人结的优点是不易松动，也很容易看出绳结的正确与否，缺点是打结用的绳子较长，结形体积偏大，绳结在受力后难解开。日常比较实用的多为双渔人结，注意打好渔人结后还应打上单结（防脱结）。

（一）单渔人结的打法

单渔人结的打法如图 3-2-11 所示。

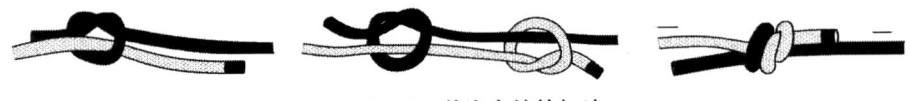

图 3-2-11　单渔人结的打法

（二）双渔人结的打法

双渔人结的打法如图 3-2-12 所示。

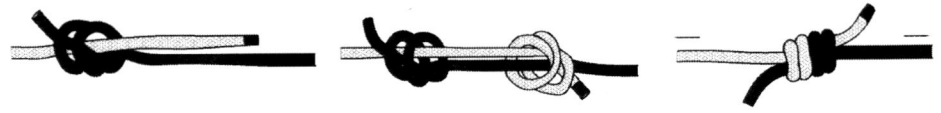

图 3-2-12　双渔人结的打法

七、"8"字结

"8"字结多用于攀登或与保护点的连接。保护绳必须用"8"字结与安全带的保护环相连。"8"字结的主要特点是结实可靠，打法简单，便于检查，不足之处是大强度受力之后不易解开。"8"字结分为单"8"字结和双"8"字结。

（一）单"8"字结的打法

单"8"字结的打法如图 3-2-13 所示。

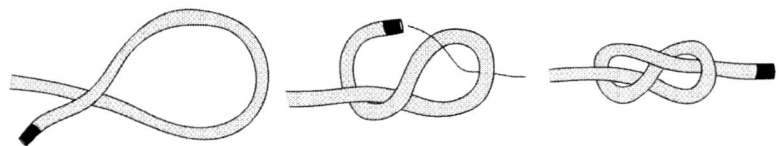

图 3-2-13　单"8"字结的打法

（二）双"8"字结的打法

双"8"字结有两种常见打法，如图 3-2-14、图 3-2-15 所示。

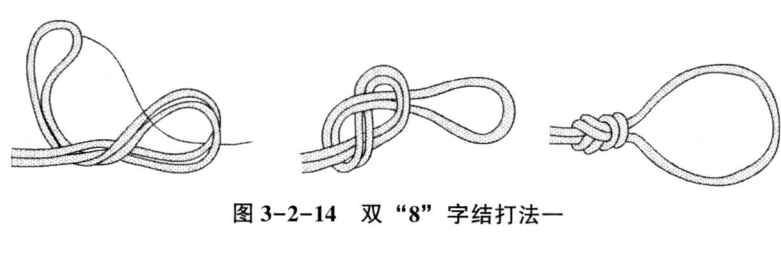

图 3-2-14　双"8"字结打法一

图 3-2-15　双"8"字结打法二

八、抓结

抓结分为普鲁士抓结和法式抓结，普鲁士抓结与法式抓结都必须先具备使用双渔人结做成的绳圈（使用 6 mm 绳索制作），在本质上二者没有区别，都在突然受力的情况下有效制动的效果，实际使用中可根据各人喜好自由选择。抓结的特点是当绳结受力时可使人固定在绳索上不动，而除去力后人又可以自由移动。抓结主要用于保护下降、救援中，要注意打抓结的绳子应比主绳细而软，否则会影响效果。

（一）普鲁士抓结的打法

普鲁士抓结的打法如图 3-2-16 所示。

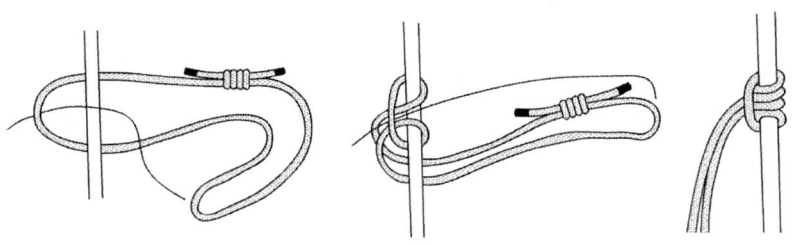

图 3-2-16　普鲁士抓结的打法

（二）法式抓结的打法

法式抓结的打法如图 3-2-17 所示。

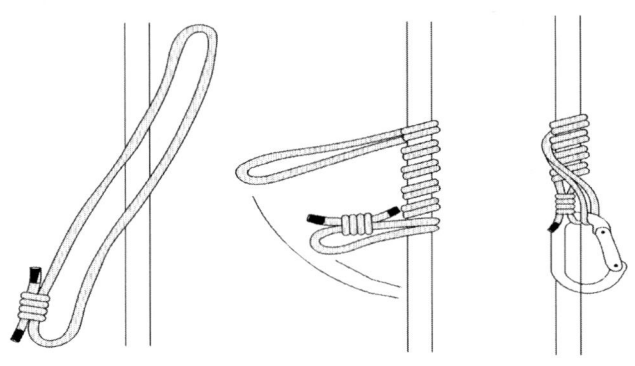

图 3-2-17　法式抓结的打法

九、意大利半扣

意大利半扣又叫摩擦结，可用来代替下降器或多段攀登中的保护，尤其适合确保先锋攀登者或下降攀登者。意大利半扣不但可以双向施力（可以从钩环上给绳，也可以把绳索穿过钩环往下拉），也可以提供足够的摩擦力来控制攀登者的坠落，或抓握住绳索的制动端降下攀登者。意大利半扣的打法如图 3-2-18 所示。

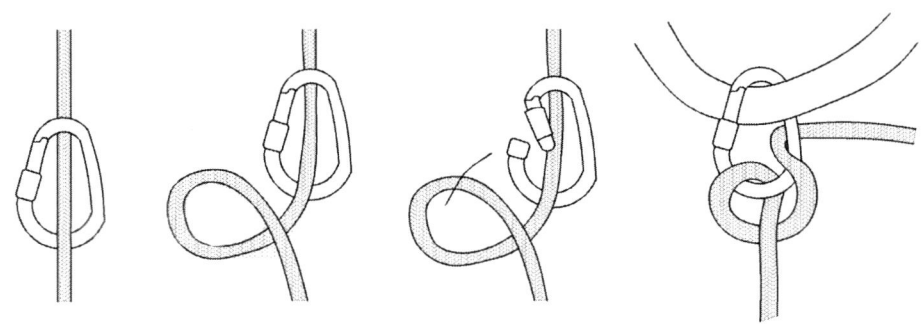

图 3-2-18　意大利半扣的打法

十、蝴蝶结

蝴蝶结又叫中间结，可承受任何一端或绳圈的拉力而不会松开，可以用有锁钩环穿过绳圈与安全带或其他物体连接。注意蝴蝶结打完结后两绳头要成一直线。

（一）蝴蝶结打法一

蝴蝶结的第一种打法如图 3-2-19 所示。

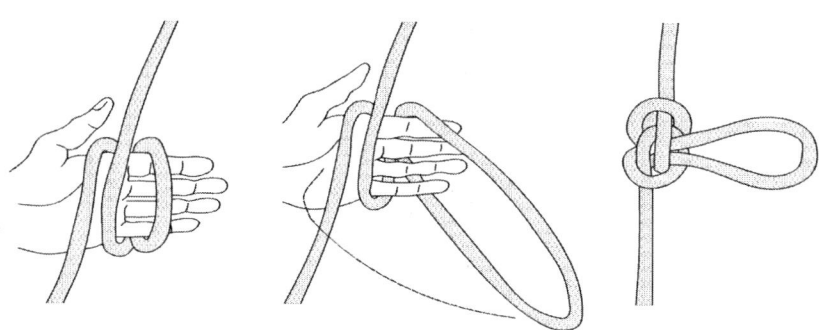

图 3-2-19 蝴蝶结打法一

(二) 蝴蝶结打法二

蝴蝶结的第二种打法如图 3-2-20 所示。

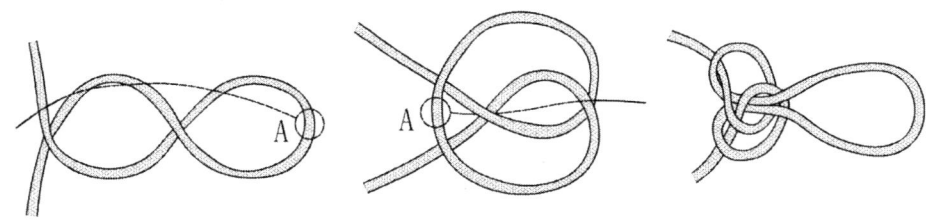

图 3-2-20 蝴蝶结打法二

十一、接绳结

接绳结是一种用于连接两条粗细及材质不同的绳索的结,是最古老的一种结。它的特点是打法简单,结实可靠,而且十分容易拆解。

(一) 常规接绳结

常规接绳结的打法如图 3-2-21 所示。

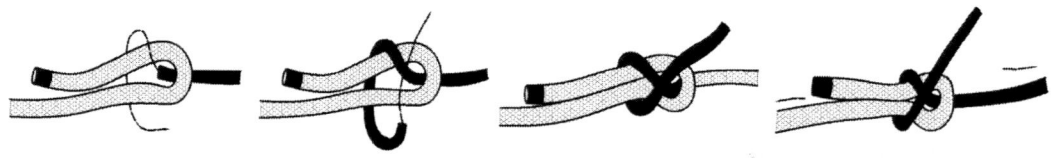

图 3-2-21 接绳结的打法

(二) 双页弯结

双页弯结是接绳结的常规打法的一种变形,但比常规打法更为牢固。双页弯结的打法如图 3-2-22 所示。

图 3-2-22 双页弯结的打法

十二、捆绑攀岩绳

这是一种将绳子分为左右两边、在不产生纽结的状况下即可将绳子捆绑好的方法。在分绳子时，一次的长度最好等于两手张开的最大距离，太短的话，捆起来的绳子可能会变得过大。在捆绑时，如果一只手无法应付，也可以把绳放在手腕上。

（一）攀岩绳捆绑方法一

捆绑攀岩绳的第一种方法如图 3-2-23 所示。

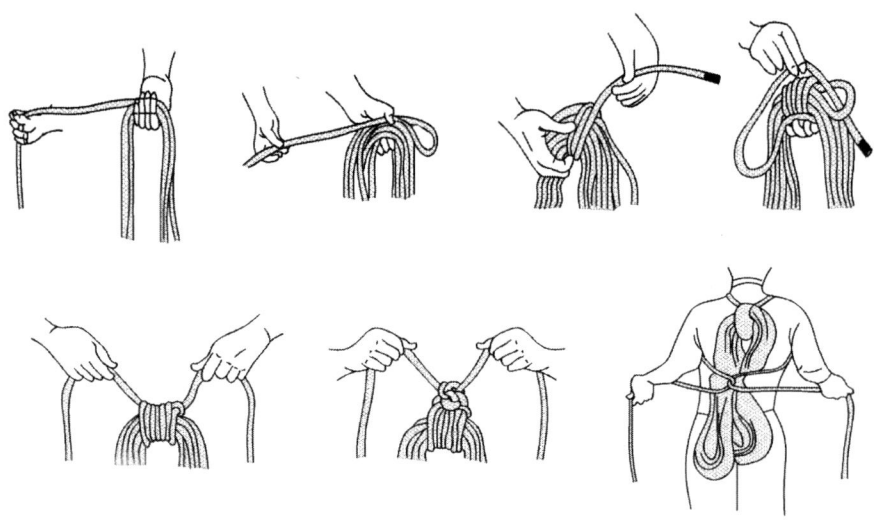

图 3-2-23 捆绳方法一

（二）攀岩绳捆绑方法二

捆绑攀岩绳的第二种方法如图 3-2-24 所示。

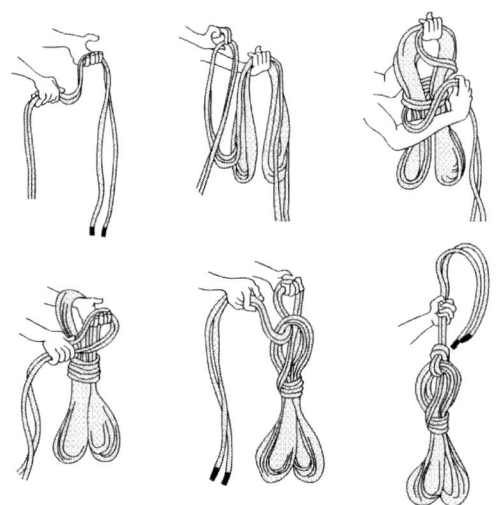

图 3-2-24 捆绳方法二

▶【知识点小结】

1. 结绳技术又称为结绳方法，是指通过各种打结方法使绳索之间、绳索与其他装备之间相互连接的方法，是攀岩、速降、拓展、徒步与露营等户外运动必须掌握的基本技能之一。

2. 绳子只有在保持平直时最结实，只要有弯曲就会减少绳子的承重能力，并且弯曲部分绷得越紧越不结实。因此，在条件相同的情况下，半径大的绳结要比半径小的绳结更结实。

3. 掌握各种绳结的打法、常用绳结的优缺点、在实用条件下各种绳结的快速打法，在此基础上勤加练习和多次使用，是学习绳结的关键。

■【知识综合实训】

参照下图，用学过的结绳技术完成以下的任务。

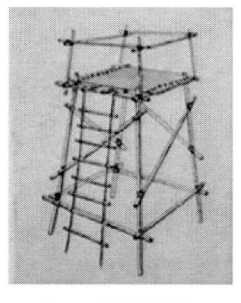

（1）制警戒塔　　（2）制木筏（竹筏）

第四章
CHAPTER 04
户外运动损伤与施救

【学习目标】

1. 认识户外运动损伤的种类及危害性。
2. 熟悉运动损伤的产生原因、施救方法和预防手段。
3. 运用所学知识进行户外运动损伤施救实践。

任何运动都存在一定的危险性，特别是在野外活动，因天气、地形、动物等因素更容易产生危险。即使户外运动参与者在野外活动时从未遭遇过危险，也应该掌握处理户外运动损伤的常用方法，以便在发生户外运动损伤时能及时有效施救。

第一节 常见意外伤害急救

一、止血

户外活动过程中，创伤是在所难免的，皮肤破损、血管及神经断裂、骨折等都不可避免地会造成出血。出血的后果可以是很严重的，所以在户外活动时要当心，尽量避免损伤的发生。在意外发生的现场，止血（控制出血）是非医疗专业人员所能做的少数几种影响后期救治效果的措施之一。

（一）出血的特点和种类

人的血量大约占体重的8%，出血量小于总血量的5%（200~400 mL）时不必惊慌，人体可自动代偿；出血量大于总血量20%（约800~1000 mL）时，伤者出现面色苍白、意识淡漠、肢体湿冷、呼吸浅快等症状，会进入休克；一次出血超过总血量的30%，尤其是急性大出血时，伤者未经积极有效的急救，有生命危险。

出血分为外出血和内出血，外出血又分为动脉出血、静脉出血和毛细血管出血。动脉出血时，出血呈搏动性、喷射状，血液颜色鲜红，可在短时间内大量失血，造成生命危险；静脉出血时，出血缓缓不断外流，血液颜色紫红；毛细血管出血时，伤口较小，出血不多。

(二) 止血的方法

压（图4-1-1）：当看见伤口流血，最常做的急救动作就是用手按住出血区，这就是压迫止血法。压迫止血法分两种：一种是伤口直接压迫，无论用干净纱布还是其他布类物品直接按在出血区，都能有效止血；另一种是指压止血法，用手指压在出血动脉近心端的邻近骨头上，阻断血运来源，以达到止血目的。找压迫点时要用食指或无名指，不要用拇指，因为拇指中央有粗大的动脉，容易造成误判。当找到动脉压迫点后，再换拇指按压或几个指头同时按压。指压止血法虽然操作容易，但不经过系统培训，很难达到止血目的。

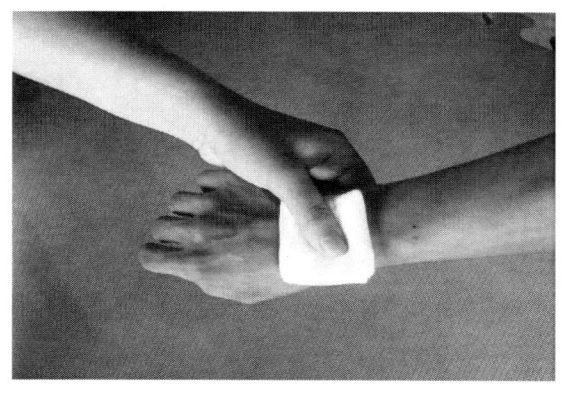

图4-1-1　止血方法——压

包（图4-1-2）：无论是什么样的出血，最终都要用包扎来解决。包扎所用的材料是纱布、绷带、弹性绷带或干净的棉布或用棉织品做成的衬垫。包扎的原则是先盖后包，力度适中。先盖后包即先在伤口上盖上敷料（够大、够厚的棉织品衬垫），再用绷带或三角巾包扎，这是因为常用的普通纱布容易粘伤口，给后续处理增加难度。力度适中指的是包扎后应止血有效，远端的动脉应还在搏动，包扎过松，止血无效，包扎过紧，会造成远端组织缺血缺氧坏死。

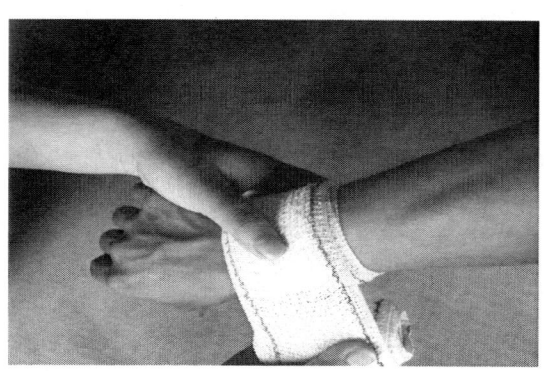

图4-1-2　止血方法——包

塞：塞是用于腋窝、肩、口鼻或其他盲管伤和组织缺损处的填塞止血法，用棉织品将出血的空腔或组织缺损处紧紧填塞，直至确实止住出血。填实后，伤口外侧盖上敷料后再加压包扎，达到止血目的。此方法的危险在于用压力将棉织品填塞结实可能造成局部组织损伤，同时还有可能将外面的脏东西带入体内造成感染，尤其是厌氧菌感染常会引发破伤风或气性坏疽。所以，非必要时，尽量不采用此法。

捆（图4-1-3）：捆即止血带止血法，在某些特定条件下是有效的，如肢体断离等较大的肢体动脉出血等。止血带止血法潜在的不良作用包括暂时的或持续的对神经和肌肉的损伤，以及肢体缺血引起的全身性并发症，包括酸中毒、高钾血症、心律失常、休克、肢体毁损，甚至死亡。并发症与止血带的压迫力量过大和持续时间过长密切相关，因此没有经过严格训练的非医务人员不在万不得已的情况下，不要使用此法。

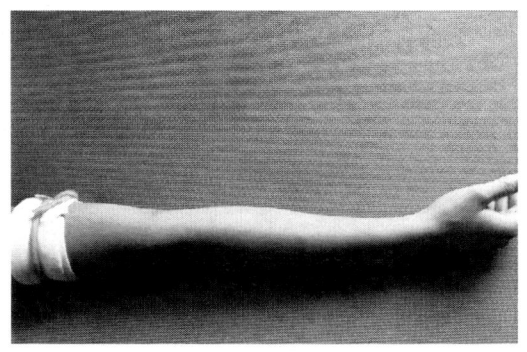

图4-1-3　止血方法——捆

二、包扎

伤口经过清洁处理后，要做好包扎。包扎具有保护伤口、压迫止血、减少感染、减轻疼痛、固定敷料和夹板等作用。在有出血的情况下，外伤包扎的实施必须以止血为前提。如不及时止血，则可造成严重失血、休克，甚至危及生命。有时候，包扎本身就是止血的措施。例如，组织损伤造成的毛细血管出血，出血时血液成水珠样从伤口流出，稍微压迫即可止血，有时也可自动凝固止血。对于这种出血，往往只需要在伤口贴上止血贴，或在伤口上覆盖消毒纱布，然后稍微加压包扎，即可完成止血和包扎的双重任务。但对于由动脉血管损伤引起的动脉出血和由静脉血管损伤引起的静脉出血，单纯地压迫包扎伤口往往不能达到止血的目的。

（一）包扎器材

常见的包扎用具有三角巾、绷带、四头带等，特殊情况下干净的毛巾、头巾、手帕、衣服等可作为临时的包扎材料。最常用的包扎材料是卷轴绷带和三角巾，在家庭中也可以用相应材料代替。卷轴绷带用纱布卷成，一般长5 m。三角巾是一块方巾对角剪开，即成两块三角巾，三角巾应用灵活，包扎面积大，各个部位都可以应用。

(二)包扎的基本要求

包扎时,要做到快、准、轻、牢。快,即动作敏捷迅速;准,即部位准确、严密;轻,即动作轻柔,不要碰撞伤口;牢,即包扎牢靠,不可过紧,以免影响血液循环,也不能过松,以免纱布脱落。

(三)包扎的具体方法

1. 绷带包扎

环形包扎法(图4-1-4):这是绷带包扎法中最基本、最常用的方法,一般小伤口清洁后的包扎都是用此法。它还适用于颈部、头部、腿部及胸腹等处。具体方法:第一圈环绕稍作斜状,第二圈、第三圈作环形,并将第一圈斜出的一角压于环形圈内,这样固定更牢靠些,最后用粘膏将尾固定,或将带尾剪开成两头打结。

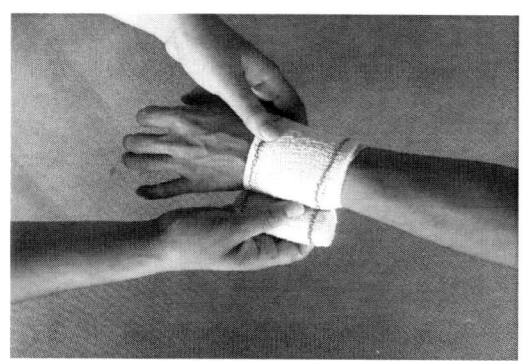

图4-1-4 环形包扎法

螺旋形包扎法(图4-1-5):多用于粗细相差不大的肢体、躯干处。具体方法:先按绷带环形法缠绕数圈固定,然后以绷带宽度的1/3或2/3为间隔,斜着上缠或下缠,绕成螺旋形。

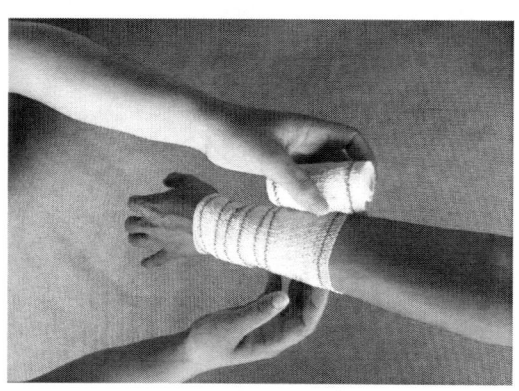

图4-1-5 螺旋形包扎法

螺旋反折包扎法（图4-1-6）：多用于肢体粗细不等的地方。具体方法：先按环形法缠绕数圈固定，然后将每圈绷带反折，盖住前圈的1/3或2/3，依此由下而上地缠绕。折返时按住绷带上面正中央，用另一只手将绷带向下折返，再向后绕并拉紧。绷带折返处应避开患者伤口。最后以环形包扎结束。

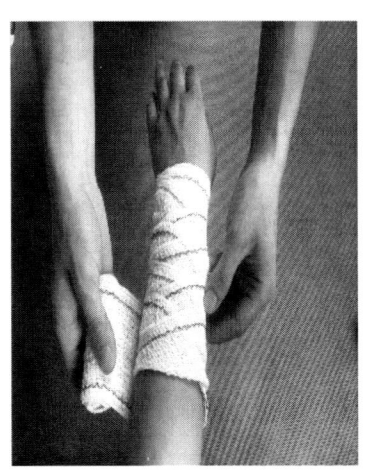

图4-1-6　螺旋反折包扎法

2. 三角巾包扎

普通头部包扎（图4-1-7）：先将三角巾底边折叠，把三角巾底边放于前额拉到脑后，相交后先打一半结，再绕至前额打结。

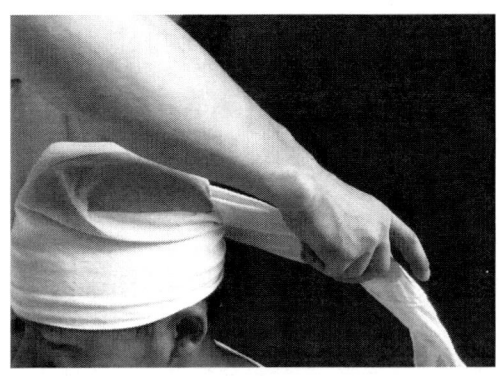

图4-1-7　普通头部包扎

风帽式头部包扎（图4-1-8）：将三角巾顶角和底边中央各打一结成风帽状。顶角放于额前，底边结放在后脑勺下方，包住头部，两角往面部拉紧向外反折包绕下颌。

图 4-1-8　风帽式头部包扎

普通面部包扎（图 4-1-9）：将三角巾顶角打一结，适当位置剪孔。打结处放于头顶处，三角巾罩于面部，剪孔处正好露出眼、鼻。三角巾左右两角拉到颈后在前面打结。

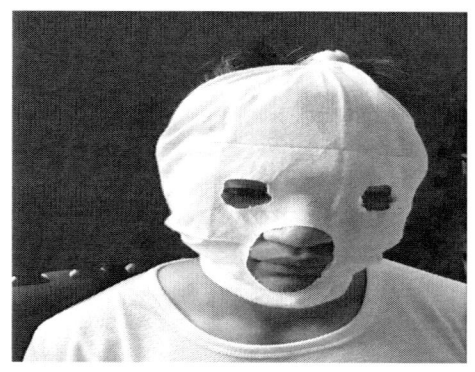

图 4-1-9　普通面部包扎

普通胸部包扎（图 4-1-10）：将三角巾顶角向上，贴于局部，如系左胸受伤，顶角放在右肩上，底边扯到背后在后面打结，再将左角拉到肩部与顶角打结。背部包扎与胸部包扎相同，但是位置相反，绳结打于胸部。

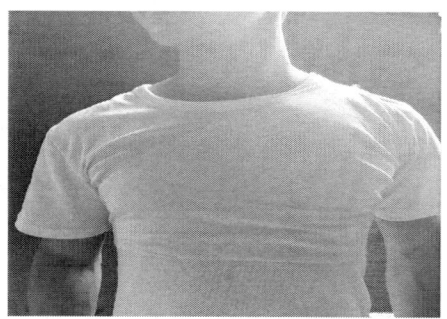

图 4-1-10　普通胸部包扎

（四）包扎注意事项

包扎卷轴绷带前要先处理好患部，并放置敷料。包扎时，展开绷带的外侧头，背对患部，一边展开，一边缠绕。无论何种包扎形式，均应环形起，环形止，松紧适当，平整无褶。最后将绷带末端剪成两半，打方结固定。结应打在患部的对侧，不应压在患部之上。有的绷带无须打结固定，包扎后可自行固定。

夹板绷带和石膏绷带为制动绷带，主要用于四肢骨折、重度关节扭伤、肌腱断裂等的急救与治疗。包扎夹板绷带时，可用竹板、木板、树枝、厚纸板等作为夹板材料，依患部的长短、粗细及形状制备好夹板。夹板的两端应稍向外弯曲，以免对局部造成压迫。包扎前先处置，在骨断端复位及创伤处理后，用卷轴带做螺旋形包扎3~4层，将凹陷处垫平，外加毛毯垫，放夹板，外用细铁丝或细绳捆绑固定。衬垫物的填充要适当，过多则夹板难以固定，过少则会对患部造成压迫。包扎石膏绷带时，应迅速而准确。局部处置后先用卷轴带将患肢松松包扎一层，以免拆除时损伤皮肤。用40~50℃温水浸泡绷带卷，无气泡逸出时取出并挤掉多余水分即可使用。使用石膏绷带时，应该用一卷浸一卷，以免浸泡过久石膏硬化。包扎时一定要将绷带展平，轻轻地缠在肢上即可，不要造成皱褶，也不可过紧。托举扶持患肢时要用手掌，不能用手指。绷带应与体表贴附，不可架空而过，绷带间不留空隙，两端应稍向外弯曲。包扎完毕后，取出盆中石膏泥，加在绷带表面并抹光，待稍干后标明日期、骨折线及创口位置。扶助患者站立时，应避免摔倒，使石膏松动或变形。无论是夹板绷带还是石膏绷带，包扎时一定要松紧适当，过松则绷带易滑脱而失去作用，过紧则对患部造成压迫。骨折时，使用的夹板或石膏绷带的长度最低应超过骨折部上、下两关节，否则达不到固定之目的，反而有害。搬运伤员的目的是迅速、安全地将伤员搬运到救护机构，伤员能得到及时的救治。因此，队员在抢救中必须熟悉各类伤员的搬运方法，选用各种就便运送工具，做好伤员的搬运工作。

三、骨折固定

骨骼受到外力打击，发生完全或不完全断裂称骨折。发生骨折后要马上采取固定、制动等措施来止痛，减轻伤员痛苦。尽快固定有防止伤情加重、保护伤口、防止感染、便于运送等作用。用夹板固定是最简单有效的方法。

（一）骨折固定的材料及要领

常用的骨折固定材料有木制、铁制、塑料制临时夹板，现场无夹板可就地取材，采用木板、树枝、竹竿等作为临时固定材料。如无任何物品亦可固定于伤员躯干或健肢上。

骨折固定的要领是先止血，后包扎，再固定。夹板长短与肢体长短相对称，骨突出部位要加垫；先扎骨折处骨的上、下两端，后固定两关节。上夹板前，可用棉花、软物垫好，绑扎时应将骨折部上、下两个关节同时固定，才能限制骨折处的活动。四肢固定要露出指（趾）尖，以便随时观察末梢血液循环。如果指（趾）尖苍白、发凉、发麻或发紫，说明固定太紧，要松开重新调整固定压力。上肢骨折固定的位置要取屈肘位，绑好后用带子悬吊于颈部，下肢骨折要取伸直位固定。要将脊柱骨折的伤员平抬平放在硬板上再给予固定。千万不能用帆布、绳索等软担架运送，一定要保持脊柱挺直位置，更不能扶持伤员试图行走。如果处理不当，可造成脊髓神经损伤，导致截瘫，后果不堪设想。在患者胸前挂受伤部位信息标志，迅速送医院。

（二）骨折固定的方法

1. 前臂骨折固定法

夹板放置骨折前臂外侧，骨折突出部分要加垫，然后固定腕、肘两关节（腕部"8"字形固定），用三角巾将前臂屈曲悬胸前，再用三角巾将伤肢固定于胸廓。

无夹板的情况下，先将展开的三角巾将伤肢悬挂胸前，后用三角巾将伤肢固定于胸廓。

2. 上臂骨折固定法

夹板放置骨折上臂外侧，骨折突出部分要加垫，然后固定肘、肩两关节，用三角巾将上臂屈曲悬胸前，再用三角巾将伤肢固定于伤员胸廓。

无夹板的情况下，先用三角巾将伤肢固定于胸廓，后用三角巾将伤肢悬挂胸前。

3. 锁骨骨折固定法

（1）丁字夹板固定法

将丁字夹板放置背后肩胛骨上，骨折处垫上棉垫，然后用三角巾绕肩两周结在板上，夹板端用三角巾固定好。

（2）三角巾无夹板固定法

挺胸，双肩向后，两侧腋下放置棉垫，用两块三角巾分别绕肩两周打结，然后将三角巾结在一起，前臂屈曲用三角巾固定于胸前。

4. 小腿骨折固定法

将夹板放置伤肢小腿外侧，骨折突出部分要加垫，然后固定伤口上下两端，固定膝、踝两关节（"8"字形固定踝关节），夹板顶端再固定。

5. 大腿骨折固定法

将夹板放置在骨折大腿外侧，骨折突出部分要加垫，然后固定骨折处骨的上、下两端，固定踝、膝关节，最后固定腰、髂及腋部。

6. 大、小腿无夹板三角巾固定法（健肢固定）

将患者两下肢合并，健肢移向伤肢，在膝、踝之间加垫，用三角巾分段固定髂部、膝部、踝部，在健侧打结，踝关节处做"8"字形固定。

四、伤员搬运

（一）单人搬运法

单人搬运法适用于轻伤员，常用的方法有掮法、背法、抱法、腰带抱运法。

(二) 双人搬运法

双人搬运法适用于头、胸、腹部的重伤员，常用的方法有椅托式搬运法、拉车式搬运法。

(三) 担架搬运法

担架搬运法适用于重伤员。担架是最舒适的一种搬运工具，担架搬运法是搬运伤员最常用的方法，只要条件许可，应尽量采用制式担架搬运法，尤其是对于脊椎损伤的伤员必须采取这一办法，对颈椎受伤的伤员还要放置颈托。

1. 方法

首先，将担架放在伤员的伤侧，两名担架人员单腿跪在伤员健侧，一人托住伤员的头部和肩背部，另一人托住伤员腰臀部和膝下部，伤员能合作者，嘱其双手拖住担架员颈部，这样互相协作，同时起立，将伤员轻放在担架上。

其次，伤员躺在担架上，体位以舒适为宜，最好用被褥垫平，空隙处用衣物或软草等填实，以免在运送途中产生摇晃，担架上的扣带应当固定好。

2. 注意事项

担架行进时，伤员的头部应在后，脚在前，这样后面的担架人员则可随时观察伤情变化，发现异常变化，应及时妥善处理。行走时，尽可能使担架平稳，防止颠簸；上坡时，伤员头部朝前，下坡时相反。

第二节　虫、蛇、犬兽伤急救

一、毒虫伤急救

毒虫伤主要包括蜈蚣咬伤、蝎子蜇伤、蚂蟥叮咬、毛虫蜇伤等。

(一) 蜈蚣咬伤

伤口是一对小孔，毒液流入伤口，造成伤处局部红肿。蜈蚣的毒液呈酸性，用碱性液体就能中和，可立即用浓度为5%~10%的小苏打水或肥皂水、石灰水冲洗，然后涂上较浓的碱水或3%的氨水。

(二) 蝎子蜇伤

蝎子尾巴上有一个尖锐的钩，与一对毒腺相通。蝎子蜇人，毒液即由此流入伤口。蜇伤如在四肢，可在伤部上方缠止血带，拔出毒钩，将明矾研碎用米醋调成糊状，涂在伤口上。必要时请医生切开伤口，抽取毒液。

(三) 蚂蟥叮咬

被蚂蟥咬住后不要惊慌失措地使劲拉，可用手掌或鞋底用力拍击，经过剧烈的震打以后，蚂蟥的吸盘和颚片会自然放开。另外，蚂蟥很怕盐，蚂蟥叮咬时，在它身上撒一些食盐或者滴几滴盐水，它就会立刻全身收缩而跌落下来。

（四）毛虫蜇伤

被毛虫蜇伤后可用橡皮膏粘出毒毛。

二、蛇伤急救

一旦被蛇咬伤，首先坐下，尽量减少运动，避免血液循环加速。正确辨认毒蛇的类型，有助于医务人员尽快准确施救。轻轻地用肥皂和水洗伤口，再用温开水或0.02%高锰酸钾溶液反复冲洗伤口，洗去黏附的蛇毒液。沿毒蛇牙痕作"+"形切口，进行冲洗和排毒。不要擦伤口，应用布轻拍，使伤口干燥。如果需移动病人，应抬着他，而不要让他自己走动。

用布条、手巾或绷带等物，在伤肢近侧5~10 cm处或在伤指（趾）根部予以绑扎，以减少静脉及淋巴液的回流，从而达到暂时阻止蛇毒吸收的目的。在运送途中应每隔20分钟松绑一次，每次松开2分钟，以防止产生瘀血及组织坏死。待伤口得到彻底清创处理和服用蛇药片3~4小时后，才能解除绑带。绑扎法是一种简便而有效的方法，也是现场容易办到的一种自救和互救的方法。

有条件时，在绑扎的同时用冰块敷于伤肢，使血管及淋巴管收缩，减慢蛇毒的吸收。也可将伤肢或伤指浸入4~7℃的冷水中，3~4小时后再改用冰袋冷敷，持续24~36小时即可，但局部降温的同时要注意全身的保暖。在运送途中，仍用凉水湿敷伤口。

受伤后走动要缓慢，不能奔跑，以减少毒素的吸收，最好是将伤肢临时制动后放于低位，必要时可给适量的药物，使病人保持安静。及时将病人送往医院进行后续治疗。

【相关视频】

视频4-1 毒蛇咬伤小动画

三、犬兽伤急救

（一）野外遭遇犬兽时的应对

1. 熊

熊不会主动伤人，一般只在两种情况下主动袭击人类：一是当你站在母熊和小熊之间（母子问题），二是当你站在熊和熊的食物之间。所以当你在有熊出没的地方行进时，最好在身上戴上铃铛，一路上吹口哨，熊能听见，知道是人类来了，会躲开的。但一定要记着：童话寓言说的"趴在地上装死"是绝对行不通的。

2. 狗

当被狗追时，马上蹲下，并捡起石头扔过去。实际上不管有没有石头，你只需要谨记"蹲下"即可。见到这个动作，一般情况下狗就会马上跑开。

3. 狼

一匹狼并不危险，但是，狼大多是群体活动。当发现有狼跟随时，尽快回到公路或安全营地。狼怕火，可以利用这一点脱险。千万不要想着把那只跟随的狼消灭即可脱险，相反，这样只会引发狼群的仇恨。当狼群想复仇或想救援被捕捉的狼时，会召集其他狼群（直到它们认为有绝对实力获胜为止）一起进攻，这时，火也无法让其退缩。

在野外遭遇危险野兽，如狗、狼、熊等应迅速强迫自己冷静下来，正视它的眼睛，让它看不出你下一步的行动。你要保持警惕，但不要主动发动攻击，这样会暴露自己。不要背对对方，在自然界中这样做等于表明自己是被猎者，应该面对对方，慢慢向后退。同时不能让它看出你想逃跑（自然界中某些动物后退的时候表示它准备发起攻击，兽类都知道这一点），如果它跟进则应立即停止后退。后退时一定要以匀速慢慢地走，即使对方没有跟近也不要快跑——这是野生动物的天下，它可以轻易地追上你，若你快跑，就表明自己是被猎者。尽可能不要上树，除非它没有发现你，或者你自信后援小组能及时赶来。上树等于自断退路，因为兽类善于等待。如果它不认为你是食物，并且发觉你不会对它造成伤害，观察一下之后，它就会离开，你要做的就是想办法让它明白这两点。

古印第安部落流传这样一个忠告：千万不要无故伤害野生动物，大自然是它们的天下，自然界同样有着"法律"，狼就是自然界的执法使者。

（二）犬兽伤施救步骤

第一步：冲洗。冲洗液为大量清水、20%的肥皂水、0.1%的新洁尔灭消毒液。若周围一时没有水源，也可用人尿代替清水冲洗，然后再设法找水。冲洗时间为20~30分钟，方法为连续冲洗。若伤口闭合，必须掰开伤口冲洗；伤口较深，应用注射器伸入伤口深部进行清洗。

第二步：消毒。用75%的酒精或碘酒涂擦。

第三步：接种疫苗。如果被狗咬伤后没有出血，只是一个很浅的划痕，那么处理伤口后接种疫苗就可以了。比较严重的咬伤并伴有出血，应再接种免疫球蛋白或抗血清，且与疫苗同时使用，但注射部位要错开。

第三节　心肺复苏术

当一个人的心跳停止时，维持生命的血液循环和氧气供应就会中断。一般情况下，如果心跳停止导致的脑组织缺氧时间能控制在4分钟之内，损伤的脑组织功能还有恢复的可能，但如果心跳停止超出 4 分钟，则可能造成脑组织永久损害，甚至导致死亡。大量实践表明，心跳停止 4 分钟内进行心肺复苏，患者救活率可达到 50%，而超过这一时间，被救活的希望就很渺茫，每延迟 1 分钟，抢救成功率会下降 7%～10%，这就是世界公认的"黄金抢救 4 分钟"。因此，如果打了 120，等着救护车赶到再进行抢救，会错过最佳抢救时间。应该说，不懂急救技能，加上现场急救时顾虑重重，是无法有效进行现场急救的主要原因。而要解决这个问题，最关键在于普及急救知识。

心肺复苏（CPR）指对心跳、呼吸骤停患者采取"救命技术"，使其循环、呼吸和大脑功能得以恢复。心肺复苏适用于心跳、呼吸骤停的病人。心肺复苏的目的是挽救生命，恢复患者中断的心跳、呼吸；恢复大脑功能，避免和减少"植物状态"的发生。

一、心跳骤停的原因

非心源性心脏骤停的原因有呼吸道梗阻、意外事故、药物中毒或过敏、严重的电解质紊乱与酸碱平衡失调、休克、失血等。

二、心跳骤停的施救步骤

A（Airway）：保持呼吸顺畅。昏迷的病人常因舌后移而堵塞气道，所以心肺复苏的首要步骤是畅通气道。急救者以一手置于患者额部使头部后仰，并以另一手抬起后颈部或托起下颌，保持呼吸道通畅。对怀疑有颈部损伤者只能托举下颌而不能使头部后仰。若气道疑似有异物，应从患者背部双手环抱于患者上腹部，用力、突击性挤压。

B（Breathing）：口对口人工呼吸。在保持患者仰头抬颌前提下，施救者用一手捏闭的鼻孔（或口唇），然后深吸一大口气，迅速用力向患者口（或鼻）内吹气，然后放松鼻孔（或口唇），照此每 5 秒钟反复一次，直到患者恢复自主呼吸。每次吹气间隔 1.5 秒，在这个时间内，抢救者应自己深呼吸一次，以便继续口对口呼吸，直至专业抢救人员的到来。

C（Circulation）：建立有效的人工循环。检查心脏是否跳动，最简易、最可靠的方法是检查颈动脉，抢救者用 2～3 个手指放在患者气管与颈部肌肉间轻轻按压，时间不少于 10 秒。如果没有搏动，表示心脏已经停止跳动，应立即进行胸外心脏按压。

CPR 操作顺序由 2005 年的旧标准"A—B—C"，即：开放气道—人工呼吸—胸外按压，变为 2010 年的新标准"C—A—B"，即：胸外按压—开放气道—人工呼吸。

三、心肺复苏操作流程

第一，评估现场环境安全：保护好自己才能更好地救人。施救人员只有学会保障自己的安全，才能更好地开展施救工作，进入救援现场前首先要对灾害现场进行安全评估，然后判断伤者的受伤原因并在多人受伤的情况下确定施救顺序。

第二，意识的判断：用双手轻拍伤者双肩，问："喂！你怎么了？"告知无反应。

第三，检查呼吸：观察伤者胸部起伏 5～10 秒（1001、1002、1003、1004、1005……），

告知无呼吸。

第四，呼救："来人啊！喊医生！推抢救车！除颤仪！"

第五，判断是否有颈动脉搏动：用右手的中指和食指从伤者气管正中环状软骨划向近侧颈动脉搏动处，告之无搏动（数1001，1002，1003，1004，1005……判断5秒至10秒）。

第六，松解衣领及裤带：将伤者身上的内衣、紧身衣、皮带、胸罩等影响呼吸的物件松开。

第七，胸外心脏按压：按压部位是两乳头连线中点（胸骨中、下1/3处），具体定位方法为抢救者先以左手的中指、食指定出肋骨下缘，而后将右手掌侧放在胸骨下1/3，再将左手放在胸骨上方，左手拇指邻近右手指，使左手掌底部在剑突上。将右手置于左手上，手指间互相交错或伸展。按压力量经手跟而向下，手指应抬离胸部。抢救者两臂位于病人胸骨的正上方，双肘关节伸直，利用上身重量垂直下压，对中等体重的成人下压深度应大于5 cm，而后迅速放松，解除压力，让胸廓自行复位。如此有节奏地反复进行，按压与放松时间大致相等，频率不低于100次每分钟。

第八，打开气道：仰头抬颌法。确保口腔无分泌物，无假牙。

第九，人工呼吸：如条件允许，为防止疾病传播应用简易呼吸器，一只手以"EC"手法固定（扣面罩时大拇指与食指组成"C"形将面罩压向口鼻，另三指呈"E"形托起下颌），一只手挤压简易呼吸器，每次送气400~600 mL，频率为10~12次每分钟。

第十，持续2分钟的高效率的CPR：以心脏按压次数：人工呼吸次数＝30：2的比例进行，操作5个周期（心脏按压开始至送气结束为1个周期）。

第十一，判断心肺复苏是否有效（听是否有呼吸声，同时触摸是否有颈动脉搏动）。

第十二，整理病人，进一步生命支持。

四、提高抢救成功率的主要因素

提高抢救成功率的主要因素有：①时间就是生命，抓住最佳抢救时间；②高质量的CPR；③按压频率至少100次每分钟（区别于大约100次每分钟）；④胸骨下陷深度至少5 cm；⑤按压后保证胸骨完全回弹；⑥胸外按压时最大限度地减少中断；⑦避免过度通气。

第四节　心理救助

一、心理救助概述

心理救助是用基于经验的方法来帮助儿童、青年、成人克服灾难和恐怖主义引起的心理恐慌的标准手段。换句话来说，心理急救是设计用来减轻灾难事件所带来的痛苦而增强短期和长期功能性适应能力的方法。

心理救助的理论不认为灾难事件的生还者有严重的心智健康发育和恢复的障碍。相反，它是基于对灾难幸存者的早期心理反应建立起来的理论。这些早期心理反应可以发生在物理、心理、行为和精神层面上，它会导致功能性适应的障碍。有了心理急救人员的同情和关爱，这些早期心理反应可以得到有效的控制。

二、谁来提供心理救助

心理救助是灾害反应的组织性行为的一部分。它由心理健康和灾害回应的工作人员提供给受灾害影响的儿童、青年和成人。这些工作人员可以来自不同集体，比如急救反应队、应急指挥中心、医疗人员、学校危机应急队、宗教性团体、社区紧急反应队、医疗预备队、民兵预备役和其他的灾害援助机构。

三、心理救助时间和地点

心理救助是一种在灾害和恐怖主义事件发生后马上使用于受害者的支持性措施。心理救助可以在不同场合下运用，这些场合包括：公共避难所、特殊避难所、医院和医疗站、急性医疗设施（如急诊室）、紧急回应队和其他援助人员开设的休息中心、应急指挥中心、灾后电话站、灾后食物站、灾害援助中心、家庭接待和帮助中心、家里、商行和其他社区机构。

四、心理救助的优点

心理救助阐明了信息收集的技巧，可以让救护人员快速衡量生存者的顾虑和需求。心理救助的决策是经过户外生存检验和事实验证的，适用于一系列的灾害性场合。心理救助强调身心发育和文化发展的多样性，所以适合各种年龄层次和背景的人。心理救助会提供康复手册，从而为青少年、成人克服困难提供了指引。

五、心理救助的基本目标

建立人与人之间互不侵犯的关系；快速加强安全感，提供体质和情绪安慰；安定和引导情绪复杂和困惑的生存者；帮助生还者阐明特别的需求和顾虑，加强信息沟通；提供信息和实践帮助，解决生还者的燃眉之急；建立灾后社会联系网络，包括生还者的家庭成员、朋友、邻居和社区等扶助资源；协助生还者身心康复，并且让他们在恢复的过程中起到自主的引导作用；提供信息，帮助生还者有效克服心理障碍。

六、提供心理救助的方针

首先，礼貌地观察，不能唐突。然后，通过询问简单的、体面的问题决定下一步的解决方案。说话时镇定自若，本着耐心、负责和灵敏的态度。语速放慢，用简单易懂的词汇，不要使用缩略语或术语；如幸存者愿意交谈，做好准备聆听；聆听时请专注于对方想说的内容，以及你能如何提供帮助；认可幸存者求生过程中做得对的安全措施；针对幸存者最迫切的需求和目标提供直接的信息，如需要可重复讲解说明；提供准确的适合幸存者年龄段接受水平的信息；如需要通过翻译交谈，也应该看着幸存者进行交谈，切忌对着翻译交谈。心理救助的目标是减轻情感伤痛，提供帮助，促进适应行为的开始，而不是询问悲惨经历的细节与其中的损伤。

七、应避免的行为

不要去设想幸存者曾经和正在经历的一切；不要假设每个经历灾难的人都会受到精神创伤；不要进行病理判断，幸存者在经历了灾难之后，很多激烈的反应都是可以理解、可以预料的，不要将他们的反应归为"症状"，或者用"诊断""病情""病态"或"障碍"之类的语言来描述；不要用俯就的态度来跟幸存者交谈，或专注于他们的无助、虚弱、过失甚至残疾，尽量专注于他们在灾难中和灾后帮助他人的举动；不要假设每一个幸存者都愿意交谈或者需要与你交谈，通常以安静辅助的态度陪伴在幸存者的周围能给他们安全感，帮助他们应对困难；不要询问灾难过程的细节；不要猜测甚至提供不准确的信息，如果你无法准确回答幸存者的问题，应尽力去了解事实。

八、对青少年、老年人、残障人的心理救助

对于年幼儿童，提供心理救助时应坐下来或者蹲着，目光和孩子的眼睛齐高；帮助学龄儿童让他们讲出自己的感受、顾虑和困惑；提供代表简单情感反应的简单标签（如异常激动、伤心、惊恐、担忧等）；不要使用极端的言语，如"恐惧的"或者"惊骇的"，因为这样可能会增加他们的焦虑；仔细聆听并向儿童确认，确保你理解他/她；让你的语言贴近儿童的发展水平，越是年幼的儿童一般说来越难以明白诸如"死亡"之类的抽象概念，尽量使用些直接点、简单点的语言；用"成年人对成年人"的方式和青少年交谈，表达你尊重他们的感受、顾虑和困惑；把这些技巧补充给孩子的家长或者关照者，帮助他们给小孩提供合适的情感支持。

很多老年人在其人生旅途中积累了有效的应对不幸事件的能力。对于那些听力有障碍的老年人，说话要清晰但是音调要低；不要根据外貌或者年龄，就假定一个思维混乱的老者在记忆、推理和判断上有不可逆转的问题。表面上的混乱可能是这几个原因造成的：灾难发生后周围环境的改变造成方位感迷失；缺乏营养或者脱水；缺乏睡眠；视力或者听力障碍；生病中或者有医疗困难；社交上自闭；无助感或者脆弱感。患有精神障碍的老年人在陌生环境里也许会更烦躁、混乱。

面对残障人，我们要尽量找一个噪声小、干扰小的地方提供帮助，如果必要的话，和本人直接沟通，而不是与其关照者沟通，除非直接交流有困难。如发现幸存者有交流障碍（如听力、记忆力、语言能力方面的损伤），请放慢语速，并注意使用简单词汇进行交流。如果幸存者声称自己有某方面的残疾和障碍，请务必相信他，即便他/她所声称的障碍在你看来并不明显。当你不确定应以何种方式帮助幸存者的时候，可以询问"我能做些什么来帮助您吗？"并按照你所获得的回答来行动。如果可能的话，尽量帮助受助人员实现自理；搀扶视觉障碍者，帮助他们在陌生的环境里走动；如需要，可通过纸、笔和受助者进行书面上的沟通，注意不要将受助人和他/她的协助器具（药品、氧气罩、呼

吸器、轮椅等）分开。

九、救助者自我照顾

救助者需要进行自我照顾，包括：管理个人资源，为家庭/房屋安全做出计划，包括小孩照顾计划和宠物照顾计划；获得足够的锻炼、营养、放松；有规律的运用压力管理工具，如经常拜访导师，分享观点与经验；制定问题解决策略，在工作日练习简短的放松技术；运用伙伴系统分享低落的情绪反应；对局限和需要保持感知，辨识饥饿、生气、孤独或疲劳，并采取合适的自我照顾措施；增加积极的活动，哲学思辨，慰藉心灵，花时间和家人、朋友在一起。总之，救助者应该尽一切努力去自我照顾。

➡【知识点小结】

本章所述的是户外运动损伤与施救的应急方法，主要从常见的意外伤害急救，虫、蛇、犬兽上伤急救，心肺复苏和心理救助四个方面展开讲解。

1. 止血带的松紧要合适，过松止血效果不好，过紧容易损伤正常组织，以远端动脉搏动消失，出血停止为宜。止血带不要直接扎在肢体上，可先用毛巾、布料、衣物包裹肢体，再使用止血带，以免损伤皮肤。

2. 在户外进行骨折固定时，有创口者应先止血、消毒、包扎，再固定。固定前应先用布料、棉花、毛巾等软物，铺垫在夹板上，以免损伤皮肤。

3. 被蛇咬伤时，首先应判断是否为毒蛇咬伤，通常观察伤口上有两个较大和较深的牙痕，才可判断为毒蛇咬伤。若无牙痕，并在20分钟内没有局部疼痛、肿胀、麻木和无力等症状，则为无毒蛇咬伤。只需要对伤口清洗、止血、包扎。若有条件再送医院注射破伤风针即可。即使已经处理好伤口，也应去医院让医生确认。

4. 心理救助时，救助者要具备较强的应变能力。现场常常有超出预计方案的情况，因此需要救助者灵活掌握、随机应变。做心理救助光有热情和耐心是不够的，一定要考虑自己的资质和能力，条件不具备的情况下不要大包大揽，对于少量的严重患者，要寻求专业治疗人员的帮助。救助者不能随便来去，要保持同被救助者的联系。

【知识综合实训】

用学过的知识完成以下的任务：急救创伤模拟。

场景设计：在25日上午的交通事故中，一辆小轿车与三轮车相撞，三轮车被撞翻，三轮车司机及车上的4人摔伤，伤势严重，请准确地判断伤员的伤情、伤残部位，果断地采取包扎、止血、固定措施。伤员1：头部受伤，严重出血，请救护人员给伤员包扎。伤员2：大腿骨折，救护人员请帮忙固定并搬运伤员。伤员3：晕迷不醒，请救护人员进行心肺复苏。伤员4：前臂大动脉出血，请救护人员给伤员包扎。还有一名事故患者：由于事故发生后没有得到及时的救护，他的亲戚当场死亡，情绪不稳定，请救护人员提供心理救助。

第五章
CHAPTER 05

拓展训练

【学习目标】

1. 了解拓展训练的起源、发展与特点。
2. 通过案例学习,掌握拓展训练基本操作流程。
3. 基本掌握拓展训练方案的策划与设计。

风靡全球半个世纪的拓展训练于 1995 年进入中国,如今已成为一项时尚运动。它的独特创意和训练方式逐渐被推广开来。拓展训练的训练对象由最初的海员扩大到军人、学生、企事业单位人员等各类群体,训练目标也由单纯的体能、生存训练扩展到心理、人格、管理训练等。拓展训练以其新颖独特的训练方式和良好的训练效果风靡世界,深受人们的欢迎。

第一节 拓展训练概述

一、拓展训练的起源

拓展训练(Outward Bound,OB)是一种户外体验式训练。最初的 Outward Bound 是一个航海术语,当船只要出发时,用于召唤船员上船的旗语,表明出发的时候就要到了,船员们看到后会很快地回到船上整装待发。Outward Bound 从字面上理解为出海的船被越来越多的人接受,并在教育领域诠释为一艘小船在暴风雨来临之际,离开安全的港湾,驶向波涛汹涌的大海,去迎接未知的挑战,面临风险与困难的同时,也可能发现新的机遇。

在第二次世界大战期间,大西洋有很多船由于受到攻击而沉没,大批船员落水,由于海水冰冷,又远离大陆,绝大多数的船员不幸遇难,但仍有极少数的人在经历了长时间的磨难后终于得以生还。在人们了解了这些生还者的情况后,发现了一个令人惊奇的事实——生还者不是人们想象的那样都是些身体强壮的小伙子,而大多数是年老体弱的人。经过一段时间的调查研究,了解情况,专家们终于找到了这个问题的答案:这些人之所以能活下来,关键在于他们有良好的心理素质、强烈的家庭责任感和求生欲望、良好的团队精神和沟通意识。当遇到灾难的时候，幸存者首先想到的是："我一定要活下去！"在他们的心中，当时想得最多的是：相信自己能找到办法，努力让自己冷静下来，主动与别人合作，想办法求救或自救。而年轻的海员大多只顾及自己，过早地失去信心，或无谓地浪费了太多体力。

对于海员幸存者的研究，德国籍教育学家库尔特·汉恩（Kurt Hahn，1886—1974年）作出了许多贡献，他研究设计了一些人工设施和自然条件，模拟海难发生时的情境，让那些年轻的海员做一些具有心理挑战的活动和项目，以训练和提高他们的心理素质，提高面对海上危机的求生能力。

1886年，库尔特·汉恩出生于德国柏林一个有地位的犹太家庭，他从小喜欢远足探险，探险过程磨炼了他的意志，成长的阅历使他得到一个深刻体会：学农要从种植开始，一切只是源于实践，经验来自亲身体验，有了亲身体验就会获得长久的记忆，甚至终生不忘。后来，库尔特·汉恩构想着将来建一所学校，以"从做中学"的理念来实现他的愿望，他希望在这个学校里，思想和行动不再对立，这些思考对他后来的思想有重要影响。1934年4月，汉恩建立了一所他理想的学校——戈登思陶恩男校。1938年，汉恩获得了英国国籍，其后他呼吁英国战争委员会在部队中实行一种训练方式，这种训练方式能够在几个月内让英国步兵在耐力、胆识和自卫能力方面得到提升。第二次世界大战爆发后，英国不仅征用了戈登思陶恩男校，还将学校搬迁到威尔士的营部。

后来，汉恩又提议开创了一所新型的学校，课程运用汉恩的"城郡徽章计划"来改变年轻人的心态，培养年轻人的身体素质、事业心、韧性及激情，这是一个雄伟的国家计划。学校为年轻人设计了一个月的学习课程，课程内容包括小船驾驶训练、体能训练、越野训练、救援训练、海上探险、山地探险，以及对当地居民的服务活动，这就是拓展训练模式的开端。在这所学校里，通过海上、山谷中的磨炼，参与课程的年轻人得到生活和挑战的体验，通过这种体验，个体能够建立起对个人价值的认知，也会更清楚地意识到人类之间需要相互依靠，以及所有人都要关心处于困境和危险中的人们。

二、拓展训练的发展

（一）国外拓展训练的发展简况

第二次世界大战结束后，拓展训练学校发展的规模越来越大，学员中不但有年轻的海员，还有工厂的学徒、警察、消防员及军校学员。1946年，OB信托基金会（Outward Bound Trust）在英国成立，目的是推广OB理念并筹集资金创办新的OB学校，OB信托基金会拥有OB的商标，掌握着该商标使用许可证的发放。1962年，曾在戈登思陶恩男校任教的美国人乔治·曼纳（Joshl Miner）在美国成立科罗多拉OB学校，并在1963年正式从OB信托基金会获得了许可证书。1964年1月9日，组成OB法人组织（OB Inc）的文件在美国起草，随后的数年间，OB学校在世界各地不断成立，实践着OB理念。OB组织也逐渐发展成为OB国际组织（Outward Bound International Inc，OBI），目前其办公地点设在美国犹太州的德伯雷市。

OB 国际组织下属的拓展训练学校（Outward Bound School，OBS）已经遍布全球五大洲，共有 40 多所分校，这些分校秉承了汉恩的教育理念，受训人员包括学生、家长、教师、企业员工和各级管理人员。在亚洲地区，新加坡最早建立了 OB 学校，此后，日本也引进了这种体验式教育的课程模式。

在对 OB 的研究与运用中，以 OB 为基础产生了诸多衍生课程，其中影响较大的有体验教育（Project Adventure，PA）、体验式学习（Experiential Learning，EL）和以问题为本的学习（Problem Based Learning，PBL）等。在这些课程得到认可的同时，相关的理论研究水平也得到了发展，各种论文和研究专著的不断发表使 OB 获得了更多的理论支持。尤为重要的是，OB 促成了户外体验式教育这一领域的兴起，也是中国的体验式教育和拓展训练兴起的根源。

（二）国内拓展训练的发展简况

1970 年，香港成立了香港外展训练学校，这是中国第一个加入 OB 国际组织的专业培训机构。1999 年，该组织在广东肇庆建立了外展训练基地，这成为该训练组织下属的内地第一个培训基地。

人众人教育是国内最早从事体验教育的机构，于 1995 年创建立之初，注册了"拓展训练"的商标。经过人众人教育不断地开发和完善，户外体验式培训在我国得到迅速发展，影响力迅速扩大。起初，"拓展"是一个注册商标，但现在"拓展"已成为行业名称。就目前而言，国内的拓展训练培训机构多是借鉴 Outward Bound 理念，为越来越多的企业所认可和接受。有关调查显示，全国大大小小的拓展训练培训机构已超过数千家。虽然拓展训练培训在中国处于起步阶段，但这从侧面反映出拓展训练培训在中国的巨大市场，而且客户需求还在不断增长。有关专家表示，目前国内拓展训练培训行业发展较好的是在大、中型城市，如北京、上海、广州等一线城市，这些地方大型企业较为集中。同时拓展训练培训机构逐渐向新课程、新理念探索，从单纯的照搬引进拓展训练培训项目到学习新项目，制定新标准，并邀请国际专家进行培训师资格认证，以此成为拓展训练培训市场的新卖点。我国东部及少数西部省会也有一些正规的拓展训练培训机构，但他们在拓展训练培训业务开展及操作流程上并不专业，培训师不够专业，项目设置不能达到要求，甚至事故频发，导致外界对拓展训练培训有许多误解。此外，在拓展训练培训市场上，还出现了一些主题体验活动，如 CS 野战、急速前进、重走西游路等项目，都将成为独具中国特色的拓展训练培训元素。

三、拓展训练的主要国际组织

（一）拓展训练国际组织（OBI）

和 1946 年英国成立的 Outward Bound 信托基金会的作用相似，1964 年 1 月 9 日，OB 法人组织在美国成立，它不再依托大西洋基金会生存，而是通过 OB 组织寻求赞助，谋求发展。随着 OB 理念在世界各地的传播，许多国家建立起了 OB 分支机构，OB 组织逐渐具有了国际组织的规模，OBI 逐渐形成。1983 年，第一届 OB 国际会议在新西兰召开。1988 年，在美国召开的 OB 国际会议提出了对 OB 商标进行保护。1991 年，在阿伯德威召开的 OB 国际会议在庆祝 OB 50 周年的同时，成立了国际理事会。到 2005 年年终，OBI 作为全球规模最大、历史最悠久的从事户外体验式教育的非营利机构，它的网络已跨越了 32 个国家，成立了逾 50 家 OB 训练中心和学校。

（二）美国户外领队学校（NOLS）

由于拓展训练和探险活动在英国实施的结果得到肯定，美国于 1960 年引入 OB，1962 年 6 月 16 日在科罗拉多州成立了第一所美国 OB 学校，并强调通过教师的素质来改善美国的教育制度。为了解决教师这一问题，保罗·K. 佩特佐于 1965 年 3 月 23 日，在怀俄明州兰德尔正式成立美国户外领队学校（NOLS）。保罗原来是美国 OB 学校的领队教师和登山运动员，开办学校的初衷是为拓展训练学校培养正规的领队人才，培养他们的户外生存和领队技能。随着户外拓展运动的发展，NOLS 提供全面的户外技能教育，在全世界建立了 11 个分支机构，提供从 2 周到 12 周的远足活动。

（三）体验教育学会（AEE）

随着户外活动的不断发展，从 20 世纪 70 年代开始，户外教育在美国已成为对多个领域起推动作用的教育形式，但却缺乏一个能将其整合，使之规范化运作的组织机构。当时正在发展的拓展训练学校、学术机构和大学一起合作，举行了若干场以户外体验教育为主题的学习方法研讨会，对体验教育如何在不同领域中运用与发展进行了规划。这些教育学者们在 1977 年组建了一个专业的组织，即体验教育协会（AEE），协会致力于更好地发展体验教育，支持其在专业方面的进步和理论方面的提高，以及对世界各地体验教育模式的评估。

（四）挑战课程技术协会（ACCT）

随着绳索课程在美国的不断发展，设施建造者们于 1988 年进行了一系列座谈，产生了成立挑战课程技术协会的想法，不断完善之后于 1993 年正式成立了挑战课程技术协会（ACCT）。协会最初的任务之一就是建立绳索课程的行业标准，但是 1994 年发行的第一版标准手册只包括安装标准，1998 年发行的第二版中增加了挑战课程操作的技术标准，2004 年发行的第六版标准手册，其内容包括绳索课程的安装、检查、操作和道德标准，目前正在制定的内容包括课程教师和管理者认证的标准。尽管成立时 ACCT 面向的是课程建筑者，目前它的服务对象主要是绳索课程教师、项目管理者、保险公司代表等。

（五）原野教育协会（WEA）

保罗·K. 佩特佐与大学教授和户外活动组织领导者弗兰克·拉普顿博士、查克·格雷戈里博士和罗伯特·克莉斯蒂于 1977 年，在西伊利诺大学成立原野使用教育协会，1980 年改组为原野教育协会（WEA）。WEA 的课程也强调户外的体验教育，并注重判断力和决策能力的培养，不仅要了解人的能力，还要认识并尊重人的局限性。WEA 的使命包括：提高户外领队的专业水平，增加户外活动的安全性等。

四、拓展训练的特点和分类

（一）拓展训练的特点

拓展训练由于采用了户外体验这种新颖的培训方式，自 20 世纪 40 年代出现以来，历经了 60 多年的发展演变，已经成为社会广泛认可的有效的培训形式。拓展训练的特点有以下几个方面。

1. 综合活动性

拓展训练的所有项目都以体能活动为引导，引发出认知活动、情感活动、意志活动和交往活动，有明确的操作过程，要求学员全身心地投入。

2. 挑战极限

拓展训练的项目都具有一定的难度，表现在心理考验上，需要学员向自己的能力极限挑战，跨越"极限"。

3. 集体中的个性

拓展训练实行分组活动，强调集体合作，力图使每一名学员竭尽全力为集体争取荣誉，同时从集体中吸取巨大的力量和信心，在集体中显示个性。

4. 高峰体验

在克服困难，顺利完成课程要求以后，学员能够体会到发自内心的胜利感和自豪感，获得人生难得的高峰体验。

5. 自我教育

培训师只是在课前把课程的内容、目的、要求及必要的安全注意事项向学员讲清楚，活动中一般不进行讲述，也不参与讨论，充分尊重学员的主体地位和主观能动性。即使在课后的总结中，培训师也只是点到为止，主要让学员自己来讲，达到了学员自我教育的目的。

（二）拓展训练项目的分类

1. 按照高、中、低空分类

高空项目：空中单杠、空中断桥、勇攀天梯、独木桥、空中飞狐、缅甸桥、合力过桥、攀岩、绳降。

中空项目：信任背摔、飞越急流、高台演讲、鳄鱼潭、合力轮胎、求生墙。

低空项目：穿越电网、孤岛求生、团队越障、荆棘取水、跨越雷区、全体离地、风中劲草、人木桥、无声换位、平衡木、潮起潮落、罐头鞋、楚天塔。

地面项目：盲人方阵、雷阵、竹竿舞、红绿灯、有轨电车、信任之旅、击鼓颠球、集体寻宝、翻树叶、牵手结、数字传递、呼啦圈、风火轮、坐地而起、万里长城、蛟龙出海、航空邮件、月球漫步、星球大战、盲人足球、袋鼠赛跑、团队造型。

2. 按照作用分类

心智项目：感恩的心、天黑请闭眼、高空飞蛋、飞行器、水草的故事、头脑风暴、传球、他的授权方式、个人发展遁形图、撕纸环、瞎子摸号、解手链、交通堵塞、集体握手、双赢、人浪、盲人行路、挑战150、不倒森林、集体拍、生死119、坚强后盾、一个篱笆三个桩、空中悬浮、文化冲突、劝降、踩报纸、电脑键盘、转移核废物、盲人积木、能量传输、逐鹿中原、扫雷、吉塔星遇险。

破冰项目：踩轮胎、怪兽、寻人游戏、进化论、寻宝游戏、面对面介绍、卧式传递、松树与大树、大胆叫出来、抬人游戏、好邻居、逢三抓手、猜猜我是谁、猜变化、交换名片、花开花落、我是记者、苹果与凤梨、刮风下雨、兔子舞、配对游、生肖分组、高台演讲、齐眉棍、三张脸、征集签名、蒙古包、捉人游戏、圈套圈、双人分享、变形金刚、动物世界、大权在握、叠气球、禅之棒、你曾经、群体抱怨、集体欢呼、梦想编织者、独处、局内人/局外人、团队价值、快照、长短处、消化吸收、及时赞美、喊山运动、勾肩搭背操、角色蹲、群体热身揉捏操、共同前进、海豚抱、金钱抱、激情鼓掌、新疆舞、集中注意力、眉目传情。

3. 按场地分类

室内项目：七巧板沙盘、建塔、建大桥、空方阵、狗仔队、蒙眼作画、一圈到底、驿站传书、握手、迷失丛林、默契报数、信任百步行、期望管理、你教我学、背靠背。

户外陆地项目：徒步、校园定向、公园寻宝、攀岩、溯溪、拼图游戏、小泰山、捆绑行动、异国他乡、深夜逃亡、集体杂耍、持续改进、盲人的办法、穿越峡谷、城市定向、城市寻宝、城市生存、城市旅游、梦回唐朝、穿越撒哈拉。

户外水上项目：荆棘取水、抽板过河、弦歌不断、孤岛求生、相依为命、赛龙舟、溪流寻宝。

4. 按时间分类

长课程：长课程的时间一般为1个月，最长的有3个月。其中包括体能训练、安全教育、识固定向、攀岩、沿绳下降（速降）、远足、马拉松、溯溪、泛舟、扎营、救护、野外生存及社区服务与环保行动等活动。这种课程在国外开展较好，资金主要来源于赞助基金，学员自筹部分资金。课程主要针对青少年学员。

短课程：短课程的时间一般为5~16天，有时也有2天左右的课程。活动往往选择长课程的一两个主题项目进行，或者以参加拓展基地的各种活动项目为主。

第二节　拓展训练经典游戏项目介绍

一、思维类项目

（一）交通阻塞

1. 项目概述

交通堵塞是团队智慧型场地项目。具体做法：将比参加人数多一个的地垫呈一字形在地上铺开，让学员全部站在地垫上，留中间一个地垫不站人；学员分成两边相对而站，通过中间的空格进行移动，移动的方式是只能前进一格或跳一格，不能后退，最后完成两边人的互换，并且大家维持同一个方向（图5-2-1）。

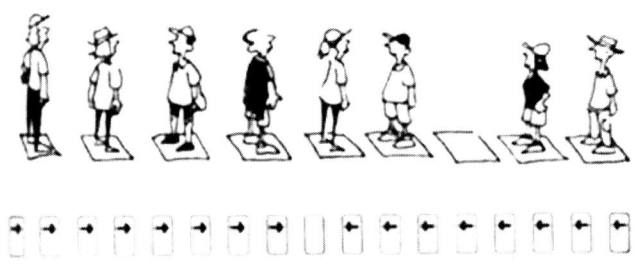

图 5-2-1　拓展训练经典游戏项目——交通阻塞

2. 学习目标

第一，培养学员快速达成共识，形成统一思想的行为及团队合作的精神。

第二，提升学员逆向思维的能力，促使学员寻求多种解决问题的方法。

3. 人数与时间

人数为 6~10 人。总培训时间为 90 分钟，具体时间安排如下：活动指导时间为 10 分钟，集体活动时间为 45 分钟，回顾总结时间为 35 分钟。

4. 场地与器材

场地应为一处宽敞的干净平地。

器材包括 30 cm × 30 cm 的正方形木板或泡沫板若干，把所有木板或泡沫板都放到地上，呈一条直线排列。

5. 项目操作

培训师清晰地宣讲如下规则：

①把整个团队分成人数相对均等的两组。

②两组学员相对站于木板上，中间剩余一块木板。

③各小组以最少的步伐及最短的时间将两组的队员对调。

④每次只能允许一名学员进行移动,学员只能前进不能后退,学员不能离开木板。
⑤只能绕过一名学员前进,不能绕过两个或两个以上的学员。
⑥一个木板只能站一名学员。

6. 项目监控

培训师应随时注意学员的安全,防止学员间踩伤、挤伤的情况发生,同时对项目中学员言行做好记录。

7. 回顾分享

培训师应鼓励和赞扬大家完成了挑战任务,询问大家完成这项任务的关键是什么,完成挑战项目想出了多少种方法,最终选择了哪一种,是如何完成决策的,现在回想起来有没有更好的办法。

(二)雷阵

1. 项目概述

雷阵是一个团队挑战的项目。具体做法:所有人尝试穿越一片雷区,每组队伍的人一个接一个地探索,当一个队员踩到雷返回后,其他人继续尝试新线路,直到走出一条没有障碍的路,并保证全体队员成功走出雷区。

2. 学习目标

第一,突破思维定势,创造性地解决问题,走出理性盲区,培养创新意识。
第二,树立成本观念,培养善于吸取经验教训,少走弯路的能力。
第三,团队学习,善于利用工具与资源。
第四,领导力在角色中的管理与分配。

3. 人数与时间

人数为10~15人。总培训时间为70分钟,具体时间安排如下:活动指导时间为5分钟,集体活动时间为30分钟,回顾总结时间为35分钟。

4. 场地与器材

场地应为综合训练场或野外空地。
器材包括画有"雷阵"的场地1块或画有"雷阵"的地板革(图5-2-2)。

					出						
109	110	111	112	113	114	115	116	117	118	119	120
97	98	99	100	101	102	103	104	105	106	107	108
85	86	87	88	89	90	91	92	93	94	95	96
73	74	75	76	77	78	79	80	81	82	83	84
			67	68	69	70	71	72			
			61	62	63	64	65	66			
			55	56	57	58	59	60			
			49	50	51	52	53	54			
37	38	39	40	41	42	43	44	45	46	47	48
25	26	27	28	29	30	31	32	33	34	35	36
13	14	15	16	17	18	19	20	21	22	23	24
01	02	03	04	05	06	07	08	09	10	11	12

A组进　　　　　　B组进

图 5-2-2　"雷阵"场地图

5. 项目操作

培训师清晰地宣讲如下规则：

①介绍雷阵：由四条粗黄线围成的正方形区域就是雷区，队员所站的那一侧就是雷区的入口，雷区的出口在大家的对面，雷区是唯一的通道。

②雷区内每次只允许一个人进入，每次只能进入相邻的格子。

③每进入一个新的格子，请听培训师的口令，培训师的口令有两种，一种是"继续"，一种是"对不起，有雷"。队员当听到"继续"时，继续探雷；当听到"对不起，有雷"时，请按照原路退出雷阵。

④任何人都不能越过出发线指挥或观察情况。

⑤全队按时完成为100分，每违例一次扣分，违例现象有四种：有两人或以上人员进入雷区、未按原路返回跨越、踩线、试探，扣2分，重复触雷扣5分。

⑥在40分钟内，找出一条安全通道，所有队员通过雷区，项目完成。

6. 项目监控

室外场地内不能有砖头瓦砾，不能在雷阵内做永久性标记，不允许使用贵重物品作为标识物。培训师布置活动细致清晰，在活动过程中不必回答参与者提出的问题，注意自己的肢体语言，减少暗示，详细记录分数、时间、违例现象及活动过程。

7. 回顾分享

约束力可能是衡量团队绩效的重要指标。项目开始时，要求大家仔细听规则，就是要求学员善于倾听，把所需要的信息收集全，这才有利于下一步的操作，如果学员没有认真地倾听规则，犯错误肯定是在所难免的。

目标明确之后，寻找方法就是首要大事。俗话说："好记性不如烂笔头。"相对科学的方法可以减少损失，科学的、准确的记录会给决策人提供极大的帮助。

突破思维定势。每个人都会有思维定势，许多东西在意识深处是"理所当然"的。富有创新精神是突破思维定势的最突出表现。这两片红区在形式上与其他格子不同，但规则没有不准进入。突破脑子中的条条框框之后，学员才能在挑战中继续前进。

（三）盲人方阵

1. 项目概述

盲人方阵是一个团队类挑战项目。具体做法：所有队员蒙上眼睛，在 40 分钟内，将 3~6 根放在地上的绳子连接起来，拉成一个最大的正方形，并且所有队员都要均分在四条边上。过程中只能允许说话，不能打开眼罩。

2. 学习目标

第一，领导在团队中面对突发事件时应发挥重要作用。
第二，认真倾听和相互理解是有效沟通的前提。
第三，使学员理解角色定位及尽职尽责地完成本职工作的重要性。

3. 人数与时间

人数为 10~15 人。总时间为 90 分钟，具体时间安排为如下：活动指导时间为 5 分钟，集体活动时间为 40 分钟，回顾总结时间为 45 分钟。

4. 场地与器材

场地应为面积大于 40 m^2、平坦、空旷的场地。
器材包括长短不一的绳子 3~6 根，眼罩（多于人数 2~3 个）。

5. 项目操作

培训师清晰地宣讲如下规则：
①请学员将散在地上的绳子（预先告诉绳子数量）围成一个面积最大的正方形。
②所有的学员比较均匀地分布在正方形的四条边上。
③在这个过程中，所有的人不能摘下眼罩或者偷看。
④时间是 40 分钟，当学员确认提前完成后，将绳踩在脚下，并通知培训师，得到准许后才可以按照培训师的要求摘下眼罩。

6. 项目监控

培训师提醒学员在戴眼罩前注意四周地形。学员戴上眼罩后，应将双手放置胸前，不得背手行走。培训师及时阻止学员向不安全地带移动，不要让绳子绊倒学员，不要猛烈甩动绳子以免打到学员面部，记录好学员在项目活动中的表现，看谁先提出解决问题的办法。

7. 回顾分享

沟通对于团队而言，就像神经系统对于人体一样，是不可缺少的。沟通对于团队而言，有控制、激励、情绪表达和信息传递的功能。项目结束后，学员通过回顾，分享在非正常的沟通状态下如何提高团队的工作效率，怎样用不擅长的沟通方式有效表达或者接受信息，分享自己对于民主讨论与决策，个体决策与群体决策，非正常状态下团队如何正确沟通及产生决策的思考。

二、沟通类项目

（一）孤岛

1. 项目概述

孤岛是团队合作类项目。具体做法：将学员带到离岛有一定距离的地方（最好不要直接看到岛）将所有人分成三组，分配到珍珠岛、哑人岛、盲人岛（分组时注意搭配，如哑人岛上一定要保证有两位或两位以上的男性，以保证能够搬运木板；也可根据培训方希望达到的目标，把合适的人安排在相应的岛上）。先将一组人带至盲人岛，交代模拟场景——海滩、40分钟后淹没等，让他们戴上眼罩，手牵手上盲人岛，安排其在岛边坐下，任务书悄悄放在岛上，告诉他们直到培训师宣布项目结束时才可摘下眼罩。把一组人带至哑人岛，交代模拟场景——海滩、40分钟后淹没，完成任务等，告诉他们："从现在开始你们就成为了哑人，不许从嘴里发出任何声音，如果违规，将被取消资格。"再将一组健全人带至珍珠岛，小声交代项目时间为40分钟，同时给任务书。人员分配完毕后，宣布项目开始。

2. 学习目标

第一，层级之间、部门之间及不同角色人员之间做到有效沟通。
第二，认识换位思考意识对于部门之间合作的重要性。
第三，突破思维定势，培养创新与风险意识。
第四，掌握跨部门协作的技巧和理念，培养企业管理中的全局观念。

3. 人数与时间

人数为12~18人。总时间为110分钟，具体时间安排如下：项目布置时间为10分钟，活动时间为40分钟，回顾时间为60分钟。

4. 场地与器材

场地应为平坦的空地。

器材包括任务书 3 张（珍珠岛、盲人岛、哑人岛各一张）、纸 2 张、鸡蛋 2 个、筷子 2 双、一段 50 mm 透明胶带（缠在筷子上）、眼罩为 $N/3$ 个（N 为参训人数）、木板制作的方箱 3 个（其中两个相对大一些）、坚实的木板 2 块，3 个方箱之间的距离以木板可以平稳搭上为准。

5. 安全监控

（1）重点注意监控盲人岛上的学员

随时关注"盲人"，及时提醒他们注意自己在岛上的位置，不要掉下去。在木板搭好后，"盲人"向其他岛移动的过程中，严密监控"盲人"，以防其掉下木板，培训师身体应跟随学员一起移动，张开手臂做出保护的姿势，但与学员身体保持适当的距离。提醒"盲人"在摘眼罩时要按培训教师要求的步骤，先闭眼再摘眼罩，捂住眼睛再缓缓地睁开眼。

（2）监控"哑人"及健全人

①监控"哑人"，防止木板呈跷跷板状态。

②"哑人"搭板（特别是运用杠杆原理）时，提醒其不要压伤手指，同时注意监控不要压伤学员的脚。

③当大多数人集中至一个岛上时，提醒他们相互保护。

6. 项目监控

培训师观察盲人岛上的队员是否有呼救意识，何时由谁呼救，观察哑人岛上的队员如何将自己的任务告知他人，观察珍珠岛上的人，并做好记录，观察哪个岛上的人在什么时间到达盲人岛，做什么事情。如有人下岛（下到海里），培训师要询问他为什么下岛，做什么事情，询问学员是否清楚自己的行为目的，他是有目的的，还是不小心掉到海里。

7. 回顾分享

不同层级的参与者重点分析各自层级的活动感受。盲人岛、哑人岛、珍珠岛各有优势，但又各有长短，各层分别相当于一个团队中的基层、中层、决策层。培训师引导学员比较分析三个岛各代表哪个层级。中层（"哑人"）一味向基层（"盲人"）寻求沟通，而缺乏向决策层（常人）的汇报、沟通。中层对自己解决不了的问题应及时向决策层汇报。决策层（常人）被琐碎的事务所困扰，不能科学决策。基层（"盲人"）在整个"游戏"中很无奈，作为一个团队，明确一个团队的目标和任务是非常重要的。学员讨论此次拓展活动中信任、全局和层级管理的问题。

（二）七巧板

1. 项目概述

七巧板是团队合作的项目，具体做法：全部学员分成独立的 7 个小组，每个小组都有自己独立的任务，每完成一个任务，举手向培训师示意，培训师会将分数记录在记分表当中，在规定的时间里，各队在遵守规则的前提下，完成团队目标。

2. 培训目标

第一，培养团队成员主动沟通的意识，体验有效的沟通渠道和沟通方法。

第二，强调团队的信息与资源共享，通过加强资源的合理配置来提高整体价值。

第三，体会团队之间加强合作的重要性，合理处理竞争关系，实现良性循环。

第四，培养市场开拓意识，更新产品创新观念。

第五，培养科学系统的思维方式，增强全局观。

第六，体会不同的领导风格对于团队完成任务的影响和重要作用。

3. 人数与时间

人数为 7~20 人。总培训时间为 100 分钟，具体安排如下：项目指导时间为 5 分钟，活动时间为 40 分钟，回顾时间为 55 分钟。

4. 场地与器材

场地应为户外一片 20 m² 的场地或者一间 20 m² 的会议室；在场地上摆成 7 组，1~6 组每组 3 把椅子，两把用于学员就坐，对面一把用于学员摆图形，第 7 组只需椅背靠椅背的 2 把椅子；7 个组为一个正六边形的六个顶点和一个中心点。

器材包括椅子 20 把；任务书 7 份；5 种颜色的七巧板各一套，每套由 7 块组成，共 35 块；7 个图形的卡片各 1 张；记分表（表 5-2-1）一张。

表 5-2-1 七巧板记分表

	图一	图二	图三	图四	图五	图六	图七	图八	图九	总分
一组										
二组										
三组										
四组										
五组										
六组										
七组										

5. 项目操作

培训师清晰地宣讲如下规则：

①项目开始后，1~6 组的队员做到"两不离"，就是"凳不离地、人不离凳"，直到培训师宣布项目结束。

②只有第 7 组的人才可以在场地内随意走动。

③1~6 组的队员相互之间不能传递七巧板，如需要可以请第 7 组的人帮忙传递，如果 1~6 组的队员私下传递七巧板的话，每发现一次扣掉 20 分。

④各组每完成一项任务，请举手示意，培训师过来确定是否完成任务。如完成，该组会得到相应的分数登记在记分表上。

⑤所有的教学用品不得抛掷，只能手对手传递。

培训师布置活动应细致清晰，在活动过程中不必回答参与者提出的问题，同时在活动过程中，注意自己的肢体语言，减少暗示，详细记录分数、时间、违例现象。

6. 安全监控

七巧板项目实施过程中，学员必须注意不能离开位置，且注意把握挣抢资源的度。培训师应严格按照图示，给予统一标准，特别是多组同时做任务时，标准要统一，当学员争吵激烈的时候，注意调节现场的气氛。

7. 回顾分享

第一，团队目标。由于团队目标不明确，大家把各自的小目标当成了自己的终极目标。由于资源有限，每个队在实现自身小目标的时候，势必出现对有限资源的争夺及独占的情况，导致其他队的利益受到伤害。而当我们是一个团队下的不同部门的时候，团队的收益并非各个部门收益的简单加和，单独的一个部门获得最大利益并不意味着整个团队利益的最大化，相反很可能会损害到整个团队的总体利益。因此，想要成为一个成功的、高效的团队，团队成员必须明确整个团队的大目标，而不是只顾及各自的小目标。这样，团队的各个成员在完成各自的小目标的时候，才会从团队大目标出发，进行全面的统筹安排，兼顾团队的其他成员，对有限资源进行合理配置。

第二，团队沟通。由于物理状态上的孤立，大家在心理上也产生了一定的疏离感，沟通的无效使大家在整个过程中都处于一种无序的状态，只能通过大喊大叫引来别队的注意。队员只有实现有效的团队沟通，才能实现团队目标。

第三，竞争、合作与双赢。在项目实施过程中，不同队伍之间存在竞争，但只有相互合作，才能取得共赢。

第四，领导力。队长的领导力对于任务的完成具有重要作用。

（三）驿站传书

1. 项目概述

在规定的条件下，每一组在最短的时间内将培训师给排头学员的数字传递到该组最后一名学员。活动中信息传递的准确性和时效性同样重要。

2. 培训目标

第一，建立沟通的方法，体会沟通的必要性。

第二，突破思维定势，充分地运用规则。

第三，认识团队学习和经验分享的重要性。

第四，认识信息共享和及时反馈的重要性。

3. 人数与时间

人数可为一个团队或多个分队。总培训时间为90分钟，具体时间安排如下：活动指导时间为10分钟，活动时间为40分钟，回顾时间为40分钟。

4. 场地与器材

场地包括在户外或室内均可。

器材包括白板、坐垫、图例等。

5. 项目操作

培训师清晰地宣讲如下规则：

①每组学员排成一个纵行坐下。

②学员应遵守规则，将一组数据由最后一名学员正确地传输到最前面的一名学员，每次规则会做相应的修改。

③所有学员都不允许说话、不允许回头。

④手不能互相接触，且不能让前方队友看到。

6. 安全监控

严禁使用尖锐物体，避免伤害。活动过程中，假如有较为恶劣的传递方式，培训师根据情况控制。培训师随时注意场面控制，时刻大声提醒学员遵守规则；在实施阶段，不断提升信息的难度，可以是整数、小数、分数、汉字等；每一轮结束后，一定留出足够的讨论时间，安排各组进行分享；针对每一轮的变化，注意观察活动积极和相对消极的人员，回顾重点照顾；在分队很多的时候，注意分工要明确，保证整体进度的均衡。

7. 回顾分享

学员回顾并分享如何建立沟通方式及反馈，如何形成决策。当传递信息时，是准确性重要还是时间重要？为什么？当传递时，自己是如何做的？自己是否提出了更好建议？其他团队的传递方式对自身团队有何影响？

三、团队协作类项目

(一) 穿越电网

1. 项目概述

穿越电网是拓展训练活动中比较经典的团队合作项目之一,具体做法:要求所有学员在规定时间内从有大小不一洞口的一张"电网"通过,从网的一边依次通过到达另一边。在此过程中,学员的任何身体部位都不允许碰网,否则洞口将被封闭。这个培训项目主要是强调团队的协作与配合,强调资源的重要性,好胜与不合作的学员都将遭到淘汰,只有依靠整个团队的力量才能顺利完成任务。

2. 培训目标

第一,有效地利用和配置资源是团队成功的重要因素。

第二,确立方案,明确分工,有效的组织协调是团队成功的关键。

第三,学习面对困难时应有的态度和做事方式。

第四,相互协调和精心操作,才能保障计划的顺利实施。

第五,摆正个人在团队中的位置(角色定位)是团队成功的基础。

3. 人数与时间

参与人数不限,将学员分成人数相等的几组,以每组不超过 20 人为好。培训总时间为 100 分钟,具体时间安排如下:活动指导时间为 10 分钟,活动时间为 50 分钟,回顾时间为 40 分钟。

4. 场地与器材

场地在户外与室内均可,场地平坦无尖锐的硬物。

器材为编织好的网洞大小不一的"电网"几张。

5. 项目操作

培训师清晰地宣讲如下规则:

①"电网"是无限延伸的,任何人只能从网洞中穿过。

②每个网孔只能用一次,不论是否通过,用完即被封住。

③"电网"具有万伏高压可击穿任何物体,任何人身体任何部位触网即宣布"牺牲"。

④项目时间根据人数多少来限定,每组有两次挑战机会。

⑤挑战开始,每组前 4 或 5 名队员必须连续过网成功,如在 4~5 人内挑战者触碰网线,前面已经过网成功的挑战者返回原地重新开始,时间继续,不停表重新计时。

⑥当连续过人 4 或 5 名成功,第 5 或 6 人如过网失败,过网失败者"牺牲",送往临时"烈士陵园"等待"复活",同时挑战的网洞关闭,前面挑战成功者不用返回原地。

⑦队友合计做 100 个俯卧撑就可以"复活"牺牲者,男性做俯卧撑,女性可做手臂

前平举下蹲代替。

⑧为"复活"队友开洞，上面的网洞使用合计 100 个俯卧撑或下蹲打开，下面的网洞使用合计 200 个打开，第二次开同一个网洞则乘 2，第三次开同一个洞则再乘 2。

6. 安全监控

在抬女士通过时，应使其面部朝上，以防止落地擦伤；如果需要帮助队友抬腿，一定要依次放腿，避免膝盖受伤；如抬队友过网洞成功，一定要确保队友脚落地站稳直立才能松手。

7. 回顾分享

培训师对学员顺利完成任务给予鼓励和肯定，鼓励每个学员谈自己的感受，结合实际生活与学习、工作进行分享，并对发表的意见给予肯定，同时对完成任务起到关键作用的学员给予特殊的表扬。学员回顾并分享谁是第一过网的，是独立完成的吗。在被人抬起后，学员的感觉怎样，要做的事情是什么。培训师引导学员对讨论、计划、执行的各个环节进行分析，可用质量管理方法之 PDCA 循环管理理论（Plan-Do-Check-Act）。细节决定成败，学员分析在完成过程中的细心、耐心和良好的监督机制对完成任务的价值。

（二）求生墙

1. 项目概述

求生墙是团队挑战项目，因为常安排在最后一个活动，因此也叫毕业墙。这个活动可以让学员懂得个人目标与团队目标的关系，只有团队获得成功才是真正的成功。项目要求全队所有成员都要在 40 分钟之内不借助任何工具爬上一面 4 m 高的墙。

2. 培训目标

第一，增强团队凝聚力，达到团队内部及团队之间的融合。

第二，科学评估方案，勇于实践，不断创新。

第三，团队合作，用人之长，容人之短，认同差异，合理利用资源。

第四，运用全局观考虑问题，考虑到所有队员。

第五，讲求奉献精神，以及个人的奉献对团队的贡献。

3. 人数与时间

学员人数不应少于 11 人，其中男士不应少于 5 人，如果人数没有达到以上标准，或队员中有人体重超过 100 kg，培训师可根据情况要求有人帮忙或停止该项目。

总培训时间为 80 分钟，具体时间安排如下：活动指导时间为 10 分钟，活动时间为 40 分钟，回顾总结为 30 分钟。

4. 场地与器材

场地应为室外平整坚固的土地，地面干燥不打滑，并留出足够空间便于观察和保护。器材包括高 4 m 的求生墙壁一面，4 m × 3 m × 0.25 m 重体海绵垫两块，1.2 m ×

0.6 m × 0.05 m 小海绵垫若干。

5. 项目操作

培训师清晰地宣讲如下规则：

①所有成员都要在 40 分钟之内爬上这面 4 m 高墙，如有人没上去则视为团队未成功。

②不允许借助任何有助于延长肢体的工具，如衣物、腰带等。

③规定范围内的墙面是攀爬的唯一通道，不许利用墙的侧边及周围台阶等，没有上去的人不能事先从旁边上去，已经上去的人不能再从旁边下来帮忙（培训师安排参与保护除外），允许已上去的人从原路退下。

6. 安全布置

学员如有严重头、颈、肩、背、腰、骶等部位伤病史或有严重心脑血管及精神病、低血糖等病史，不得做此项目。所有人员都应取下身上及兜中一切尖锐及硬质物品，如手表、眼镜、发卡、腰带配件等。学员攀爬时不可踩人梯的头、颈、脊椎，只可以踩肩、大腿；拉人时不要拉人的衣服，拉手时要手腕相扣。学员要尽力保持人梯不塌，要有人专门扶持人梯队员的腰或臀部，底层人梯应注意腰部用力挺直。学员注意垫子的大小范围与软硬程度，注意垫上活动的安全，避免崴脚，不得助跑起跳。严禁同时搭两组以上人梯，严禁有蹚走上墙动作。注意自我保护，在做项目过程中，如觉身体无法承受时，大声说明，并稍坚持一小会儿，等大家都做好准备后停止动作。

所有学员必须参与到保护当中，保护人员应采取"抱石保护"手法：以弓步站立在垫上或垫外，双手举过头，肘略屈，掌心对着攀爬者，抬头密切关注攀爬者，灵活控制自己的身体姿势及重心，当攀爬者出现不稳时，应随时准备扶持。当攀爬者摔落或人墙倒塌，应迅速在保护好自己的情况下做出如下动作：当攀爬者顺墙滑下，应将其推按在墙上；当攀爬者在不高的地方屈膝向后坐下，应上前托住；当攀爬者从高空向外摔出，应顺势接拉，将其放在垫上。

令行禁止，培训师发现可能会危及训练安全的动作或违规操作时，立即鸣哨或大声制止项目进行，所有人应在有安全保护的情况下立刻停止动作。培训师提醒学员在被往上拉时尽量不要用脚蹬墙，以免磕伤腿。

7. 安全监控

检查海绵垫是否完好无损，上面是否有硬物。项目开始前，培训师应带领学员做好充分的准备活动，尤其是头、颈、肩、腰及踝、腕部。对项目布置中已涉及的安全事项进行监控：如在求生项目中发现踩脖子、头部、腰、肩关节等身体部位的行为应立即制止，并告诉学员应踩哪里；避免墙沿硌伤学员。对未在安全事项中提及，但学员在项目实施过程中可能出现的危险行为进行监控。当上面人数已足够多而下面保护力量明显不足时，培训师可适当安排部分人下来在垫外参与保护，但不能帮助未上去的队员。培训师应同时监控墙上人员的安全，如不许骑跨或站在墙头，上面的人应注意墙上平台的范围等。

培训师在项目监控时的站位应能控制住人梯正后方及一个侧面，另一个侧面的安全安排专人负责;当只剩下最后3人及更少时,培训师应站在人梯后方较近的位置,用膝顶住下方受力者的臀部,一手支住下方受力者的腰,一手上举用"抱石保护"姿势(培训师可托住上面队员,减轻单人人梯的受力)。

因为学员行为千变万化,培训师应加强监控,当上方已有3人以上而学员仍采取搭3层人梯的方式上爬并有安全隐患时,可适当提示;在搭救最后一名学员时,培训师应根据自己的能力做出判断,当培训师发现自己难以把握的问题时,应果断叫停。如最后一人身体已离地,而且脚先举上空中,此时如脱手即会头朝下摔落,培训师应格外注意,扶住学员的身体,避免其坠落。

如有学员有严重心脑血管疾病和骨骼关节伤病,可安排该学员不做此项目。女学员不可以做中间连接。不允许培训师亲自参与到做项目当中,如充当倒挂者或最后一人。

8. 回顾分享

培训师对学员共同完成活动给予肯定和表扬。第一位上去的人分享感想;分析榜样对团队的鼓励作用;甘为人梯的精神是值得大家尊重和感谢的;分析上墙的顺序及角色的定位对团队完成任务的积极作用。

第三节 拓展训练方案设计

拓展训练作为一个有设计的体验学习,设计者必须分析如何设计课程。课程设计不是凭空想象几个项目的拼接组合,而是通过对参训群体的调查和分析,按照分析结果做出有计划、有目的的课程规划。

一、方案设计的基础

(一) 了解参训背景

了解学员参与培训的背景情况,结合参训学员所在单位近期战略及对人力资源发展方面的要求,找到当前组织中所存在的一些问题,根据问题提出解决的方案和思路。

(二) 明确参训目标

设计拓展训练方案时,要明确参训目标,例如:积极有效合作,树立合力制胜的信念;树立主动沟通的意识,学习有效的沟通技巧;增进学员相互认知和理解,提高团队的包容度;发现团队问题,培养团队领导能力,改善团队管理方法;增强风险意识和客户导向意识,提高市场份额。

二、方案设计的理论依据

(一) 体验式培训理论基础

整个培训中,体力与脑力活动充分结合;在项目的实施中产生意识,回顾作为整个培训的核心部分，培训师会引导学员发表体会，分享感受，通过讨论分析形成理论；将形成的理论运用到下一个项目中，进一步指导日后的工作及生活。

(二) 高绩效团队建设理论

团队并不是先天就有的，它是经历一系列阶段的发展，逐渐成熟起来的。

1. 团队发展的进程

第一阶段，成立：明确所处的环境，确保队员充满兴趣，以身作则，鼓励队员之间分享观点，鼓励分享个人的经历。

第二阶段，磨合：鼓励表达个人的感受，建立队员之间沟通的桥梁，化解冲突。

第三阶段，稳定：增进解决问题的能力，创造实验机会，发展个人技能，保证队员相互了解各自的强项及弱项。

第四阶段，成效：阐明总体目标，保持士气，回顾，总结。

第五阶段，成熟：允许将领导权交给其他人，鼓励团队以外的联系，容纳意见和分歧，打破常规。

2. 怎样形成团队中的有效沟通

形成团队中的有效沟通应做到：①团队成员都要承认沟通的重要性；②保证有效的倾听；③保证双向沟通的平衡，主动反馈；④共同承担沟通的责任；⑤建立行之有效的沟通系统；⑥保证持续的沟通。

3. 成功团队的特征

成功团队具有以下特征：①选择合适的成员，最大限度地表现每个队员的业绩；②队员有明确的分工和责任；③队员能在强项上得到发挥，在弱项上得到支持；④队员有共同的目标；⑤保证内部交流的有效性，通过正式或非正式的途径沟通；⑥维持纪律的有效性，通过正式或非正式的途径实施纪律；⑦有一个好的领导。

4. 不成功团队的特征

不成功团队具有以下特征：①队员以个人的方式行事，追求个人的目标；②分工和责任不清，导致重复的劳动；③队员之间只有相互竞争而不是合作；④队员的技能与性格特征没有得到平衡；⑤无论是通过正式还是非正式的方式交流，交流的效率低；⑥破坏团队绩效的工作方式，例如没有责任感，糟糕的时间管理，拒绝变革等；⑦没有领导。

(三) 结构化设计思路

第一，通过分阶段的项目顺序、个人挑战与团队合作，认识到个人成功与团队鼓励及压力的关系。

第二，完成团队合作项目，体会个人利益与团队利益的统一，让所有学员充分认识到从部门的根本利益出发考虑问题的意义。

第三，以如何形成团队内的有效沟通为主线，结合高效团队形成的五个阶段，贯穿整个培训课程，将企业文化的几个要素融入项目的回顾当中，并将这些理论运用到工作当中。

第四，每一项目均遵循"活动—发表—分析—理论—指导"的过程，从体会提升到理论，并应用到以后的活动中，从热身开始进入"意识—理解—应用"的学习圈，通过对一个理论的反复实践，初步形成有意识的习惯，项目安排环环相扣，充分表现团队在不同阶段的特点。

三、传统课程设计方案实例

拓展训练课程方案（示例）

1. 培训时间：××××××
2. 培训地点：××××××
3. 活动目标

（1）了解、掌握思考问题和解决问题的系统方法；

（2）提高解决问题的能力；

（3）理解团队目标、团队使命和行为规范的重要性；

（4）进行团队决策、团队合作、团队变革意识的训练；

（5）进行计划能力和创新精神的训练；

（6）回归自然，放松身心，增进感情。

4. 培训形式：12~15人为一队，每队在一位培训师的指导下进行培训。
5. 培训对象：××有限公司。
6. 参训人数：××人。
7. 课程设计

拓展热身（破冰及组建团队）

↓

准备活动（放松身心，准备投入训练）

↓

背摔（换位思考，理解工作团队中不同的文化背景、价值观，提高团队宽容度）

↓

断桥（管理变化，勇于面对企业变化和积极主动承担企业变化发展带来的团队责任）

↓

孤岛求渡（合作的方法和技巧、换位思考，提高团队宽容度、工作的主动性）

↓

求生墙（团队角色互补，认识每个岗位的价值，挑战看似不可能完成的任务）

↓

全程回顾总结（高绩效团队的建立）

8. 日程安排

日　期	时　间	培　训　安　排
培训前一天	公司自行安排	公司出发至培训基地
	17：00—17：30	基地报到、分配房间
	17：30—18：30	基地晚餐、休息
	19：00—21：00	拓展热身
	21：00	基地休息
培训第二天	6：30	起床、集合
	6：30—7：30	晨练
	7：30—8：30	早餐
	8：30—8：45	准备活动
	8：45—10：30	培训（背摔）、回顾
	10：30—12：00	培训（断桥）、回顾
培训第二天	12：00—14：00	午餐及午休
	14：00—14：15	集合、准备活动
	14：15—15：30	培训（孤岛）、回顾
	15：30—17：30	培训（求生）、回顾
	17：30—18：00	全部课程内容总结回顾、讨论
	18：00—18：30	发证书，合影
	18：30	返回

四、执行力方案设计实例

高效执行力拓展训练课程（示例）

1. 课程背景

许多企业在制定全新的竞争战略后，实际运作往往依然故我。常见的缺乏执行力的现象不胜枚举，例如，领导们周密设计的年度计划，慢慢地就没有人做了，也没有人过问了。基层员工根本不知道公司的整体战略目标是什么，做好做坏好像对个人来说结果都一样，从上到下没有明确的目标与方向，每天都做些没有什么实质意义的工作，各部门各自为政，部门小目标大过公司大目标。

2. 课程核心内容

（1）领导在实现高效执行力的核心作用；

（2）实施执行力的关键基础；

（3）管理者如何把握执行的核心要素，形成健康的执行心态；

(4) 科学利用执行工具，有效扮演执行角色；

(5) 构造有效的执行流程，将公司的有效政策、计划不折不扣地执行下去；

(6) 使企业产生经济效益；

(7) 增进员工、团队间的合作和情感；

(8) 为中高层主管提升领导与管理能力；

(9) 设计执行力组织的核心流程，并帮助学员学会一些行之有效的方法及工具，以帮助企业实现高效执行力，铸成"攻无不克，战无不胜"的员工队伍。

3. 课程收益

学习如何建立企业执行力文化，分析企业执行不足的深层次原因，并在提升执行力的技能和改善执行力不足的方式和习惯方面，给出具体有效的解决方案。通过这个课程的学习，学员将能领会执行力的真正含义，掌握从现有能力和资源通向目标的思路和方法。

4. 培训时间：××××××

5. 培训地点：××××××

6. 培训形式：12～17人为一队，每队在一位培训师的指导下进行培训。

7. 培训对象：企业的市场推广人员。

8. 参训人数：××人。

9. 课程设计

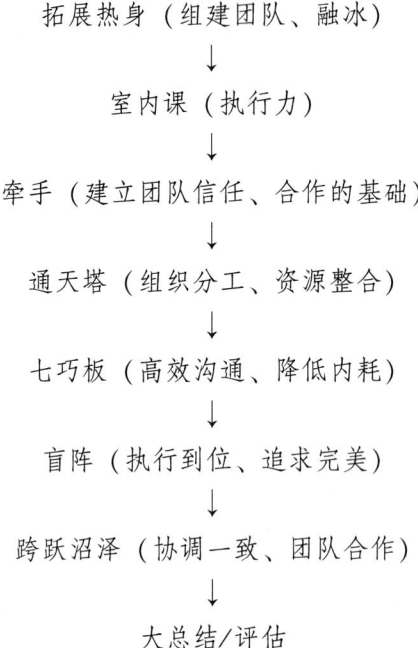

拓展热身（组建团队、融冰）
↓
室内课（执行力）
↓
牵手（建立团队信任、合作的基础）
↓
通天塔（组织分工、资源整合）
↓
七巧板（高效沟通、降低内耗）
↓
盲阵（执行到位、追求完美）
↓
跨跃沼泽（协调一致、团队合作）
↓
大总结/评估

▶【知识点小结】

1. 拓展训练是利用陌生而富有挑战性的环境，让参与者亲身体验项目，从中获得感悟，从而调整心态、改变行为的一种体验式的学习。

2. 拓展训练是一种探究式学习，以分享互动的方式进行，参与者通过共同回顾训练过程，交流体验，分享收获。

3. 拓展训练课程设计不是凭空想象几个项目的拼接组合，而是通过对参训群体的调查和分析，按照分析结果做出有计划、有目的的课程规划。

【知识综合实训】

1. 有大一新生班级想进行一次拓展培训，促进同学间的相互了解和认识，同时老师想通过这次活动对同学的不同才能做个初步评判，为后面班委的选择和任命做参考，请你根据培训需求进行培训方案的设计。

2. 通过拓展训练的学习与体验，你获得哪些启示？

第六章
CHAPTER 06
野外生存与露营活动

【学习目标】

1. 学习和了解野外生存的基础知识。
2. 掌握利用自然环境搭建简易庇护所的方法，熟练掌握钻木取火的技术，认识多种可食用的野生植物，至少掌握两种以上野外取水及净化水的方法。
3. 熟练掌握在野外辨别方向的技术。
4. 掌握野外活动的环境保护知识和方法。

野外生存是户外运动中比较基础的活动项目之一，是指在远离居民点的山区、丛林、荒漠、高原、孤岛等复杂地形的区域，在没有外部提供生命所赖以维持的物质条件下，个人或集体靠自己的努力，在一段时间内保存和维持生命的基本手段与方法，涉及人们在自然条件下的吃、住、行及在户外的人身安全与舒适。在野外生存活动中，营地选择与搭建尤为重要。

第一节　野外露营的营地与给养

一、营地的选择

在现代的野外生存活动中，人们大多会去一些比较熟悉或者条件相对成熟的地方，在这里，大自然为人类提供了适合扎营的营地。但有时我们在野外活动中，由于各方面的原因，扎营的地点可能会有一些变化，因此，在野外生存的活动中，营地的选择就显得非常重要了。一旦营地选择不好，可能会有许多事故发生，如被野蜂蛰刺、大型野生动物袭击、坠物砸伤、大风袭击、洪水冲走帐篷导致人员伤亡等。

露营者要明白野外安全露营的重要性，只有休息好，才能保证体力的恢复，保证身体各器官正常运行。如果休息不好，体力透支，就会影响身体健康，甚至还会有生命危险。露营不是简单的事，要会露营并且安全露营。

选择露营营地的基本原则是选择可耐受地面建营，适当靠近清洁水源，夏天背风背阴或冬季背风向阳，远离各种危险，营地地面尽可能平整。

(一) 选择可耐受地面建营

理想的露营地点是岩石区域，在野外你会发现很多巨大而平缓的岩石，可以作为完美的露营营地，不用为破坏地面而担心。砾石滩、海滩、积雪及冰上等都是搭帐篷和做饭的完美地点。雪的积攒和冰的融化会掩盖因露营留下的痕迹。如果无法找到上述那些非植被地区作为营地，请谨慎选择那些有植被的露营点。总之，茂密生长的植物要比单独生长的植物更加不易被破坏，旱土比饱和土壤更加耐受。

为避免大量露营者聚集在一起，在露营点、水源和野餐区之间留出一些缓冲地带，这样可以避免对植物的践踏。尽可能少地在原始地区过夜。有时候，一些地方既没有被严重破坏，也没有保持原貌，这些地方也许有被破坏的草丛、刚刚开始露营的痕迹，以及其他轻微的被人们使用过的迹象。如果露营时远离这些地方，那么这些地方将会有非常大的机会恢复原貌。

(二) 营地靠近清洁水源

人的生存离不开水，同样，在野外，经过一天大运动量的穿越，消耗最多的除了体力以外，就是水了。因此，选择的露营营地要有充分的清洁水源可用于补给，饮用水及做饭用的水可能都要在这里进行补充，当然还可以进行简单清洗。所以，在选择营地时应选择附近有小溪、小河、山泉等有水源补给的地方扎营。

通常，我们要考虑与水源保持一定的安全距离，尤其是在河边扎营，扎营地点要和水源应有 60 m 左右的距离，营地绝对不能选择在河滩上或者河流转弯处。每年都有因为扎营地点距离河流过近，发生河水将营地帐篷冲走而使人丧命的报道，教训是极其深刻的。

平时看起来美丽而温柔的的小溪，一旦上游下大雨或暴雨，很容易暴发大水或山洪，水位在短时间内上涨几米是很平常的事，因此，在雨季及山洪多发地区进行野外宿营一定要注意防范。

解决水源后，一定要有安全并且适合取水的地方，尤其在夜间取水时容易发生"湿身"，甚至溺水等问题。

(三) 夏季背风背阴或冬季背风向阳

无论是夏季还是冬季，在野外扎营，一定要注意背风。尤其是在一些山谷、山口等地方的风会更大，甚至连帐篷带人一起刮走，因此，在野外扎营一定要选择一处背风的地方，这样，既保障了野外用火的安全，又避免了大风的干扰。

在夏季，如果天气较好，太阳照到帐篷会让人感觉很热，因此要注意选择一处背阴的地方扎营，如在山的北面等。

如果冬季进行野外活动，避免不了在寒冷地区扎营，应该选择既能背风，又能充分享受温暖阳光的地方。

（四）远离各种危险

在野外宿营，肯定会有来自方方面面的危险，这其中有来自动物的，也有来自自然的，既有天灾，也有人祸，因此一定要注意以下几点。

在夏季，露营地点应选择在干燥、地势较高、通风良好、没有蜂巢、蚊虫较少的地方，以避免受到野蜂及蚊虫的叮咬。不要在杂草较高、较密的地方及死水潭附近扎营，以防止小动物的侵害，一旦用火不当而引起火灾，灭火和逃生将非常困难。如果在海边扎营，还要考虑潮汐的变化。

考虑附近是否有动物出没，要避免在有明显动物足迹的地方扎营，因为这是动物经常出没的路径，如果把营地扎在这里，就是挡住它们觅食或饮水的道路，轻则影响休息，重则会有生命危险，尤其要注意蛇，在乱石堆附近经常会看到它们。建营地时一定要仔细观察营地周围是否有野兽活动过的痕迹，如野兽的粪便、足迹等，甚至是野兽的巢穴。在有大型野兽出没的地区宿营时，可在营地的周围设置触发报警绳，晚上点篝火并安排人值守。

在蛇等毒虫较多的地区活动时，在营地周围一定要撒些草木灰、石灰，或者雄黄粉，如果有煤油的话也可以撒一圈，这可以有效地防止蛇等毒虫的侵扰。但需要强调的是，有些东西会对环境会造成污染，你可以用一些无污染或污染小的东西，如果在北方毒蛇较少的地区则最好别用。这些问题在出发前就应当考虑好。

营地要远离高大树木，观察树木是否有枯枝，避免被落下的树枝砸到，孤零零的高大树木可能会成为雷电袭击的目标。尽量靠近村落，当有急事时可以向村民求救，在没有木柴、蔬菜、粮食等情况时尤为重要。近村的同时也是近路，方便队伍行动。绝对不能将营地扎在悬崖的下面，自然风化的岩石会突然坠落，或者山上刮大风时，有可能将石头、树木等物刮下，造成伤亡事故。在雨季地区或多雷电地区，营地绝不能扎在高地、悬崖上，那样非常容易招至雷击，不仅如此，高处没有遮拦，风也比较大。尽量不要在瀑布附近扎营。除了湿气较重会使人很不舒服以外，噪声也较大，而且一旦上游下雨，很容易引发洪水。

（五）平整的营地地面

选择的营地地面一定要平整，否则会影响睡眠质量。如地面上有石块、矮灌木、草根等各种带刺、带尖的东西，都要清除干净，如果在碎石地和泥土地面上扎营，可在低的一面垫上一些干草，或在不破坏环境的前提下，用铁锹将高的一面的土铲去一层，使地面平坦。

选择好露营点后，一定要在营地的周边详细地进行察看，选择好出现意外情况时的逃生路线，做好标记，让每位成员都知道，这点很重要。

二、营地的建设、管理及注意事项

(一) 营地的建设

营地选择好后,根据营地的实际情况,规划好活动的区域。一般来讲,如果营地足够大,应将营地按照风向从上风向开始划分为露营区、就餐区、娱乐区、卫生区等区域,另外还有取水区及用水区。

1. 露营区

首先,要优先考虑露营区,露营区应该是整个营地最平整的地方,宿营区如果能建在最上风的地方则更好。

其次,应适当地规划好帐篷的位置,如果营地足够大,可以成马蹄形排列或者交错排列,如果营地较小,最好使帐篷并排布置,一定要注意帐篷门都要向背风的方向开。帐篷与帐篷之间应保持一定的间距,以免互相影响,尤其需要使帐篷充分地展开及顺利地拉开防风绳。

最后,打呼噜的队员最好能安排在一起,将他们的帐篷扎在最外面,或者和大家有一定的距离,以免影响其他人。

2. 就餐区

就餐区可以使用暗火,如燃气炉等,便于做饭及就餐。就餐区最好建在一块大平石或者可耐受的地面上,没有椅子可以用石头,或者使用防潮垫,也可以用小折叠椅。

3. 娱乐区

娱乐区应建在就餐区的下风处,以防活动的灰尘污染餐具、食品等。如果场地足够大,也可以单独选择一块地,场地内部尽量平整。娱乐区应与露营区有一定的距离,以免大家的欢笑声影响早睡的队员。

如果场地较小,可以在就餐后把就餐区清理一下,将炊具、餐具都收拾好,把场地腾出来作为娱乐区。

4. 卫生区

厕所最好建在下风处,离营地 50 m 左右,远离水源至少 60 m,选择旁边树木较密,比较隐蔽,大家又容易发现的地方,如没有隐蔽物,可在三面用塑料布或雨衣、树枝等围住。修建临时厕所以后,大家的大小便就应该在修建的临时厕所里进行。如果人少,可以挖一个厕所,深度大约 30 cm,宽大约 20 cm,长大约 50 cm,两边最好用石头垫起来,并把挖出来的土堆在旁边备用。每次排泄后,用一层泥土将粪便覆盖住。

千万记得在收营前,一定要把有排泄物的茅坑用泥土掩埋好,将用过的手纸和卫生巾打包好后带走。

5. 取水区及用水区

前文已经讲过取水,其他用水区要距离水源地至少 60 m,最好在用水区的地面挖一个坑，把洗脸水及刷锅后过滤的水倒在里面，走的时候记得要掩埋好。

(二) 营地的管理

扎帐篷时，注意两个帐篷不要出口对着出口，一旦夜晚有意外情况，大家争先窜出帐篷时会相互影响，还容易撞在一起。平时帐篷的进出口必须拉严，这样可以防止蚊虫等小动物进入帐篷。规划好帐篷里面的空间，把一切装备按部就班地摆放好，放到它应该在的位置，所有东西都要收进帐篷及门厅内。

合理地安排好户外作息时间，制订好计划，不要因自己的高兴而影响其他人的休息。如夜间10点休息，过了10点，任何人不要发出任何声音，尤其不能说话，早上起床也是一样，要强调统一，不能因个别人而影响整体。晚上如果有值夜的队员，应尽量安排在同一个帐篷里的人，以免相互影响。

用餐结束后，食物一定要收好，尽量不要剩。吃不了的食物一定要用方便袋包好后放好，以防止小动物吞食或污染，尤其是蚂蚁和老鼠。也可以将食物密封好后吊挂在树上。野外用餐后，要带走食物残渣，包括一些可降解的食物，以保护环境。宿营结束后不在营地留下垃圾杂物，塑料瓶、易拉罐等，要装入垃圾袋中，不可随处抛弃，以免造成环境污染。

任何参加主动性野外生存活动的人，都不允许砍伐树木、污染水源及猎杀动物，即使是由于在野外遇险而被迫进行野外生存的人，在生命没有受到威胁的时候，也没有理由这么做。在野外不要使用洗洁剂、肥皂、牙膏等化学物品，以免对环境造成污染。洗脸、洗菜等用水过程中，切记不要直接在水源中进行，应远离水源60 m以外，污水最好分散的倒在离营地和水源60~70 m以外，深25~30 cm的坑中。

在营地时，尽量穿着重量较轻、鞋底平软的鞋子，以减少踩踏对土地的冲击。当要离开营地时，尽量把营地恢复原样，如把帐钉留下的洞填平，把固定帐篷的石头搬回原处。当在热门路线的营地扎营时，要把营地恢复到能够吸引其他户外爱好者在此扎营的程度，让这些后来者不至于在其他地方扎营，破坏环境和土壤。在必要时，在不破坏树木和植被的情况下进行露营，如果需要把帐篷系在树上，应选择不会对树造成伤害的部位。

(三) 在冬季露营的注意事项

冬季比较寒冷，露营者应视避风及水源的远近等情况选择营地，如果营地附近没有水源，有雪也可以，不过化雪需要很大的能量。

营地应避开易被积雪掩埋的地点，如崖壁的背风处、较高的大树下，因为这些地方比较窝风，风吹起的雪容易在这里堆积而将帐篷埋没。

冬季宿营一定要用有雪裙的冬季帐篷。露营者可将干草铺到地下起到隔凉的作用，在雪较厚的地方，可将雪压实、压平，再将干草铺到上面，如果没有干草，可以像夏季一样直接将地席铺到上面，然后再搭帐篷，注意一定要隔热值较大的地垫。最好不要用吹气的充气垫，当气温较低时，进气嘴容易冻住，带来一些麻烦。

如果扎营地比较开阔，没有避风的地方，你可以在帐篷的迎风面筑起一道半圆形雪墙，既可以挡风又便于生火。

冬季露营要注意以下几点：

①一定要有备用衣物，进入睡袋时，内衣一定要干爽，最好是长袖的。

②睡前把水烧热灌在饮料或矿泉水瓶中，睡觉前放到睡袋中，给睡袋预热。

③睡前喝少量的热水，使身体热起来，但切记不可多喝。

④睡前最好经过活动预热身体，不要等到深夜身体发凉时再入睡。

⑤一定要吃一些热的食物，而且最好要吃饱。切记不要喝过多的酒。

⑥衣物不要盖在羽绒睡袋上，最好垫在防潮垫和身体之间。睡袋的标号一定要够用。

三、野外简易庇护所搭建

搭建庇护所是野外求生最基本的一项技能。当我们因意外被困在野外并且短时间内无法走出困境的时候，应把建立庇护所列为第一要务。庇护所不仅能减少恶劣天气的伤害，还能防止野生动物的侵扰。

（一）利用自然环境搭建庇护所

野外地形复杂，特殊的地形与植物有很多，可以根据地形的特殊结构和植物的特殊形状，就地取材搭建庇护所，不仅能增强防护安全系数，还能起到遮风避雨的作用。无论是什么季节，简易房屋的建设地点都应选择在干燥、地势较高及通风处。还要注意庇护所的视野一定要好，应便于观察，方便出入。野外搭建庇护所要从实际出发，庇护所应安全、实用、牢固。

1. 利用断树搭建的庇护所

高大的树木有时会被狂风折断，但仍牢靠地连在树干上，我们可以有效利用这样的断树来搭建庇护所。要仔细检查树枝与树干的连接处是否足够牢固，以免瞬时落下砸伤自己。可用一些树皮或藤条作为绳子把树枝牢牢地捆绑好，或者用其他结实的树枝做个三角形支架，然后把多余的细枝编进大树枝上，可以增强防风效果和牢固程度。另外，还可以用树枝编一个门，挡在出口处，不要忘了在地上铺一些干树枝，然后再铺上厚厚的干草或者树叶等。最后，可以在树干背风处挖一个坑，并在坑沿外挖一条较深的沟，把树枝埋在里面，树枝另一端搭在树干或树根上作为棚顶，以利用它来防风。这样，庇护所基本上就搭好了。

2. 利用天然的土坑搭建庇护所

野外有很多天然形成的土坑或岩石坑，我们可以清理坑内的杂物，并让附近的流水改道以搭建庇护所。如果土坑位于斜坡上，可在它的正上方挖一条拦水沟，将水引向其他方向；如果土坑在平地，则须在其周围筑堤引开流水，然后坑顶要加以遮蔽以防雨保暖。

3. 利用石块垒起的庇护所

在土坑的四周用较大的石块垒起一道比较结实的墙，在其上部纵向放置一些圆木，横向排列一些树枝、树棍，在上面覆盖一些较密的枝叶，用泥巴填充石块间的缝隙，加上顶盖后，即使下雨也可以有干燥的地方。这样改造好的凹坑就像是一个小地窖，保暖避风的效果甚至好过帐篷。

4. 利用天然的树洞搭建庇护所

有些大树由于自然原因形成了树洞，在森林尤其是原始森林，可以找到能容纳一个人的大型树洞，可作为临时栖身处。进洞前要检查一下树洞内外的情况，如果发现洞口有兽毛或是闻到一股腥臊味，则应该换个地方，因为树洞也是熊或者一些小动物的家。为了防止动物攻击，可以临时绑一个结实的栅栏堵在洞口，并加以固定。

5. 利用小树编制庇护所

如果发现有两排对立的小树，可以将树苗的上部绑在一起，使其呈锥形构成帐篷的支架，盖上篷布、雨衣或塑料布等，用石块或木头压住底边，便形成了一个简易的帐篷。如没有条件，可选择较矮的树苗，用枝条把它们编织在一起，上面用树皮或蕨类植物覆盖，下面铺上一些干草，避免受潮。搭建的同时尽量不要伤害树木。

6. 利用山洞、窑洞做庇护所

有些地区由于特殊的自然环境，形成了厚土层陡坡，并风化出许多的小窑洞，如黄土高原地区。窑洞内冬暖夏凉，很适合人们居住，稍加改造就是一处临时的庇护所。

在山地和海岸边露营时，应尽量利用自然的洞穴。海岸附近常有被海浪侵蚀的崖洞，洞内宽敞且避风，如果有蚊虫干扰可用烟熏来驱散，夜晚可在洞口生火，既能保暖又能防止野兽侵袭。

如果发现一处山洞，也可以改将其造成舒适可靠的庇护所。我们只需要在出口用山石、圆木、篱笆等建一个结实的门即可。但在进山洞时一定要小心，山洞内也许很凉，也许有野兽，还可能有水。因此，进洞时最好手持火把，第一，可以吓退野兽，使其不敢接近；第二，在黑暗的洞中可以提供照明；第三，试一试洞内的氧气是否充足，如果火把熄灭要立刻撤离；第四，可根据火苗或烟的方向判断洞内的通风情况。另外，如果发现有大型野兽活动的迹象，应赶紧撤离，如确信没有大型野兽居住，可以将大量枯干树枝堵在洞口前，生起篝火，既干燥取暖又可防止野兽侵入。

入住前要注意山洞的通风情况，具体方法是点一支香烟或火把观察一下，如果烟向某一方向飘动说明此洞是通风的。实在没有烟火可以抓起一把土扬在空中观察。如果洞口迎着风，需建双层挡风屏障，相互间有重叠，同时还起到门的作用。

如果山洞比较深，尽量不要往里走，这样一旦有事情发生，可及时转移。了解山洞周围的环境，如是否有发生洪水的可能，有无落石等，尤其是山洞的地下水情况及雨季的洪水能否灌入等。有时，洞内会有活水，这在比较深的山洞中较为常见，水源既可能来自地下水，也可能是洞顶岩石上渗出的水分。

7. 利用崖壁搭建的庇护所

如果找不到合适的洞穴，可选一侧岩壁做墙面，用两根木头靠着岩壁支起来，在木头之间绑上一些横木，再把树叶、树枝铺在横木上面，要是有塑料布，可以将塑料布铺在木头上并向下遮盖，向里压折，这样一个临时的岩壁遮棚就完成了。

8. 雪地宿营

在冬季，有些地方的积雪很厚，可以建雪洞、雪沟、雪坑、雪屋等遮避风寒。

（1）雪洞

适宜建雪洞的地方一般积雪较深，如果积雪在 1.5 m 以上即可直接建筑，雪洞不宜过大，否则容易坍塌。在避风处，先挖一个拱形的洞口，开口后可拐一至两个直角弯，目的是不让冷风直接吹进来。同时利用热空气上升、冷空气下降的原理，将雪洞内分为上、中、下三层，在上层生火，在中层休息和放置装备，下层为入口，可用作空气流通。雪洞的顶篷上开口，用于通风，让生火产生的烟雾能散发出去。洞口用雪块堵住，但不要堵得太实，防止冻结，周围可用树叶、干草、雨衣等封闭洞口保温。为了确保安全，雪洞里一定要留一把铁锹或一根木棒，可以在洞内进行修补或在暴风雪过后，用来挖掘出口。

（2）雪沟

建筑地点最好在缓坡上，这样冷空气难以进入，会让里面更加温暖。首先在雪地上画出自己的身长，然后按标示线向下挖出 60 cm 左右的深沟，最后在沟边上部切出大约 15 cm² 的雪块，互相依靠支撑形成顶部。雪沟建好后，将随身携带的物品都放在沟下面，睡袋不宜直接与雪地接触。

（3）雪坑

可以利用天然的凹坑或洞穴在寒冷的雪地里快速地构筑起简易的庇护所，即雪坑。通常情况下，中等体型的树木四周可能会有空隙，某棵大树的枝条下也可能会有坑洞，可在背风处设置入口，并用雪块封住。

（4）雪屋

在没有树木也没有携带任何宿营设施的情况下，可用压实的雪块建筑雪屋。盖雪屋的工具非常简单，只需一把手锯和一根绳子即可。选中一块平整结实的地面，固定一个中心点，用绳子作圆规画出一个半径 2 m 的圆形，切出长 60 cm、宽 40 cm、厚 15 cm 的雪块，将雪块向内倾斜放在刚刚画好的圆上，并用刀将其一边修斜，使每一块都平整地依靠。以螺旋式形状逐层砌墙，并逐渐增加向内的角度，雪墙的缝隙用松散的雪填满，确保其稳固。最后在雪屋底部用刀切开一个圆形或椭圆形的门，雪屋就建好了。雪屋的利用率很高，在严寒地区的整个冬季可为你抵御风寒，即使屋内没有生火，温度也比外面高很多，无论外面气温多低，屋内的室温不会低于 -10℃，只需点上一支蜡烛，就可使室温升高 4℃。

（二）人工搭建庇护所

当在野外实在找不到天然的庇护所时，可以利用现有的条件自己搭建庇护所，如果你不是一个人，那么你可以和同伴合作，搭建起较好的庇护所。有些人工搭建的庇护所比较费时费力，因此要花一定的时间提前行动。

1. 茅草屋

利用一些树木搭建一个三角形的架子做屋顶，或者利用树杈搭建一个屋顶，然后把一些较长的茅草或芦苇编成小捆，再用韧性较好的草搓成草绳，把小捆的茅草或芦苇捆在一起形成草帘子，绑在打好的架子上。绑的时候要先绑下面的，然后把上面的草帘子压在下面草帘子的上面再绑好，这样，雨水就会沿着草的方向向下流去而不会漏雨。

2. 树上庇护所

如果地面上比较潮湿或没有一块平坦的地方可供宿营，可以在树上搭建一个庇护所。首先要找到距离合适的两棵树，树杈尽量在同一高度，挑两根结实的长木棍横放在两棵树的树杈上，然后把较短的木棍横放在较长的木棍上面，用绳子或藤蔓缠绕系紧，使用之前要检查能否承受人体的重量，地面还应铺上厚厚的干草做一些防护。这种搭在树上的庇护所除了可防潮外，也可以防止部分野兽的袭击，但安全性及防雨性能较差，而且施工的难度也较大，因此不到万不得已不要在树上搭建庇护所。

3. "干打垒"和"地窖子"

在20世纪的五六十年代，我国东北地区有很多地方都采用这种方法解决临时住宿问题，所谓"干打垒"就是用土搭建的简易临时住房，也有的在斜坡或在地上挖一个较大的坑，在上面盖上房盖，就成了"地窖子"，这两种庇护所的工程较大，在人多的时候可以采用。

4. 锥形庇护所

用长度大致相同且结实的木棍围成锥形，上面用绳子或藤蔓绑好，下面埋在土里，在木棍上用桦树皮或其他的树皮、芭蕉叶、塑料布、雨衣等盖好，如果没有上述材料，也可以像搭建茅草屋一样，把草编好后蒙在锥形木棍的上面，在地面上铺上干草，这也是一个很好的庇护所。

5. 树叶屋

在南方，用树木搭建成房屋的形状，用一些较大的树叶如芭蕉叶、棕榈叶等像瓦片那样排列，也可以搭建起来一个可以防雨的庇护所。

要搭建哪种庇护所，主要取决于打算在此地停留多久。当在野外行走时，突遇雨、雪、狂风等特殊天气时，搭建一处临时的庇护所就可以了；如果想体验一下与大自然真正的零距离接触，那么搭建庇护所是你最佳的选择；如果被困在野外或是迷路了，那么搭建庇护所是必不可少的。在野外若想生存，学会搭建庇护所是第一要素。

四、火的获取、使用与管理

人类用火的起源,可以追溯到 100 万年前,早在那时,人们用火的踪迹就遍及欧、亚、非等地。发现生火的方法,是人类早期最伟大的发现之一。火为人类带来文明,火是上天赐给人类的礼物。

(一) 火的获取

当孤身一人处在一个陌生而又充满未知的野外,尤其是四周又黑又冷时,火似乎就成为我们仅有的朋友。火会提供光和热,让我们在户外生活中更加舒适,给予我们保护,火可以用来烹煮食物及把潮湿的衣物烘干,并保护我们远离动物的入侵,火还是最有效的求救信号。

在古代,人类想要生火,首先得有耐心,还要有时间和充沛的体力。从中国的历史记载来看,古代取火主要有三种方法:用木燧,即钻木取火;用金燧,即向太阳取火,也叫阳燧;用石击火,后发展为火镰取火。根据考古学家考证,地球上最早学会用火的是中国的古人类。

在现代,人们想要生火,可以借用的材料和方法有很多,但是一定要注意时间,尽量要在夜色降临之前把火生好,因为要在漆黑的夜晚寻找适合的生火材料会更加困难。

1. 找寻适宜的地点,确定生火的位置

首先要找到较为防风位置,风的大小和方向决定明火是否能顺利生起。火苗要接近扎营的位置,这样我们可以安全、方便地照顾火的持续燃烧,而且也不会太浪费体力。地势不能过低,这样可避免下雨使火苗被冲灭。注意不要在潮湿或渗水的岩石附近生火,因为持续加热达到一定温度时,岩石会有爆炸的可能性。不要在容易引起火灾的地方点火,如干燥茂密的林子里及草丛中,防止森林起火。

2. 寻找燃料

野外能燃烧的物资很多,有条件的话可以事先准备一些专用燃料,如汽油、煤油、固体酒精等,也可以就地取材,如枯枝、干草、干燥的木头、朽木、棉织品、胶卷,甚至动物的干粪便等。

3. 准备生火

确定好生火地点和燃料后,要清理出一块面积大约为 2 m^2 的地方,地面上只有泥土或沙石,这样可以避免损害任何有植物生长的土壤。底部要放一些活的木材,这样它们燃烧的速度就不至于过快。在野外,生火并不是一件简单的事。火种和燃料是必不可少的,缺一不可。掌握的生火方法越多,在关键时刻越能成功取到火。

预先准备火种及引火物。火种可以选择干草、鸟绒、桦树皮、棉花等,火种一定要保持干燥。野外活动前,最好随身携带一些火种,可以准备火柴、打火机、电子取火器、取火石、电池、蓄电池、钻木棒、聚焦镜等。

保持火焰。若想保证火不熄灭让它慢慢地燃烧，可多捡拾一些干树枝或软质木材，这样不但能产生足够的热量，也可以留下木炭，以备第二天使用。在有风的情况下可以挖一个土坑，在土坑内生火。如果时间、体力和火花都充足，最好生两处火，一处照明取暖，一处做饭。

4. 生火的方法

利用摩擦而生火的途径有很多，如锥弓法、手钻法、简易刨子取火法、火皮带法和火锯法等。其原理就是拿木头互相摩擦，产生纤细木屑或木灰，这样就可以形成足够到达燃点的木屑，最后产生火焰。

（1）锥弓法生火

如图6-1-1所示，首先要找到合适的木材做底板，干燥的白杨、柳树等会是不错的选择，因为它们的质地较软，容易受热后产生炭火。尽量把木头劈成木板型，厚度大约为2 cm，然后从一侧的边缘挖出1 cm的凹槽，安放主轴并旋转。从这个凹槽向外开一个小槽，可以提供空气，便于炭火的形成。取火时，用脚踩住这块木板，钻木的时候，前后拉动弓子，使锥体旋转，并保证底板不动。锥体和底板用同样的木材或相对硬一些的木料，锥体上方的压力板用石头或硬质木材，弓子由有弹性的木材或竹子制作，系好绳索，没有绳索可用鞋带等代替，用弓上的绳索绕住锥体，来回拉锯式拉弓旋转弓体，直至冒烟生火。

当有带火星的炭火出现时，可将炭火放到易燃的火种上，用吹气的方法使其引燃火种，再将火种放到引火物上，火就生好了。

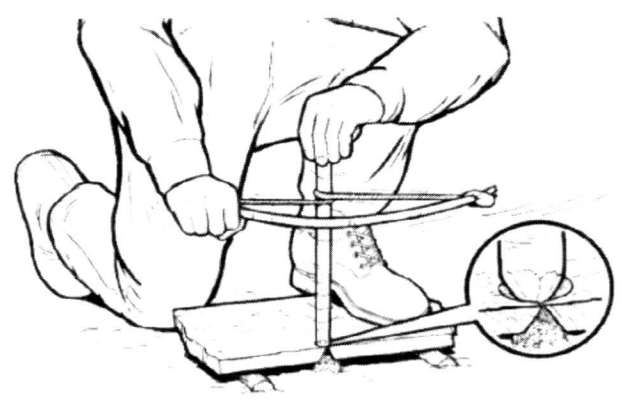

图6-1-1 锥弓法生火

（2）使用火柴及打火机

最好用防潮火柴生火，如果没有防潮火柴，可将火柴放入小塑料瓶内密封保存。点燃火柴或打火机后，最好先点燃蜡烛或者事先准备的引火物，再将柴火引燃。

（3）使用凸透镜

有阳光的时候可以使用此方法，点火时，要尽量在避风处进行，顺着阳光的方向移动镜片，将聚焦光点调到最小，并对准火种保持不动，过一会儿当火种开始冒烟时，可向其吹气助燃。也可以用避孕套装上水做成凸透镜，冬天没有凸透镜时也可以利用透明度较高的冰磨成凸透镜的形状。

（4）用火石打火

虽然几乎没有人携带火石，但可作为打火石的石头在许多地方都能找到。在野外，你可以拿多块石头进行试验，可用两块石头互相磨打，也可以用刀子的背面或钢锯条等用力磨划石头，这样，四溅的火花将会点燃干燥的火种。现在很多的刀具、急救包里、求生手环上都有镁棒，可以用于打火。

（5）利用电池生火

有条件的话可取两根长的导线，连接车辆上电池的两极，发出的火花可用来点火。其他的如手电筒、头灯、收音机中的电池也可以，用口香糖的锡纸包装剪成细条状，将电池的两极连接起来，很快就会有火苗出现，但火花较小。最好在引火物上浇上一些汽油，这样更容易引燃。

（二）火的使用与管理

燃烧材料不同，火的用途也会不一样。如果选用的是软质木材，比如：松树、云杉等，它们燃烧的速度较快，比较适宜做饭。如果选择的是硬质木材，如榉树、椴树、橡树等，它们在开始时较难燃烧，一旦点着后，会持续不断地传递热量，适合在寒冷的夜晚使用。

1. 火的用途

（1）烹煮食物

在野外生存中，用火烹煮过的食物十分重要，尤其早晚温差较大时，我们的肠胃更需要用温暖的食物来为身体提供能量。

（2）产生热量

由于入夜后气温较低，考虑到保暖问题，生火处和庇护所的距离不应太远，最好是50~70 cm，这既会让热量发挥作用，你也可以不费力气地添加柴火，保证火焰持续燃烧。在收集燃烧材料时，只要是较干的树枝、枯木、木头等，都可以多捡拾一些，放在身边，方便拿取。

（3）烘干衣物

当空气潮湿或下雨时，你所携带的物品和衣服可以通过火的烘烤而变得干爽，从而保证身体不受湿气的干扰继续前行。可在火堆旁边的树干上拴一根绳子，把衣物挂在绳子上烘干。

（4）保护自身安全

大自然是动物们的家园，人类在野外活动时，会受到蚊虫的叮咬和野兽的侵害，我们要随时提高警惕,不能掉以轻心。跳跃的火焰可以吓退野兽,少量的烟雾可以熏走昆虫。

(5) 发出求救信号

在漆黑的夜晚,光线传播得很远,通常在没有遮挡的情况下,几公里外都能发现。当遇到危险需要求救时,可以利用火光传递信息。点火时,要选择地势较高的地方,连续不断地点火示意。白天可以在火堆上放些苔藓、青嫩树枝、橡树皮等使之产生浓烟,利用烟雾进行求救;晚上可放些干柴,使火烧旺,火焰升高。用火求救时,一定要有耐心,如果你自己先放弃了,生存的希望也就会离你而去。

燃放三堆火焰是国际通用的求救信号。遇险时可以将火堆摆成等边三角形,如果燃料稀缺或体力不支,那么因陋就简点燃一堆火也行。黑色烟雾在雪地或沙漠中最为醒目,橡胶和汽油燃烧可产生黑烟。

火可以给我们带来安全的保障,反之,如果使用不当,也会"引火烧身"。要时刻注意安全用火,千万不能大意,尤其是遇到大风天气,更要谨慎使用。

2. 火的使用方法

(1) 锥形燃烧法

这是在野外最常用的方法。先将柴火截成长短差不多的小段,然后将木柴从下往上堆,搭成圆锥形。点燃时,从下方开始燃烧,以便随时可以在外面添加柴火。这种方法使柴火燃烧比较充分,可以调节火焰的大小,相对比较安全。人也可以围成一圈取暖,也可以在上面煮饭或烧水。

(2) 中心堆积法

如果打算长时间生火,你可以找一根或几根比较粗大的木头或者树根立着放在中间,作为主要燃烧料,把其他的柴火像锥形堆积法一样靠在其周围,可以不断添加外面的干柴,经过较长时间的燃烧,中间的木头会被点燃,并保持很长时间不熄灭。

(3) 框架式燃烧法

将木材截成均匀的小段,相互交叉搭成井字形,并向上叠加,然后从下面点燃。这种方法由于通气性比较好,因此燃烧速度较快,火焰较大。

(4) 屋脊形燃烧法

把一根较粗的木头平放在地上,将其他柴火像房脊一样,分两边垂直搭在粗木上,边烧边把柴火向里面移动。这种方法比较快速,容易搭建。

3. 野外用火的管理

无特殊情况下不要在野外点火,如果必须要点火,一定要注意以下问题。

第一,观察周围所处的环境,尽量找寻地势平坦宽阔的地带,不要在茂密的树林中生火,以免引起火灾。用干草、枯木做燃料,不要折断活树的树枝,更不能砍树。

第二,随时关注火势的发展,火堆不能无人照看,另外,火堆也不要堆得过大、过高。

第三，在允许生火的地方，就地使用原有的火塘。如果必须自建生火点，用完之后也要清理干净，用土掩埋，避免死灰复燃。

第四，准备一桶沙子或水，一旦火势过大可随时扑灭。

第五，带走留下的灰烬。在火堆中挑拣出大块的木炭，将它们压碎并带走，消除野外用火带来的长久影响。

第六，在水资源充沛的条件下，把火浇灭，踩灭所有的火星，然后浇上更多的水，彻底浇灭火苗。如果用水受限，可以就地取材，泥土、沙石、积雪等都能灭火。确保火苗完全熄灭才能离开。

五、野外食物的获取

野外有很多可以摘食的植物，如野菜、野果等，大家平时多认识几种，除了平时可作为改善生活的一种乐趣以外，真正到了野外生存的时候，还可以作为重要的食物来源。

谁也不能断定自己不会由于意外事故而被困在野外。因此，对于一个经常从事野外工作或爱好野外活动的人来说，了解并掌握必要的野外给养知识是十分必要的。

在野外，最重要的生存条件除了环境就是食物和水，野外没有我们平时习惯吃的食物，都是一些可以食用的野菜和一些小动物等。在野外极端条件下，你没有选择，必须寻找到这些能吃的东西吃下，否则，你是没办法生存下来的。

需要强调的是，这里所介绍的野外活动的给养方法只是针对极端条件下的人类生存的意义，不考虑对野生动植物的保护。因此，只有当你的生命确实受到饥饿的威胁时，才可以采用以下的方法维持生命。

平时我们吃的很多的野菜都可以在野外找到，这些都是可以用来应急的，但野外还有很多植物你是不认识的，因此，对于一些你比较陌生的植物，首先要学会判断植物是否有毒，然后再吃。具体判断方法可按以下步骤操作：一闻，二搽，三舔，四嚼。

一闻：将植物的叶子或根茎掐断，先闻一下植物的气味，味道特殊的植物最好不要吃。

二搽：将植物捣烂，用其汁液涂抹手腕内侧人的皮肤比较敏感的部位，10分钟内没有红肿和瘙痒感觉的一般无毒。

三舔：通过前面的步骤以后，可以舔一下植物的汁液，看看舌头是否有发麻发木的感觉（发苦不一定有毒）。

四嚼：在舔了植物以后，如果没有异常的反应就可以进行下一步了。可以少量咀嚼一下植物，感受是否有不良反应，千万记住要少吃一点，并在吃后的一段时间里注意感觉自己是否有不良反应，如口舌发麻、头晕、恶心、胃和腹疼痛、皮肤发热、瘙痒等。如果一切正常，可以隔一段时间再吃一点，量可以增加一些，如还没有反应，便可以放心食用了。

六、水的获取、净化与饮用

(一) 寻找水源

人可以几天不吃东西，但却离不开水，在野外找到水源是最重要的事情。在野外，我们通常可以通过以下几种方法去寻找水源。

1. 低洼处寻找水源

俗话说，水往低处流。因此，我们经常会在一些低洼潮湿的地方找到水源。在山里，尽量走到山谷最低点、河床的低洼处或潮湿的悬崖下面，一般就会发现水源。另外，许多洞穴也是很可能有水的地方，尤其在一些滴水处的下方或者低洼处有可能找到水。

在海边，有大量植物生长的沙丘下也可能找到淡水，在这些沙丘的最低点挖下去，挖到很潮湿的地方就可能有淡水渗出来。

在沙漠，到一些有绿色植物的地方去找水，找到水的概率会大些。

长满野草的低洼湿地也会渗出被泥土和植被保持的水。

2. 利用动物线索寻找水源

寻找到一些两栖类动物，你就离水不远了，因为他们离不开水。爬行类动物也喜欢傍水而居，在有蛇的地方，附近也容易发现水源。

另外，部分鸟类也有指示水源的作用，发现鸟类的区域附近很可能有水源，而且面积还不小。

部分喜欢水的昆虫也有指示水源的作用，尤其是蚊子、蜻蜓等昆虫。看到这些动物便可以肯定附近有水源，但面积不一定很大。

大型动物也要去水边喝水，会在路上留下痕迹，即兽道。我们可以根据动物足迹的方向，找到水源。但要注意，如果是在大型野兽出没的区域，一定要小心。

3. 根据植物寻找水源

很多植物生长在水源附近，如芦苇、马莲、菖蒲、水芹等，发现了这些植物，也就自然会找到水源。另外，在苔藓密集生长的地方，尤其是在一些河道里，挖下去大多会找到水源。

4. 通过声音寻找水源

有的时候，在一些应该有水源的地方表面上看不到水，但边上却有大量的苔藓、水生植物等，可以仔细听听周围的声音，或趴在一些石头上仔细听，会听到流水声，有时搬起石块，移开枯枝落叶就可以看到水。

(二) 水的收集

如果在野外，在找不到水源的情况下，就只能靠收集水来维持生命了。有时候收集水是个费力又缓慢的过程，一定要有耐心。

1. 收集雨水

收集雨水的方法很多，也很简单，总之是利用一切可以利用的工具，最大限度地多接雨水。最好的方法是在空中用塑料布、雨衣、冲锋衣等片状物来接水，那样就可以直接饮用了。也可以利用地上的地物收集雨水，比如树叶上，石板低洼处，树洞里，小冲沟汇集处，挖几条排水渠等。如果需要在一个地方停留一段时间，应尽可能地多收集一些雨水。

2. 收集露水

在没有水源又没有降雨的情况下，也可以收集露水，只是露水比较难收集，且数量有限。

由于温差的存在，露水会在一些光滑的物体或植物表面上结成水珠。早上早些时候，用吸水性强的毛巾或其他吸水性强的东西在有露水的地方蘸一下，将露水吸附上来，然后再拧出露水，重复多次，也可以收集到一定的水。

3. 植物的蒸腾水

植物的蒸腾作用会向空气中释放出一定的水，收集的前提是有足够的塑料袋或防水袋等工具。将塑料袋直接包在茂密的树枝上，口扎紧。过一段时间后，塑料袋表面就会出现水珠。

4. 收集地表蒸发水

地表每天都会向空气中蒸发大量的水分，我们可以收集到一些这样的蒸馏水。

在阳光可以直接照射的地方挖一个坑，尽量深一点，找一块大一点的塑料布盖在上面，塑料布的边缘用土密封压好，用一块石头压在中央，使塑料布接到的蒸馏水可以在一个较低点流下，用一个容器在坑底接水。

如果附近地面都比较干燥，你可以找到一些泥浆或者一些不能喝的污水，将其放在坑里，利用蒸发的原理就可以"生产"出饮用水。

5. 收集植物伤流液

植物体内含有大量的水分，可以将其释放出来饮用，前提是这些植物必须是无毒的，如沙漠中的仙人掌类植物体内就有大量这样的水分。藤本植物的输水能力很强，它们体内也有大量的水分。槭树、桦树、竹子等植物也有丰富的伤流液，用刀割断，会有许多伤流液流出，伤流液可以直接饮用。

6. 收集动物体液

马、驴、牛等动物的尿液和血液可以用来应急，但获取动物的血液这种方法比较残忍，不到万不得已不能使用。

(三) 水的净化

获取了水以后,下一个问题就是如何净化水了。即使是看上去很干净的水,里面也会有一些看不到的杂质和细菌,因此,一定要进行净化处理。

以下是常用的几种水处理方法,大家可以根据实际情况选择适当的方法。

1. 煮沸法

煮沸法是最常见也是最行之有效的方法。条件是有盛水容器,并可以生火。一般情况下,水烧开后,最好多持续一定的时间,这样会将里面的细菌、寄生虫消灭得更干净。

2. 沙滤法

如果水比较浑浊,用此方法可以将水里面的微生物、寄生虫、一些体积较大的悬浮体等进行初步的过滤。

在高处用石头和沙子垒一个堤坝,里面铺上较厚的沙子,将需要过滤的水倒入堤坝上面,下面就可以获得沙滤水。或在水源的旁边挖一个坑,里面铺上沙子,等水渗入。最好先等所获得的水沉淀一下,再进行煮沸,这样喝起来会更好。

3. 织物过滤法

用手帕、丝袜、衬衫等面料致密的织物对水中悬浮物进行过滤,然后再进行煮沸。

4. 木炭吸附法

可以用点篝火剩下的木炭,利用吸附原理对水进行过滤,效果也比较明显。

5. 简易的过滤器法

用一个矿泉水瓶或竹筒、树皮等,把矿泉水瓶瓶底割掉,瓶口向下,在瓶里依次填紧木炭、干净的细砂,木炭、细砂重复放置,将水从瓶底慢慢倒入,用其他容器接住从瓶口流出的水即可,可以重复进行过滤。

6. 沉淀法

如果你有明矾或者牙膏,可将其放入水中搅拌,沉淀约一小时后就会得到清澈的饮用水了。沉淀后的水还应该进一步煮沸。

7. 药物法

药店里可以买到净水药片,只需一片,就可以对 2 L 水进行消毒。碘酒、漂白粉、漂白剂、食盐等也可以起到消毒的作用,只是用它们处理的水味道让人难以适应。

8. 蒸馏法

将海水或者比较脏的水进行蒸馏,可以得到较干净的水。

(四) 饮水的方法

饮水也是有技巧的,合理科学地利用饮用水,不仅可以减轻你出发时的负重,而且可以在饮用水有限的时候，极大地延长你的生命。同样的水，每个人利用的方法是不一样的，尤其是在沙漠地带，水是非常宝贵的资源，一定不要一次大口"喝饱"，这样喝下的水会被身体迅速吸收，肾脏会把体内多余的水分排泄掉，多喝下去的水就这样被浪费了。

节约的喝水方法是少喝，勤喝。喝水时，根据天气和运动量的情况来决定喝水的频率和每次喝水的量，这样重复饮水，可以将喝下去的水充分吸收利用。

记住，水在野外是非常宝贵的，因此身边一定要有备用的水。

【相关链接】»

资料6-1　野外生存——水的储备和净化

第二节　野外方向的辨别

人们在自然环境中，尤其是陌生的环境，比如茂密的森林或怪石林立的地方，看不清足迹也没有什么特殊的地标，方位的辨识变得格外困难，有时也可能因在雨天、雾天或夜晚视线不好而迷路。这时候，我们该怎么办呢？良好的心理素质和专业的技能知识，一定会帮助你走出困境，顺利渡过难关。在野外，人类赖以生存的大自然会给我们答案。

一、利用天体辨别方向

（一）观察太阳

地球围绕着太阳转动，太阳在天空移动的情形，在每个季节不太一样。春分和秋分，太阳由正东方升起来，从正西方落下；夏季，太阳由东北方升起来，从西北方落下；冬季，太阳由东南方升起来，从西南方落下。通过观察太阳横过天际的运动，我们可以简单的判断出东、西、南、北。

如果你的手上戴着手表，就可以轻松推断出方位。早上6点左右太阳在东方，中午12点时太阳在正南方，晚上6点左右太阳在西方。当我们身处北半球时，把时针对着太阳，以一条虚线平分时针和12这个数字所形成的夹角，得到的这条线就是南北方轴线，再通过太阳的高度和当时的时间，就能马上判断出哪边是南，哪边是北。当人在南半球时，把表盘上面的数字12对准太阳，并以一条虚线平分它和时针所形成的夹角，得到的这条线就是南北方轴线。如果是数字型手表，可以将当时的时间画在纸上或地上，同样的方法也能得出南北方向。但在不同的地区，即使在同一时区内，所见的太阳位置并不同，因此，可以利用地球每小时由西向东转动经度15°的规律，对时间进行有规律的推移。

在野外，树枝、木棒也是我们判断方向的帮手。将木棒垂直插入宽阔平坦的地面，这时通过太阳的照射，木棒会在地面上出现一个影子，在影子的顶端做一个记号，15～30分钟之后，再标出影子顶点的位置，将这两个点连成一条直线，就是东西方向的轴线，如果再标出这条直线的垂直线，得到的是南北方的轴线（图6-2-1）。在北半球，我们可以把左脚放在第一个记号点上，把右脚放在第二个记号点上，这时，面对的就是正北方，反之，在南半球面对的就是正南方。如果所用的木棒又高又细并完全垂直于地面，那么影子移动的距离就越长，测的方向也就越准。

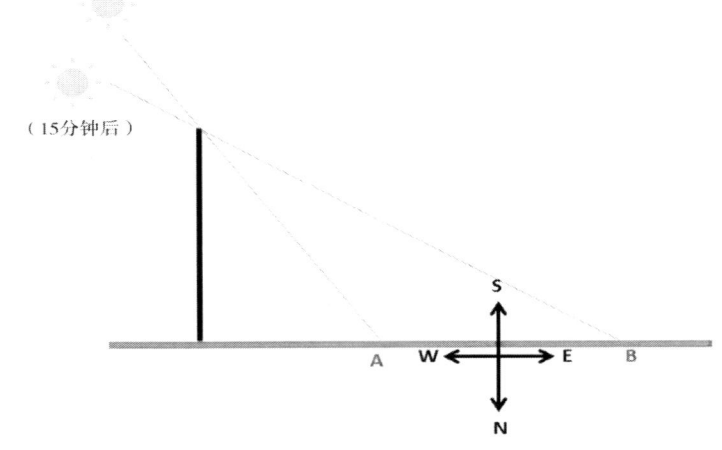

图6-2-1 利用树枝或木棒判断方向

（二）善用月亮

智慧的人类根据月亮与地球、太阳的运动关系，摸索出了月亮与方向的规律。

月亮每天从东边向西边移动，农历每月初三、初四，月亮有一小部分可以看得见，这时的月亮叫蛾眉月；等到了初七、初八，右边的半个月亮就可以看见了，我们叫它上弦月，弦是月半的意思；接着月亮继续变换，当正对我们的一面全被太阳光照亮时，我们看到的月亮又圆又大，叫做望月；然而在农历每个月的十五和十六，地球刚好走到太阳和月亮之间，这时看到的月亮叫满月；最后，经过七八天后，月亮又变成左边半个较亮，右边半个较暗的下弦月；随后月亮一天天变小，再变成蛾眉月，渐渐地完全不见了。月亮就这样，由小变大，由大变小，不停地循环。

当月亮处于满月时，可以使用木棒阴影法，具体方法和太阳阴影法一样。一般情况下，人们以满月、上弦月、下弦月为基本参照点。出现上弦月时，月亮晚上6点在南方，晚上12点在西方；满月时，月亮晚上6点在东方，12点在南方；下弦月时，月亮晚上12点在东方，次日早上6点在南方。

（三）会看星星

在古代的阿拉伯，有一群牧羊人，每天放牧归来，已经是伸手不见五指的夜晚。他们没事可做，只好望着天空欣赏星星。他们数着缀在夜幕上的点点繁星，运用自己的想象力把挨近的几颗星星连接起来，按着形状编出许多名字，这就是星座的起源。后来，国际天文学联合会决定，定出 88 个星座作为标准，它们在春夏秋冬轮流出现在夜空中。

中世纪以后，航海事业得到了很大的发展。船舶在大海上航行，随时需要导航，星星就是最好的指路明灯。16 世纪麦哲伦环球航行时，就是利用星座导航定向。

野外生存时，要掌握寻找北极星的方法，利用北极星判断方向。仰望星空，很快就能找到一个像勺子的七星组合叫大熊星座，也就是我们俗称的北斗七星。在北斗七星勺子的开口位置最后两颗星星的连接线上，延长五倍左右的距离有一颗较亮的星星，就是北极星。找到了北极星，也就找到了正北的方向。

如果碰到乌云遮掩，也可以根据仙后座判定方向。仙后座由几颗明亮的星星组成，形状像一个巨大的"M"或"W"，而且也像北斗七星一样，会围绕着北极星旋转，大熊星座和仙后星座分别位于北极星的两侧，仙后座的"W"两条边的延长线有一个交点，这个虚拟的交点和"W"中间的那个点连线向前延长 5 倍就是北极星的大致位置。

二、利用地物特征辨别方向

在地球上，四季的变迁、阳光的照射、风向的作用等自然条件的影响，会使有些地物、地貌具有某些方向性的特征，如果充分利用，便可以使你绝处逢生，化险为夷。要根据具体情况进行详细的分析，最好用多种方法进行比对分析，才能得出正确的结论，从而达到事半功倍的效果。

观察野外的地物，如庙宇、房屋、土围子、山洞、古战场遗留的工事、城堡、碉堡、树林等，你会发现，野外的房屋大都是南北朝向，而一些寺庙的正门都是向着南方。自然村落都是集中在山的南侧，门窗都向南打开。还有一些地面突出物体，如较大的岩石、堤坝、田埂等，其南北两面的差异较大，一般来讲，朝南的一面干燥，青草茂密，冬季积雪融化较快；朝北的一面比较潮湿，易生青苔，积雪融化较慢。

三、利用植物辨别方向

自然界中的植物千万种，它们是天然的指南针，时刻指示着方向的变化，只要你留心观察，就会拥有判断方向的高超本领。一般来讲，较大的树木南面树皮光滑，枝繁叶茂，生长旺盛，树木的北面则树皮粗糙、枝叶稀疏，北方地区的白桦树尤为明显。

一般来讲，树木的年轮都是较宽的一面朝南，前提是周围没有能够遮挡它的物体，如树或者岩石等。

夏天，云杉、松树、柏树等松科植物的树干会流下富含树脂且极具黏性的树液，朝南的一面凝结的胶脂数量多，结块大。松树干北面覆盖的次生树皮，较南面形成得早，向上发展更高，雨后树皮膨胀发黑时也更为突出。秋季，通过观察果树可得知，朝南的一面由于光合作用，果实结得较多，红的也多，如苹果、大枣、葡萄、柿子、桃子、李子等最为明显。

长在石头上的青苔喜欢潮湿环境，不耐阳光，因而青苔通常生长在石头的北面，干燥光秃的一面为南方。一般情况下，在北面的山坡，低矮的蕨类和藤本植物比南面长势要好。森林中空地的北部边缘，青草较为茂密。冷杉、云杉等在北坡生长较好，而杨树、柞树等则多生长在南坡。

有些植物受到阳光的照射影响，形成了奇特的方向指示特征。在我国北方的草原上，生长着一种叫野莴苣的植物，当地人称它为"指南草"，在辽阔的草原上，没有高大的树木，一到夏天，骄阳火辣辣地烤着大地，特别是中午时分，草原上更为干燥，水分蒸发也更快。在这种特殊的生态环境中，野莴苣练就了一种适应环境的办法，其叶子的生长方向可与地面垂直，而且呈南北方向排列，这样可以最大限度地减少阳光直射的面积，降低水分的蒸发，并有利于吸收早晚的太阳斜射光，增强光合作用。还有一些植物对阳光非常敏感，它们的头总是朝着太阳的方向生长，如向日葵、芦苇等，这是植物独有的趋光性造成的。

四、其他方法

大自然会留下许多线索，帮助我们指引方向，只要你留心观察，就会发现辨别方向的方法。

（一）观察风向

在野外如果遇到刮风，也不见得是坏事。因为通过对风中事物（主要是植物）的观察，就能发现许多奥妙。强风总是沿同一个方向刮来，大树会留下被明显折弯的痕迹；鸟类和昆虫通常会把巢穴修建在风刮不到的地方，如燕子会在屋檐下筑巢，蚂蚁的洞穴多在大树的南面且洞口朝南。我国幅员辽阔，地域广大，由于特定的地理环境，风会在一些地物上留下某些特征。如在东北地区，冬季气温较低，大多刮西北风，而在内蒙古草原的大部分地区，由于风向的原因，树干大都向东南方向倾斜。

风是塑造沙漠地表形态的重要因素，沙丘和沙垄的迎风面坡度较缓，而背风面坡度较陡。在我国西北地区，由于盛行西北风，沙丘一般呈西北向东南走向。沙漠是最容易让人失去方向感的地方，沙漠中的热度会让人的体能迅速下降，所以当务之急是尽快走出沙漠。这个时候要确定自己的方向，可以观察仙人掌、酥油草、骆驼刺等植物的长向，一般来讲，它们会朝着南方倾斜。蒙古包的门通常也朝向背风的东南方向。

风是方向的先知者，观察风、利用风、感知风，根据地区和季节的变化，才能准确地判断出前行的方向。

（二）太阳光照

太阳辐射有漂白的功能，如巨大的岩石，较明亮的一侧一般是面向南方的，由于风的作用，一些悬崖及石头的迎风面会比较光滑。

（三）观察积雪

冬季，在枯草附近受风的影响会形成许多小雪垄、小坑穴，其头部大尾部较小，尾部所指的方向就是西北方；春季，积雪先融化的一面朝南方，有明显的波浪形，后融化的一面朝北方。

（四）自制简易指北针

任何较薄的金属片都会很容易磁化，如刮胡刀、缝衣针、拉直的曲别针、铁丝等，用任意一种在丝绸、磁铁，甚至手臂上按同一方向反复摩擦，都可以产生磁性。由于产生的磁性不会很强，所以隔段时间就需要重新摩擦来增加磁性，而且必须是沿同一方向不断摩擦。然后把他们放在树叶或薄木片上并一起浮在水面上，也可以用细绳拴起来，这时，不管是针还是刀片都会缓缓地显示出南北的方向。

需要提醒的是，用这种方法制造出来的磁性会很快消失，因此要不断地充磁，还要经常把检测出的方向与观测日影得出的方向进行对照，以提高方向指示精度，测试地点还应远离金属矿等强磁场。

我国地域辽阔，各地区自然条件差异较大，在辨别方向时，要注意具体情况具体分析，运用多种方法综合验证，以便得出正确的判断。

第三节　户外环境保护及其法则

一、户外环境保护

这些年来，户外活动越来越丰富多彩。虽然我们一直希望参与户外活动的人员能够环保，爱护自然，大多数人也有一定的环保意识，能做到不随地扔垃圾、不破坏树木等一些基本的环保要求，但参与户外活动的人群基数太大，仍有很多环保意识比较差的人做不到这些。其实对于很多人来讲，最基本的户外环保就是妥善地处理垃圾，在野外保持自然的原貌。

（一）垃圾的处理

户外垃圾一般可分为三大类：可回收垃圾、厨余垃圾、其他垃圾。

户外垃圾的处理原则只有一条：带出去什么，带回来什么。切不可以掩埋或焚烧！户外垃圾在背回来之前，一定要分类装好，有利于以后的再利用。

可回收垃圾包括纸类、金属、塑料袋及饮料瓶、玻璃瓶等，可以压缩后用袋子装好带回来。

厨余垃圾包括剩菜剩饭、骨头、菜根菜叶等食品类废物，可将其放在宽口的饮料瓶中装好后带回来，体积较大的可用塑料袋子装好。

其他垃圾包括除上述几类垃圾之外的难以回收的废弃物，比如废电池、过期药品、女性卫生用品等，可以用防水袋或塑料袋装好后带回。

在出发前，就要做好环保的准备，尽量减少包装，尤其是一次性的包装。应尽量在市区处理一些物资的不必要包装物，一来减少物资的重量，二来也减少野外垃圾处理的压力。尽量使用可重复使用的物品，如饭盒、筷子等。

（二）保持自然的原貌

人类需要大自然，而大自然并不需要人类。在户外，我们虽然竭力减少对大自然的冲击，但或多或少也会对大自然产生一定的破坏及影响。

保护好营地及周围的环境，尽量不在草地上扎营；扎营时挪动的石头等物在撤营时要恢复原貌；对营地周围的水源进行保护，刷洗东西必须汲水上岸，不要在水流中直接进行；洗漱应用容器盛水在离水源60 m外的地方进行，防止湖水或河流下游污染，并禁止使用香皂、牙膏、洗洁精等化学品，而改用干、湿纸巾，不可在水中使用日化产品。

在野外不到万不得已不要用火，如需生火应注意用火安全，遵守国家相关法律法规，确保火堆完全熄灭后再离开。野外行进途中禁止吸烟。

不随意采摘、挖掘野生植物。不故意砍毁野生植物，尤其在野外需要开路时，注意保护树木、藤条的主干，可以挪开，但不可以砍伐。一定要特别保护山顶的植被。山顶的植被原本就是非常脆弱的，破坏以后难以恢复，尤其是一些高海拔地区的植被。

不故意惊扰、追捕野生动物，不购买、不食用国家禁捕的野生动物。行进及扎营时，尽量不靠近动物的窝巢，以免惊扰动物。

不破坏文物古迹，不得攀爬明令禁止的野长城等脆弱的古迹，不得在文物上乱刻乱画。

进行野外活动时，可先向大家宣布野外环保要求，并指定环保监督员，负责整个活动的环保监督工作，督促大家进行环保。环保是野外活动者最起码的道德标准，保护自然的生态平衡也是大家的分内责任！有句话说得很好："除了照片什么都别带走，除了脚印什么都别留下。"

二、户外环保法则

（一）LNT法则的历史发展

从20世纪60年代起，美国的户外活动者人数开始激增，为了保存拓荒时期以来仅存的野地，1964年，美国通过了《荒野保护法案》（*Wilderness Act*）。但是，随着户外旅游的日渐盛行，野地也开始遭到破坏，步道及营地水土流失，湖水受到污染，垃圾散落各处，粪便及营火的痕迹也随处可见。

在亲近自然和保护自然的两难抉择中，美国土地管理单位、林业署联合学者、户外活动团体和户外用品厂商开始推行"无痕"的旅行观念。1982年，美国林业局创造了一套名为"无痕山林"（Leave No Trace，LNT）的课程，通过学习一系列户外活动的行动技巧及标准，将人类行为对自然的影响降到最低。

2007年，中国台湾林业管理机构引入无痕山林户外伦理中心的课程。2009年年末，第一批热爱环保的人往山林走去，在海拔两千多米的大雪山森林游乐区，身体力行，学习如何落实和传递无痕山林的观念，学习减少环境冲击的新知识和新技术。

无痕山林背后的精神就是"最低冲击"及"尊重"，也是现代可持续社会所必需的环保与简朴生活，而"土地伦理"则是一切根本的所在，也是世界各地传统文化与生活智慧的共同根源，无痕山林只是用现代的原则和方法将这一理念扩展到全世界。面对自然，我们应该抱着谦卑、感恩和尊重的心，多思考一下，多做一点，求同存异。

2000年，LNT的理念略微修正，它的原始标的从原来的自然荒野环境，延伸至和社会大众日常生活息息相关的都会地区，例如休旅车的露营区、日常生活区域及都市中的公园等。

（二）LNT法则的内容

1. 提前计划与准备

提前了解将去地方的规定，确定活动的合法性；了解当地的地理及天气情况，避免在极端环境进行活动，防止户外事故的发生；提前进行准备装备，尽量减少使用一次性的包装袋；出发之前就准备好食物，为了将在营地炊事的脏乱减到最低，在离家之前就得将食物重新分袋包装，将食物从包装盒、罐头和包装纸中拿出来，再用可重复使用的塑料袋将一餐份的粮食包装在一起，这样不仅可以降低垃圾量，也不会多煮太多食物，并节省部分能源；尽量选择不产生垃圾及不油腻的食品，以方便携带及清洗餐具；出行最好选择有明确路径的路线。

2. 在可耐受地面行进和露营

行进时，有大路走大路，不要走路边的草地，以减少对地面的冲击。不图方便走捷径，不随意开辟新道路。没有道路的时候，选择一些岩石或沙土地面行走，如果没有，可以选择相对耐冲击的地方走。人多时最好分开走，尤其是一些耐冲击能力较弱的草地等有植被的区域。

露营时，要选择固定营地或别人用过的营地，不再另开垦营地，好的营地是发现出来的，不是创造出来的。营地尽量建小一点并分区域，避免集中驻扎，长时间扎营时，最好每隔2天移动一次帐篷。在营地时，穿重量比较轻的鞋子，例如运动凉鞋，以减少踩踏对土地的冲击。

最适合扎营的地方是岩石、砾石地、沙地，这些地方能够耐受人类的踩踏，其他不错的选择是干草地，对自然冲击最大的就是那些人们认为最舒服的营地——有丰富植被而地表覆盖树叶的森林地。

野外活动结束以后，当你准备撤营的时候，再仔细地察看营地，看看在草堆里是否有遗留下很细小的垃圾，如食品的碎渣、烟头、帐钉等。记得把营地恢复原貌，例如把被压扁的草弄得蓬松一些，把营钉所留下的洞填平，把搬走的石头挪回原位，用树枝把留下的脚印尽量抹平。总之，要把营地恢复到能让后来者看不出这里曾经有队伍扎过营的程度。

尽量减少在河里取水的次数，以免影响到动物。

3. 妥善处理垃圾

带来什么，就带走什么。拿走所有你带来的东西，不要把它留在那里，这是一个人在野外应遵守的基本道德。对于修建的临时厕所，使用后要进行掩埋；厕所离营地、道路、水源60 m以外，至少要30 cm深，而且宽度要比深度还大；每一个人在如厕后都要撒上一些土壤，将排泄物盖住；当排遗距离地表10~15 cm的时候，就要将临时厕所关闭并埋上土壤。

进行高海拔活动时，把排遗背下山是最好的选择，如果你能走到森林线以下，找到一个适当的地方，挖出一个猫洞掩埋排遗，这也是一个可以接受的方式。

尽量减少厨余垃圾，吃多少做多少，尽量不剩。刷锅时，可用少量的热水，用湿巾擦洗，然后用卫生纸擦干，在野外尽量不做比较油腻的食物。

刷锅水及其他生活污水要倒在离营地60 m以外的挖好的坑内，其他厨余可以放塑料瓶里带回。

4. 保持自然原貌

前面讲过，当在野外遇到文化历史遗迹、文物、建筑、雕塑时，不要踩踏、搬动原有的物体，不要在一些古迹上乱涂乱画，应使其保持原有的状态。而对于花草树木，无论它们多么美丽，我们都应该做到不碰不踩、不折树枝、不砍伐树木。不要故意去建造木桌、椅子、石桌等。

5. 野外用火

在野外用炉头做饭时，不要砍伐树木生火。如果你必须生火，要先确定你的行为在这个地方是合法的，并且也没有引发森林大火的风险，如在非防火季节及选择安全地点。用枯枝或树叶等燃料生火时，要用比手腕细的树枝。生火的范围要尽量小，并有专人看管。

最好在一些耐冲击的地方生火，如岩石或沙土上，或是在别人生过火的地方生火。不要在有植被的地方生火，火对土壤造成的永久伤害可以深达10 cm，会使里面的草籽、虫卵、有机质等全部死亡或变质。如果没有合适的地面，可以找几块大一点的石头垫在底下，上面再铺上碎石，然后再生火，并且用火时间要尽量短一些，以减少对地面的冲击。

生火之后要将木头等燃尽成灰，用大量的水把火全部全部熄灭，将冷却的灰烬分散撒开。这点很重要，有时候表面上火是灭了，但有些树枝的内部温度还是很高的，尤其在火堆的中心部位，这些没有燃烧尽的柴火会在高温的作用下"死灰复燃"，尤其再有一点风，很可能会引起森林火灾，后果极其严重。

点火时，绝对不要去折活树的树枝，一方面是对环境的破坏，另一方面活树枝水分大，不易燃烧。

6. 尊重野生动物

不靠近观察野生动物，不追赶、不猎杀、不喂食野生动物。为了避免动物养成造访营地的习惯，可以把食物残渣及有气味的东西包好并妥当存放，挂在离营地较远的树上，或是把食物和有气味的卫生用品，例如防晒油和护唇膏，都装在塑料袋里面，放进大背包。

不论野生动物是多么可爱，都不应该喂食，一但它们失去生存的本能，受害的是这些野生动物。

不购买、猎杀、饲养野生动物，也不要吃野生动物的肉。没有买卖，就没有杀戮。

7. 为他人着想

尊重其他活动者，娱乐时，不要影响别人的休息；到达其他地区时要尊重当地文化、习俗；理让别人，休息、露营时避让步道；不要大声喧哗，制造噪声，影响别人；下山时礼让上山的人，热心帮助那些有困难的人。

【知识点小结】

1. 选择营地时要注意安全，考虑到所有的不安全因素，对营地进行评估，提前预防风险。

2. 建设营地前要做好区域规划；露营全过程要注意安全和环境保护。

3. 利用自然环境搭建庇护所，野外环境中火、水、食物的获取及火与水的安全使用，野外方向辨别等，是野外最基本的生存技能。

4. 在野外自觉遵守 LNT 法则，并在日常养成良好的环保习惯。

【知识综合实训】

野外生存实践课：

用学过的知识完成在野外宿营、辨别方向、选择营地、建设营地、野外取火、野外取水、搭建庇护所、采集野菜、野外环保等任务。

第七章
CHAPTER 07

定向运动

> 【学习目标】
> 1. 掌握定向运动定义，了解定向运动起源与发展、定向运动分类及国内外热门赛事。
> 2. 掌握定向运动技能，具备参与定向运动赛事能力。
> 3. 可以绘制简易定向地图，组织简易的定向赛事。

"定向"一词和我们生活息息相关，可以说我们的一生都在进行定向运动，它是一项生活必备技能。想象着，在一个愉快的周末，你约着家人去公园休闲露营，那么你会利用什么交通工具，选择哪条路线快速到达目的地呢？这个过程便是一次定向之旅。因为，我们知道了起点——家的位置，明确了目标点——公园，思考选择什么路线快速到达。

类似的"定向运动"每天都在发生，但它是不是真正的定向运动呢？究竟什么是定向运动？它有什么好处？参与定向运动需要掌握哪些技能？本章将对这些问题进行解答。

第一节 定向运动概述

一、定向运动的定义、起源与发展

（一）定向运动的定义及起源

定向运动，英文名称是 Orienteering，寓意在地图及指北针导航下，寻找目标。2004年，国际定向运动联合会（International Orienteering Federation，IOF）将定向运动定义为一项参赛者借助地图及指北针，在尽可能短的时间内到达若干个被分别标记在地图上和实地中的检查点的运动。定向地图上明确标绘出运动员需要完成的路线，包括一个三角形"△"表示的起点，若干单圆圈"○"表示的检查点（目标点）及双圆圈"◎"表示的终点。运动员根据地图及指北针导航，完成比赛（图 7-1-1、图 7-1-2）。

第七章 定向运动

图 7-1-1　运动员手持地图及指北针奔跑

图 7-1-2　定向地图

定向运动起源于瑞典，最初只是一项军事体育活动。"定向"一词在 1886 年首次使用，意思是"借助地图和指北针，穿越未知地带"。19 世纪末 20 世纪初，欧洲北部斯堪的纳维亚半岛广阔而崎岖不平的土地上覆盖着一望无际的森林，散布着无数的湖泊，城镇、村庄稀疏散落，人们的交通道路主要是那些隐现在林中湖畔的弯弯曲曲的小路。在这样的地理环境中生活，理所当然地要比别的地方更需要地图和指北针，否则，要想穿越那莽莽林海是十分困难的。正因如此，那些经常在斯堪的纳维亚半岛山林中行动的军队，便成了开展定向运动的先驱。他们深知，如果不具备在山林地辨别方向、选择道路和越野行进的能力，就不能完成保卫国家的重任。

1918 年，瑞典一位名叫吉兰特的童子军领袖组织了一次"寻宝游戏"活动，引起参加者极大的兴趣，这便是定向运动雏形。由于活动组织简便，不仅能提高参与者野外判定方向的能力，还能够培养和锻炼人果敢顽强的品质，定向运动很快在民间流传开来。

(二) 定向运动的发展

20世纪30年代，定向运动在瑞典、挪威、芬兰和丹麦等国有了较好的发展。1932年举行了第1届世界定向锦标赛。

1943年，定向运动传入英国。1946年，美国引进了定向运动。在随后的20年间，加拿大、澳大利亚、法国、德国、日本等国都相继开展了这项运动。从此，定向运动得到了蓬勃的发展。

1961年5月，国际定向运动联合会（IOF）在丹麦首都哥本哈根成立，并确定了正式的比赛项目，制定了一系列的比赛规则和技术规范。IOF的成立，标志着定向运动进入了崭新的发展时期。定向运动也是国际承认的奥林匹克体育项目。

现在，每两年一次的世界定向锦标赛的影响越来越大。国际军体理事会已经将定向运动列为正式比赛项目之一。2019年，在中国武汉举办的世界军人运动会中就设有定向越野比赛。

目前，全世界有400多万名定向爱好者。在西方国家，各地都有专门用于定向运动的区域，有关定向运动的书籍、音频、视频也层出不穷。有不少国家甚至将定向越野列入学校课程之中。据称，在瑞典，全国有700多个定向俱乐部，每年组织1000多场正式定向比赛。瑞典国王是定向运动最权威的支持者和保护人。对许多瑞典人来说，定向运动已成为一种生活方式。每一年，全世界最大的定向赛事——瑞典5日定向，吸引了世界各地的爱好者前往。

此外，定向运动在我国也初具规模，并且呈现出强劲的发展势头。1992年7月，国际定向运动联合会就会批准中国以"中国定向运动委员会"的名义加入该组织，成为正式会员国。1995年，"中国定向运动委员会"正式更名为"中国定向运动协会"，简称"中国定协"。中国定向运动协会积极推动定向运动在国内的发展，每年举办全国定向锦标赛和中国定向公开赛等系列赛事。赛事的组织工作与国际惯例接轨，裁判规则和技术标准完全按照国际定向运动联合会颁布的规范实施。此外，与定向有关的城市坐标赛事、城市生存挑战赛、全国旅游城市定向等赛事亦如火如荼开展，定向运动正成为一项群众喜闻乐见的全民健身赛事。

二、定向运动的分类

定向运动不断发展，类型越来越多。按照划分标准不同，分类亦有所不同。常见定向运动形式有徒步定向、山地车定向、轮椅定向、滑雪定向等（图7-1-3）。

图 7-1-3　定向运动分类标志

（一）徒步定向（Foot Orienteering）

徒步定向是目前开展最为广泛的定向形式。组织者可根据参与者的年龄、性别、水平高低设置不同难度的比赛路线与组别，比赛适合每个人参与。常见的徒步定向组织形式有百米定向、积分定向、接力定向、夜间定向、公园定向等。

（二）山地车定向（MTB Orienteering）

山地车定向是融山地车与定向运动为一体的项目。在这项运动中，最主要的定向技巧是路径选择及地图记忆。对于顶级运动员来说，高超的山地车技术是应付陡坡的必备技能。出于安全及环境保护的考虑，运动员不得离开规定线路。

（三）轮椅定向（Trail Orienteering）

轮椅定向是专为伤残人士设计的定向运动形式，亦称沿径定向。现在，它既可以让乘坐轮椅的伤残人士参与到定向运动中来，又可供徒步定向新手用于强化训练。

（四）滑雪定向（Ski Orienteering）

滑雪定向是国际定向联合会的正式比赛项目之一，目前在东欧国家十分流行，许多世界高山运动员、越野运动员和速度滑雪选手同时又是滑雪定向的高手。滑雪定向也可按照个人、团队或接力形式进行，它与徒步定向的区别是选手需要使用滑雪工具，同一比赛路线上的滑道不止一条，以便选手自行选择。

三、定向运动的特点与价值

（一）定向运动的特点

定向运动是一项极富群众性、趣味性、知识性、经济性、竞争性和军事意义的体育项目。这项运动以其独有的魅力吸引了不同地域的不同人群参与。它的特点归纳为如下几个方面。

1. 体力与智力的结合性

在运动中，参与者不但需要速度和耐力，还需要掌握相关的地理知识，并具有在体力和智力受到压力的情况下迅速作出反应、果断决策、解决困难的能力。这便决定了定向运动员必须具有充沛的体力、顽强的毅力、丰富的地理知识、聪明的智慧，才能赢得胜利。

2. 运动环境的自然性

定向运动是在森林、山区、公园、校园、风景名胜区等户外环境里进行的，是一项跟自然环境紧密相接的运动。在活动中，回归自然的天性、不断变换的地形、层出不穷的风景、意想不到的收获，都使人感到愉悦，这也是定向运动吸引人们参与的重要因素之一。

3. 参与人员的广泛性

定向运动可根据参与者性别、年龄特点、场地区域，设置不同形式、不同难度的比赛，既可富含趣味与娱乐性，又可充满竞技及挑战性，不论男女老幼均可参加。有关资料记载，参加过此项运动比赛的运动员最小者为3岁，最长者为80岁。如今流行的亲子定向使定向运动逐渐成为一项家庭运动。

（二）定向运动的价值

1. 健身价值，提高体适能水平

定向运动是一种有氧运动，不仅能有效地发展人的心肺功能及肌肉耐受力，而且能提高灵敏、协调等能力。此外，随着环境的转换，人的身体和自然融为一体。

2. 益智价值，增长知识和技能

定向运动是一项体力与智力相结合的运动，奔跑能力靠体能，寻找目标靠智力。定向运动涉及自然地理学、军事地形学、环境学、管理学等方面知识和技能。定向运动中，学会使用指北针及看懂地图不仅是定向运动基本能力，而且是一项生活技能，对日常出行、休闲旅游大有裨益。定向运动还有助于培养参与者综合分析问题、独立思考问题、快速决策等能力。

3. 健心价值，改善心理素质

定向运动可以从各方面改善人的心理素质，尤其是提高社会适应能力，培养人自我管理、情绪控制的能力。在复杂陌生的森林中奔跑，能够锻炼人坚强果敢的品质；当遇到对手时，需要排除干扰、集中的注意力；当顺利找到目标时，能够享受成功的喜悦；当出现失败时，需要有勇于接受挫折的担当。因此，参加定向运动是一种对人生哲学的体验，定向运动课程既是体育课，亦是素质教育课。

4. 经济价值，发展户外体育产业

随着定向运动发展，其商业价值迅速提升，与之相关的产业发展起来。相关定向俱乐部的成立，定向运动培训等活动如火如荼开展；以定向运动为主线的户外赛事遍地开花；户外服装、器材设备的销售助力户外体育产业。

5. 休闲娱乐价值，助力全民健身运动

随着休闲时代来临，人们拥抱自然，走向户外的愿望越来越强烈，而定向运动以其独有的魅力吸引着众多爱好者，有以家庭为主的亲子定向活动，还有公司举办的趣味定向徒步赛事，推动全民健身的多样发展，真正实现了绿色体育、健康工程、家庭运动、全民参与。

第二节 定向运动设备与场地

一、定向运动设备

随着定向运动发展，定向运动的设备也不断变化升级。在此介绍开展简易定向运动所需的设备，主要包括定向地图、点标、点签（打卡器）、检查卡片（计时卡）、号码布和指北针六种，具体如下。

（一）定向地图

定向地图是开展定向运动最基本、最重要的器材之一，也是运动员在定向比赛中确定方向和寻找检查点的依据。它的质量好坏直接影响到运动员比赛的成绩，关系到比赛的结果是否公正。根据国际定向联合会公布的《国际定向运动地图制图规范》，对地图的基本要求如下。

1. 幅面大小

地图幅面大小由比赛区域决定，赛区以外情况可不表示出来。

2. 比例尺

地图比例尺一般为 1∶10000 或 1∶15000，也可根据比赛实际需要使用不同大小比例尺，如国内赛事中，短距离比赛地图比例尺通常为 1∶4000，中距离为 1∶7500。

3. 等高距

等高距一般为 5 m 或 2.5 m。

4. 精度

绘制完成的专业定向竞赛地图，应使运动员在跑动中无明显的误差感。如果与现有地形差别较大，会影响竞赛成绩。

5. 磁北线

磁北线一般每隔500 m标记一条,根据地图幅面大小,也可适当增加和减少。

6. 内容表示的重点

竞赛地图的绘制应以国际定联颁布的《国际定向运动地图制图规范》为依据,重要地物、地貌详细标示在地图上。

(二) 检查点标志

检查点标志简称点标,它是运动员寻找和辨别检查点的主要依据。点标由三面标志旗连接组成,沿对角线分开,左上为白色,右下为红色(橘黄)(图7-2-1)。旗的尺寸为30 cm × 30 cm,可以用硬纸壳、胶合板、金属板、布等材料制作。标志旗通常要编上代号,这样运动员就可以判断自己是否找到了正确的检查点。

图7-2-1 点标(旗)

(三) 点签(打卡器)

为证实运动员通过各检查点,运动员必须在到达每一个检查点时"签到"。常见的有机械打卡器、印章等,但随着科学技术在比赛中应用,目前定向比赛多采用电子打卡器(图7-2-2)。

第七章 定向运动

图 7-2-2　点签（打卡器）

【相关视频】

视频 7-1　打卡器使用流程

（四）检查卡片（计时卡）

检查卡片（图 7-2-3）是运动员通过检查点的记录载体，是运动员完成竞赛的成绩证明，主要用于判定运动员的成绩。检查卡被指卡（图 7-2-4）替代，提高了比赛公平性及成绩统计效率。运动员使用指卡时必须按顺序触及放置在检查点上的打卡器。指卡插入点标打卡器中，成绩就会自动记录，待完成比赛后，在成绩统计处刷卡，即可输出成绩。

图 7-2-3　简易检查卡片样式

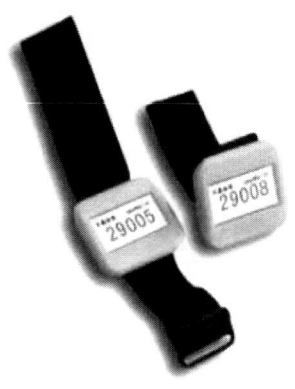

图 7-2-4 指卡

（五）号码布

正规比赛要求运动员必须配备号码布，戴于前胸及后背两处。号码布一般不超过 24 cm × 20 cm，号码数字高不小于 12 cm，字迹清晰，字体端正。

（六）指北针

指北针即指南针，是我国古代四大发明之一。在参加活动时，参与者自行配备。常见定向运动指北针有拇指指北针（图 7-2-5）和拇指刻度盘指北针（图 7-2-6）两种。

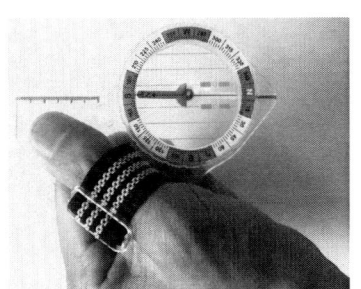

图 7-2-5 拇指指北针

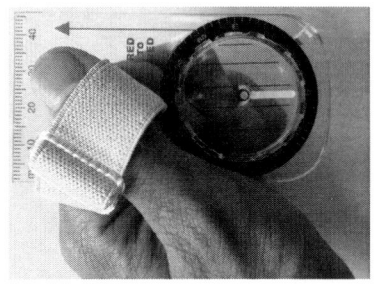

图 7-2-6 拇指刻度盘指北针

二、定向运动场地

定向运动场地是开展定向运动教学、训练及竞赛活动的基本条件。定向运动对场地没有硬性要求，它可以依据参赛人数要求及现实条件来选择，既可在开放的公园、校园、村庄、野外，亦可在繁华闹市及室内。

（一）定向运动场地的选择

比赛场地要与比赛规模、水平相匹配，既要有与比赛等级相适应的难度，保证运动员能够充分发挥定向越野技能，又要考虑到安全性及可操作性，便于比赛组织管理。

比赛区域必须是所有选手都不熟悉或不太熟悉的场地，比赛区域的选择与确定在赛前必须严格保密。但为满足参赛者需要，在赛前要公布场地区域的基本信息。

(二) 定向运动场地的设置

1. 起、终点区域设置

为便于组织管理，目前多数比赛把起、终点分开设置。起点要有足够宽敞的区域，便于运动员热身、检录及出发（图7-2-7）。终点区域要有明显的引导，尤其是赛场区域要与观赏区域隔离，防止非参赛人员影响比赛（图7-2-8）。必经路线隔离带要清晰明了，便于运动员顺利到达终点打卡。随着科技发展，GPS技术运用在定向中，可实现比赛实时直播，可在终点设置直播区域，提高比赛观赏性。

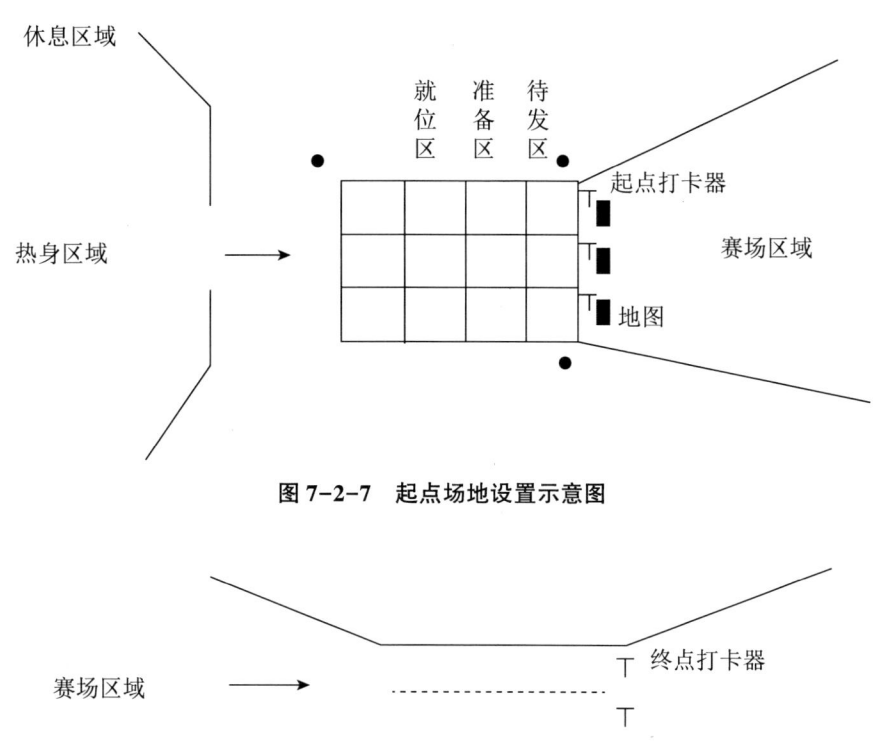

图7-2-7 起点场地设置示意图

图7-2-8 终点场地设置示意图

2. 赛场区域设置

赛场区域的设置既要保护环境，又要合理地避开危险地段，必要的时候，要做特别标识及警示带。在放置检查点的时候，位置要正确无误，且在检查点说明表中详细标识出来。注意，长距离比赛中，还应设置医疗站点及水站。此外，为增加比赛的观赏性，赛场区域还可设置观赏点。

3. 成绩统计区域设置

一般来讲，成绩统计区域离终点不远，但要在赛事指导手册中说明并在场地区域清晰引导，运动员完赛即可迅速查看成绩。

第三节　定向运动基础技能

定向运动的实质就是参与者时刻明确我在哪里，我要去哪里，选择什么路线到达目标，迷向以后如何处理。而所有这些能力建立在正确阅读地图及定位基础之上。因此，本节主要介绍定向运动读图技能、定位技能、路线选择技能、检查点捕捉技能及奔跑技能。这些技能相互依存，共同作用，其中读图及定位技能是进行定向运动的首要技能。

一、读图技能

读图是将二维的平面地图通过心理过程在大脑中视觉化形成立体的实际地形并与实地进行对照的认知过程。一个成功的定向运动员必定是一名优秀的读图者，因此迅速准确地读图是进行定向运动的第一步。读图技能分为认知地图及读图技巧。

（一）认知地图

1. 地图比例尺

定向地图中的比例尺通常指的是地图上某一线段的长度与相应实地的水平距离之比。其算术表达式为：地图比例尺＝图上距离/实地距离。如比例尺是 1∶10000，则代表图上 1 cm 代表实地 10000 cm。比例尺越大，实地长度越小，比例尺越小，实地长度就越大。

2. 地图颜色分类

棕色：地貌及人工铺筑地表。

黑色：岩石类及人造地物。

白色：开阔可跑树林。

蓝色：水系类。

绿色：植被类。

黄色：空旷地。黄色和绿色结合的黄绿色，表示私宅地或花圃。

紫色：比赛路线或者禁区、危险区域等。

3. 地图符号

点状符号：实地的点状特征物在地图上的精确位置，如突出树、大石头等。

面状符号：实地呈区域分布的特征物在地图上的表示，如湖泊、树林等。

线状符号：实地的线状特征物在地图上的表示，如小路、高压电线、围栏等。

4. 图例及检查点说明符号介绍

目前，国际定联出了《国际定向运动地图制图规范》，有中英文版本，供爱好者下载读阅。

【相关链接】>>>

资料7-1　定向运动检查点说明符号介绍（英文版）

（二）读图技巧

1. 折叠地图

折叠地图是指为了便于运动员在比赛中读取地图，沿着磁北线及方向，把当前不重要的信息折叠起来，呈现出目前及将要行进的区域。这样便于运动员集中注意力在当前任务，提高读图速度。

2. 概略读图和精确读图

概略读图是指在行进过程中，忽略不重要的细小特征物而仅核对地图上大的、突出的标志物，这种读图技巧便于运动员提高奔跑速度及建立信心。精确读图是指当捕捉检查点时，要仔细核对检查点周围的细节特征，便于快速捕捉检查点。

3. 超前读图

超前读图是指提前预判实地将要出现的特征物，以便提高奔跑的流畅性及读图速度。

4. 平衡读图速度与奔跑速度

在定向越野中，运动员需要把注意力集中在地图、实地及奔跑中。如果奔跑过快，则不利于读图，如果停下来势必影响奔跑速度，因此，要学会平衡读图速度及奔跑速度，以读图速度前进。

二、定位技能

定位技能不仅包含标定地图，还包含确认站立点。

标定地图即使地图的北与实地的北对应起来，最简便的办法即借助指北针。

站立点的确认包括直接确认、利用位置关系确认。直接确定站立点最主要的方法是借助拇指辅行法来观察周围地物地貌。即运动员通常用拿图手的大拇指压住图上本人目前站立点的位置，把拿图手的拇指想象为自己（缩小到图中的自己），用来帮助运动员随时明确自己在图上的位置。

当站立点位于明显地形点附近时，可以采用位置关系法。利用位置关系法确定站立点主要是依据两个要素，一是站立点至明显点的方向，二是站立点至明显点的距离。在地形起伏明显的地方，还可以结合高差情况进行判定。

【相关视频】》》

视频 7-2　指北针标定地图办法

视频 7-3　迷失方向怎么办

三、路线选择技能

在正确读取地图及标定地图的基础上，路线选择显得至关重要，有时候甚至直接影响比赛成绩。一般来讲，最佳的路线选择，简单地说就是选择省体力、省时间、最安全，便于发挥自己的技能或体能优势的行进路线。路线选择时候要注意走高不走低，有路不越野，提前绕行等原则。

四、检查点捕捉技能

在定向运动比赛中，运动员到达检查点附近时，能否准确地、一次性地"捕捉"到检查点直接影响着比赛成绩，因此，对检查点的准确判定是一项十分重要的技能，掌握正确的方法有助于准确、迅速地捕捉检查点。可采用的方法有"放大"法（"先大后小"法）、"偏向"法、"借点"法。

"放大"法即在寻点过程中应尽可能扩大视野，从目标点附近大的、明显的地形找起，然后再找目标点。不能只是把目光集中在你要寻找的目标点上，特别是当目标点所在地较小时，如果只看很小的一点地形，就很难找到。

"偏向"法即当检查点设在线状、面状地物（大路、沟渠、河流）一侧、交叉口、端点、侧顶点时，首先根据地形条件，选择线状物为目标点，然后提前偏离检查点，跑到线状物上，再根据线状物与检查点位置关系找到检查点。

"借点"法，当检查点附近有高大、明显的地形点时，可用此法。行进前要先将目标辨认清楚（亦可用其他物体佐证），把这些明显的地物地貌作为攻击点，然后再根据其与检查点的位置关系、距离来寻找检查点。

五、奔跑技能

在定向运动中，定向和识图用图能力是必要因素，但是，掌握越野跑技巧也是取得优异成绩的重要因素。因此，掌握什么样的奔跑技术；注意哪些问题才能发挥更大体能优势；如何在高速度、长距离比赛中，避免一切可能发生的危险并取得好成绩，成为定向运动奔跑技能的基本内容。

定向运动奔跑主要采用身体微向前倾或正直的姿势，要尽量使身体的各部分（头、躯干、臂、臀、腿、足）的动作协调配合，使身体保持平稳，提高跑的效果。呼吸时，最好利用鼻子与半张开的嘴（用舌尖舔住上颚）共同呼吸，呼吸应自然、平稳、有节奏，注重呼气深度。在跑中出现生理"极点"现象时，及时调整呼吸的频率与深度。此外，还要注意体力分配、距离感及间歇方式。

第四节 简易定向地图设计及制作

一、定向地图底图选择及制作

定向运动地图的制作过程按先后顺序可分为区域的选择、获得该区域的使用许可、获得定向场地的基本地形图、制订野外勘测计划、准备勘测和绘图所需的装备、实地勘测、数字化处理草图、实地复查地图、比赛路线的设计、印制地图等，基本步骤如下。

1. 区域的选择

选取什么区域作为赛事举办地主要取决于赛事性质和赛事目的。一般来说，适宜开展定向的区域包含学校、中小型公园、风景旅游区，甚至村庄、地貌地物丰富的野外郊区等。

2. 获得该地使用许可

在开始制作地图之前必须获得场地所有者的使用许可。通常情况下，找到以下部门获取使用许可：学校基建处、公园园林管理处、公共绿地管理部门等。

3. 获取基本地形图

一般来说，定向运动地图可以通过学校基建处、公园管理处、城建规划、水利建设、国土管理、测绘等部门获得，主要有国家基本地形图、航拍图、工程测量图、校园规划图、公园建设图、旧的定向运动地图等。

4. 制订勘测计划

在确定绘测区域后，就要制订勘测计划。绘图人员应该对该地区进行一次快速的巡视，检查地图质量并对该区域进行初步了解。需要确立一个明确的主导思想：一切从参赛者的需要出发。因此，在勘测中就要针对实际的地貌、地物特征进行取舍、特殊处理等，制作出一张合乎标准的地图。

5. 实地绘测

实地绘测是关系到地图质量好坏的关键环节。在绘测时要实地检查，确定地图的详略程度，确定好地图的大小、比例尺，准备好实地绘测需要的工具。

二、OCAD 软件制作地图的基本程序

（一）软件介绍

20 世纪 80 年代末，瑞士人汉斯·斯坦尼格（Hans Steinegger）发明了 OCAD 软件，使定向地图的制作更为简便。如今，该软件已经成为世界上最主流的定向地图制作软件。目前为止，最新版本为 11.0。软件操作界面如图 7-4-1 所示。

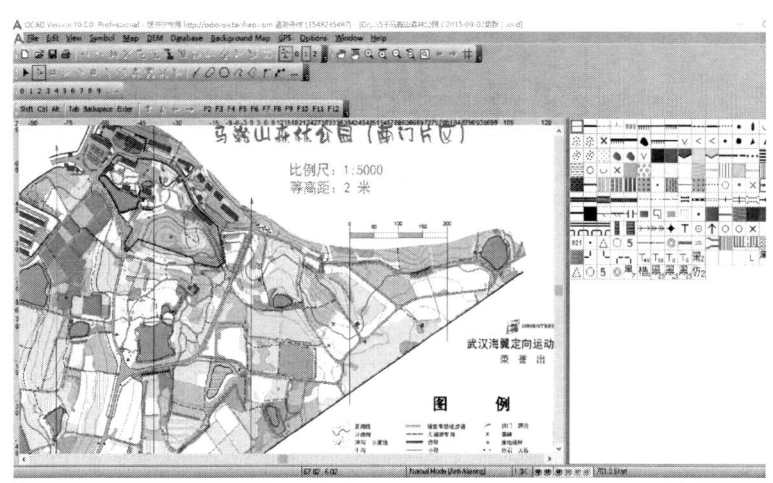

图 7-4-1　OCAD 软件操作界面

OCAD 10.0 版本的菜单栏共有 12 个子菜单，分别是 File（文件）、Edit（编辑）、View（视图）、Symbol（符号）、Map（地图）、DEM（数字高程模型）、Database（数据库）、Background Map（背景地图）、GPS（导航）、Options（选项）、Window（视窗）、Help（帮助）。

（二）制作地图的基本程序

1. 新建/打开文件、制作模板

完成地图实地绘测工作后，需要用 OCAD 软件将其转换为电子定向地图。此时要新建/打开底图文件，这是软件绘图最基础步骤。

2. 导入、调整模板

新建/打开文件后，需要导入底图，此时注意图片分辨率及比例尺的选择。然后对模板进行调整，便于绘制。

3. 绘制地图

根据需要，在符号栏选择相应的符号在作图区域进行地图绘制，一般先进行线状物的描绘，继而描绘点状物，最后进行面状物填充。此外，在工具栏里可以选择不同的工具，比如直线、圆形、剪切等。

4. 美化地图

绘制完地图以后，要进行美化，加入赛事名称、地点、比赛赞助商的标志等。

5. 输出地图

完成所有工作后，输出地图，一般输出格式为 JPG，再转换成 PDF，便于打印。在输出的时候，注意图片分辨率大小。

【知识点小结】

1. 国际定向运动联合会（International Orienteering Federation）将定向运动（Orienteering）定义为一项参赛者借助地图及指北针，在尽可能短的时间内到达若干个被分别标记在地图上和实地中的检查点的运动。定向运动分类繁多，常见的有徒步定向、滑雪定向、轮椅定向、山地车定向等。

2. 定向运动具有群众性、趣味性、知识性、经济性、竞争性和军事意义的特点。定向运动蕴含健身、益智、健心、经济、娱乐休闲等价值。

3. 定向运动器材设备包含定向地图、点标、点签（打卡器）、检查卡片（计时卡）、号码布和指北针六种。

4. 参与定向运动需要具备以下基本技能：读图技能、定位技能、路线选择技能、检查点捕捉技能及奔跑技能。

【知识综合实训】

1. 参加一场定向比赛，在比赛中运用各种定向技术，要求：正确完成赛事，赛后分享参赛经历，总结评估自己技能的不足之处。

2. 选取校园或者公园一角，进行实地绘测地图，并用 OCAD 软件制作一幅简易定向地图。

第八章
CHAPTER 08

攀岩运动

> 【学习目标】
> 1. 了解攀岩运动的起源、国内外攀岩运动的发展，掌握攀岩运动的分类。
> 2. 了解攀岩运动场地，掌握不同岩壁的用途、优点和使用注意事项。
> 3. 了解攀岩运动的保护性装备和辅助性装备，熟练掌握攀岩装备的使用与维护。
> 4. 掌握攀岩运动的手法、脚法、基本技术动作、保护与下降技术及基本战术，学会运用简单的手法、脚法和基本技术动作。

攀岩运动素有"岩壁芭蕾""峭壁上的艺术体操"之美誉。起初，攀岩运动从现代登山运动派生而来，借助陡峭的自然岩壁开展。后来，为了开展专业攀登技术训练，出现了人工岩壁。攀岩运动是攀岩者以各种装备作为保护或攀登的工具，通过克服地心引力，在不同的岩壁上连续完成转身、引体、动态窜跳等一系列攀登动作的一项运动。攀岩运动集探险、竞技、健身、娱乐、观赏于一身，融力量、勇气、智慧、时尚、美感于一体，深受年轻人喜爱。

第一节 攀岩运动概述

一、攀岩运动的起源与发展

（一）攀岩运动的起源

攀岩最早可以追溯到远古时期，当时人类为了躲避猎食者或敌人，在危急时刻纵身一跃，攀岩运动就此出现。关于攀岩运动最早的文字记载出现在公元 1492 年，法国国王查理三世下令攀登一座 304 m 高的石灰岩塔，攀登者带着简单的钩子和梯子成功登顶，成为历史上首次有记录且使用装备的攀岩活动。此后的几百年里，再没有出现人类攀岩的文字记载。直到 17 世纪中期，人们攀登高山的活动被重新记载下来。1865 年，英国人埃德瓦特首次使用钢锥和登山绳索等简易装备攀登上险峰。在往后的二十多年里，攀岩技术逐渐形成。1890 年，英国登山家马默里发明了打楔用的钢锥和钢丝挂梯，以及各种登山绳结，这些工具可用于攀岩活动。攀岩工具的出现推动攀岩技术逐步成熟。

（二）攀岩运动的发展

1. 国际攀岩运动的发展

攀岩发展开端于20世纪中叶。1947年，苏联首先成立了攀岩运动委员会，在高加索地区的一些地方体协和军队率先开始尝试攀岩竞赛，后来逐渐发展成为全国性比赛。1974年，苏联和捷克斯洛伐克的登山组织发起并举办了首届国际登山比赛，包括英国、日本、意大利等在内的12个国家的213名运动员参加了比赛。从此，攀岩运动不断发展，攀岩技术水平不断提高，规则也日趋完善，形成了个人单攀赛、个人平行计时赛、个人自选路线赛、结组攀登赛和小队攀登赛等比赛项目。

20世界80年代，攀岩活动的氛围越来越浓厚，吸引了越来越多国家的高水平攀岩爱好者参加，使各类国际赛事水平大幅提升，推动了攀岩运动发展。但自然岩壁多在郊外，交通、时间等问题给人们带来诸多不便，因此在一定程度上制约了攀岩运动发展。1985年，法国人弗兰西斯·沙威格尼发明了可以自由装卸的仿自然人造岩壁，实现了岩壁由郊外向城市迁移的梦想。1987年，国际攀登委员会批准人工岩壁上的攀岩比赛成为国际正式比赛。人工岩壁的出现为攀岩者创造了安全便捷的健身和训练条件，也标志着攀岩运动进入规范发展阶段。

在1991年和1992年，国际登山攀登联合会分别在德国和瑞士举办了首届世界攀岩锦标赛和世界青年攀岩锦标赛。与此同时，亚洲竞技攀登委员会（ACC）于1991年1月在香港正式宣布成立，推动亚洲攀岩运动快速发展。随着国际性攀岩赛事的相继举行，赛事的组织能力和水平显著提升，标志着攀岩运动进入成熟阶段。

此后，攀岩比赛类型越来越丰富，赛事越来越频繁，攀岩运动进入快速发展时期。1997年，国际登山联合会在内部成立了国际竞技攀登委员会（ICC），并在1998年正式推出攀岩竞赛项目，1999年攀岩正式进入世界杯项目。2015年3月，在国际攀岩联合会全会上，印度尼西亚登山协会宣布，攀岩成为2018年印度尼西亚雅加达亚运会正式比赛项目。2016年6月，国际奥委会执委会正式宣布，攀岩运动成为2020年东京奥运会正式比赛项目。

【相关链接】

文档8-1　国际攀岩赛事

2. 国内攀岩运动发展

中国的攀岩运动起步比欧洲晚了二十余年。中国登山协会（CMA）早期主要致力于高山探险运动，直到 1987 年，在与日本山岳协会（JMA）双边学习交流的过程中，将攀岩运动引入中国。同年，第 1 届自然岩壁全国攀岩比赛在北京举行。1990 年，国家登山训练基地建造了国内第一个大型室内人工岩壁。这一时期，参与攀岩运动的人员也主要以地方登山协会的运动员和原地矿系统下属的各高校选拔出的具有攀岩运动特长的学生为主。

1995 年，攀岩被国家体委正式列为体育项目，标志着中国的攀岩运动进入正规发展阶段。从 1997 年开始，我国的攀岩赛事由原先的每年举办一次，发展到每年举办多次大型赛事。大型攀岩赛事的不断举办，推动了我国攀岩运动的快速发展。许多户外运动俱乐部都拥有众多攀岩爱好者会员，标志着攀岩运动在我国被逐步推广。

2001 年，国家登山协会组建了国家攀岩集训队。2004 年，在印度乌塔喀什州尼赫鲁举行的第 2 届亚洲杯攀岩赛上，我国选手陈小捷、李春华分别获得男、女速度赛冠军。2007 年，在西班牙举行的世界攀岩锦标赛男子速度赛上，我国选手钟齐鑫以 8.76 秒的成绩创造了新的世界纪录。此后，钟齐鑫在 2009 年第 10 届世界攀岩锦标赛 10 m 和 15 m 速度赛上，以 4 秒 20 和 6 秒 64 的冠军成绩打破世界纪录，在 2010 年世界杯攀岩赛男子速度赛中，以 6 秒 40 的成绩获得冠军并打破由自己创造的世界纪录。我国攀岩运动员多次在世界级比赛中刷新纪录，多次获得优异成绩，国家攀岩集训队已总结形成了一套较为先进的训练体系。

攀岩运动虽然在中国开展较晚，但发展速度很快，速度攀岩更是中国攀岩队的优势项目。目前，中国攀岩运动已发展至亚洲一流水平，为推动国际攀岩运动的发展作出了巨大的贡献。

近年来，为了规范管理攀岩运动市场，我国推出《经营高危险性体育项目许可管理办法》（以下简称《办法》），实施攀岩社会体育指导员职业资格认证制度，将攀岩社会体育指导员分为指导师级、高级、中级和初级四个等级。《办法》指出经营性攀岩运动俱乐部须拥有达到规定数量的已取得国家职业资格证书的社会体育指导人员和救助人员。在中国登山协会的大力推动下，我国攀岩运动蓬勃发展，攀岩爱好者职业培训与技术技能再教育开展得如火如荼，攀岩指导员素质显著提升。

【相关链接】》》

资料 8-1 攀岩运动员钟齐鑫个人简介

二、攀岩运动的分类

（一）按场地类型分类

1. 自然岩壁攀登（Natural Wall Climbing）

自然岩壁攀登通常指在自然形成的岩壁上攀登。攀登线路一般需要前期清理、开发和再清理。这种攀登形式适合想要充分融入大自然、感受气候变化、远离城市、喜欢挑战极限的攀登人群。

2. 人工岩壁攀登（Artificial Wall Climbing）

人工岩壁攀登通常指在人工设计建造的岩壁上攀登，活动场所主要包括室内攀岩馆和室外攀岩场。这种攀登形式适合攀岩运动初学者、喜欢攀岩运动又追求安全感的攀岩爱好者，或是为了避免不可预见因素出现的攀岩者。

（二）按攀登方式分类

1. 自由攀登（Free Climbing）

自由攀登即不借助任何保护器械，完全靠攀岩者自身力量进行的攀登。这种攀登形式在国外较为流行，较符合体育运动的范畴，更能考验人体的潜能。

2. 器械攀登（Aid Climbing）

器械攀登又称为人工攀登，指运用各种人工器材固定点作为手点或者脚点进行攀登。这种形式主要用于大岩壁攀登（Big Wall）和自然岩壁线路开发过程，需要攀岩者具备丰富的器械使用和攀登经验。

（三）按保护方式分类

1. 顶绳攀登（Top Rope Climbing）

顶绳攀登指在岩壁上端预先设置好保护点，主绳通过保护点进行保护，攀岩者在整个攀登过程中不需要进行任何器械操作。这种攀登形式比较安全，一般适用于攀登线路角度小于120°的情形。

2. 先锋攀登（Lead Climbing）

先锋攀登指已经用膨胀钉和挂片器材预先在攀登线路沿线设置保护点（若是传统攀登，则需临时设置保护点），攀岩者在攀登过程中一边攀登一边将快挂扣入挂片形成保护点并扣入主绳保护自己的攀登形式。这种攀登形式相对顶绳攀登较为危险，一般适用于大仰角（大于90°）线路的攀登。

3. 传统攀登（Traditional Climbing）

传统攀登指将不同规格的岩石塞放到岩壁上天然形成的裂缝、岩洞等地形中，形成固定保护点，再使用快挂和主绳进行保护的攀登。这种攀登形式可以认为是一种"绿色攀登"方式，不过危险性较大，需要攀岩者具备丰富的器械使用和攀登经验。

（四）按比赛项目分类

目前国际上主要的攀岩比赛项目有速度赛、难度赛和攀石赛，与其对应的分别是速度攀岩（Speed Climbing）、难度攀岩（Lead Climbing）和攀石（Bouldering），这三种攀岩形式完美全释了奥林匹克"更快、更高、更强"的体育运动精神。

1. 速度攀岩

速度攀岩采用顶绳攀登，上方保护。攀岩者按照指定的比赛路线进行快速攀登。

2. 难度攀岩

难度攀岩采用先锋攀登，下方保护，是以完攀具有一定难度的线路为主要目标的攀登。

3. 攀石

攀石也被称作抱石，指在没有绳索保护的状态下攀登一般不超过 5 m 高的岩壁的攀岩运动。攀石一般采用海绵垫或充气垫作保护，由于没有绳索的影响，这种方式可以最大限度地发挥攀岩者的极限攀登能力。

（五）按攀岩运动的线路难度分类

攀岩线路难度等级体系是指众多攀岩者通过对各种不同难度、风格各异的线路的攀登，在充分考虑影响线路攀登难度的因素后，逐渐建立起来的对线路难度进行量化的一套系统。攀岩运动难度级别的诞生、发展，主要是为了适应地域交流和比赛需要，一方面，便于攀岩者对岩壁的整体难度有大致了解，选择适合自己的攀岩区域；另一方面，难度级别能让选手准确衡量自己的实力，以普遍标准对比自己的能力，从而确定训练方向。

在 20 世纪 30 年代，美国的塞拉俱乐部（SIERRA CLUB）制定了一个难度系统，也就是现在的约塞米提难度系统（Yosemite Decimal System，Y. D. S.），这个系统分为六级，如下所示。

级数 1：徒步行走即可。

级数 2：只要简单的技巧，偶尔会用到双手。

级数 3：需要混合技巧，可能需要携带登山绳索。

级数 4：简单的攀爬，常用到绳索。

级数 5：攀爬时必须使用绳索，各种保护装置和攀登保护技术。

级数 6：必须借助器械才能进行的攀登。

【相关链接】

文档 8-2　攀岩难度对照表

第二节　攀岩运动的场地

一、人工岩壁

人工岩壁的主体结构由地基、钢架、攀岩板、攀岩支点及其他辅助设施组成，主要分为独立攀岩壁（图 8-2-1）、依附墙面式攀岩壁（图 8-2-2）和抱石攀岩壁（图 8-2-3）。

图 8-2-1　独立攀岩壁

图 8-2-2　依附墙面式攀岩壁

图 8-2-3　抱石攀岩壁

（一）人工岩壁的用途

人工岩壁有如下用途：①供攀岩者熟练掌握攀岩装备器材的正确使用及安全操作方法；②攀岩者可以模拟户外天然岩壁的各种攀爬；③进行攀岩技术训练；④承接高水平竞技攀岩赛事及攀岩推广活动等。

（二）人工岩壁的优点

与自然岩壁相比，人工岩壁有如下优点：①安全系数较高，不必担心落石等自然危险；②岩壁使用基本不受天气状况限制；③线路灵活可变，可满足不同水平攀岩者的需求。

二、自然岩壁

自然岩壁主要位于山区、海边、公路边。成熟的岩场通常具有表面平整干净、岩石结实、可攀登的路线集中、接近性好、岩壁下方平整安全等特征。

（一）自然岩壁的用途

自然岩壁有如下用途：①开展探险运动；②开展趣味攀登；③开展攀岩比赛。

（二）自然岩壁的优点

相比人工岩壁，自然岩壁有如下优点：①攀岩者可以接近自然，充分体会攀岩的乐趣；②岩壁角度、石质的多样性带来攀登的多样化体验；③由于岩壁固定，路线公开且可长期保留。自然岩壁的定级通常经多人检测对比，是攀岩定级的主要依据。

（三）自然岩壁使用注意事项

在使用自然岩壁时，应注意以下事项：①在山区中攀登通常需要良好的体能；②攀岩者应尽可能穿着少量衣物攀爬；③出行时需随身携带大量饮用水，以便及时补充水分；④要做好必要的防水处理；⑤携带足够的保暖衣物；⑥攀岩者要充分了解潜在的风险，做好预防措施，并具备基本的急救技能，携带基本的急救器材。

【相关链接】》》

文档 8-3 世界攀岩胜地

【拓展阅读】

岩壁的岩质类型

1. 花岗岩

花岗岩由地下深处炽热的岩浆上升、失热、冷凝而成。花岗岩岩壁经过极端天气和冰川运动的影响，外形多样，岩壁经常存在宽窄不同的裂缝。在攀登过程中，花岗岩易于放置传统保护器材，具有良好的摩擦力。北京的白河地区、西藏的拉萨地区是典型的花岗岩岩区。

2. 石灰岩

石灰岩是地壳中分布最广的，一种在海湖盆地生成的灰色或灰白色沉积岩。石灰岩具有各种质地和形态，从十分紧密、光滑、发亮的岩面，到粗糙的、褶皱的或锋利边缘的岩洞，其表面不规则，适于开展运动攀登。攀岩者进行传统攀登，需要具有丰富的经验。国内的广西阳朔、贵州紫云格凸、云南富民是典型的石灰岩岩区。

3. 砂岩

砂岩是一种沉积岩，是由石粒经过水冲蚀沉淀于河床上，经千百年的堆积变得坚固而成，常以传统攀登方式进行攀爬。河南新乡万仙山景区是典型的砂岩岩区。

（资料来源：国家体育总局职业技能鉴定指导中心组．攀岩［M］．北京：高等教育出版社，2012：94-95.）

第三节 攀岩运动的装备

攀岩装备是攀岩者的生命线，其质量的好坏直接关系到攀岩者的生命安全。为此，攀岩者应使用符合国际攀岩联合会（UIAA）或者欧洲标准委员会（CE）标准的专业器材。

一、保护性装备

（一）攀岩绳

攀岩绳（Climbing Rope）又称主绳（图8-3-1）。在攀爬发生坠落时，攀岩绳能保护攀岩者的安全。攀岩用绳必须有制造商标，并具有 UIAA 或 CE 认证，绳头处标有详细说明，如长度、直径、延展性（冲击力道）、坠落级数等信息（图8-3-2）。

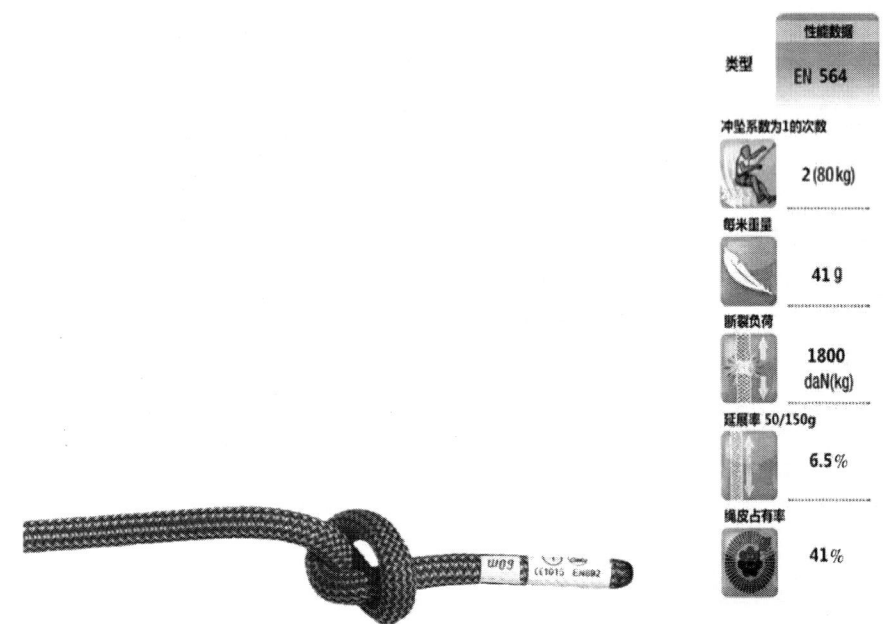

图 8-3-1 攀岩绳　　　　图 8-3-2 攀岩绳性能数据

当前大多数攀岩绳都是由尼龙、合成纤维或一些类似人造纤维的材料制成，绳子的中央部分（绳芯）通常为白色，承担了主绳 90% 的力。绳皮一般是由多种颜色构成，易于辨认，同时可以防止太阳的紫外线。绳皮的颜色与绳芯的白色所形成的对比，有助于发现绳子的磨损与割伤（图 8-3-3）。

图 8-3-3 绳子的结构

1. 攀岩绳的种类

按照绳索的用途不同，攀岩绳主要分为动力绳、静力绳和辅绳。

（1）动力绳（Dynamic Rope）

一般长 50 m，直径为 8~12 mm，延展性为 6%~8%，承受力为 10~30 kN。动力绳的延展性较强，可以吸收攀岩者在发生坠落时所产生的大部分冲击能量，避免攀岩者因冲击力巨大而损伤。通常，随着使用时间增加，动力绳延展性会减弱，使岩坠落时主绳的承受冲击力也下降。动力绳主要分为单绳、双绳、半绳。

（2）静力绳（Static Rope）

静力绳的直径为 9.5~12 mm，常用的为 10~10.5 mm，静拉力可达 20 kN，延展性为 2%~3%。静力绳直径较粗，表面较粗糙，表皮防磨能力强，绳皮编织较为扎实，绳芯纤维一般不缠绕或弯曲。静力绳一般用作路线绳，常用于担任安全绳及使用在顶绳保护上，也可作为在大岩壁攀登时的拖拉装备使用。静力绳与动力绳存在色彩区别：静力绳不允许超过两种相对的颜色，其中一种主色必须占所有面积的 80% 以上。

（3）辅绳（Accessory Rope）

辅绳有多种规格，不同规格的辅绳其用途也不一样。直径为 7~8 mm 的辅绳，可用作胸绳，作为副保护；直径为 4~6 mm 的辅绳，可截取不同长度做成绳套，作抓结用；直径为 2~3 mm 的辅绳，可承重，挂置物品，作风绳等。

【相关链接】>>>

文档 8-4　攀岩绳选购小贴士

2. 攀岩绳的使用与维护

攀岩绳是一种高科技的装备，是攀岩者的生命线，需要谨慎选购，正确使用，善加爱护。

（1）攀岩绳使用的注意事项

攀岩绳在使用前后和使用时，要注意如下事项（图 8-3-4）。

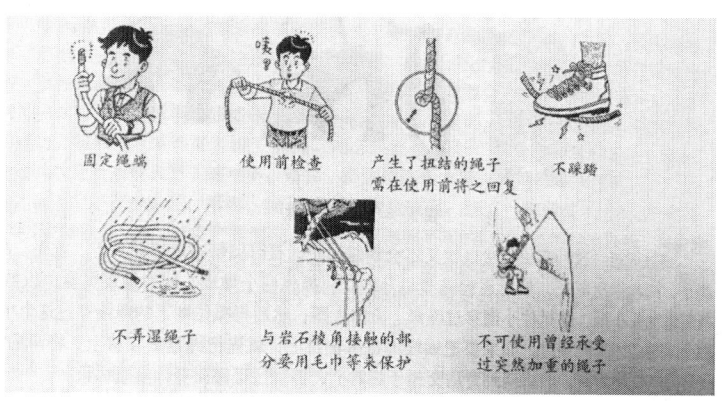

图 8-3-4　攀岩绳使用的注意事项

第一,绳头处理。将绳索剪成适当长度时,必须做相应处理。用火焰稍烤切口部分使之熔化,选择平面(可使用地面或刀面)将融化处压平整即可。如在距绳端 1 cm 处再涂上环氧树脂接着剂固定(或用白胶带缠紧),将会更安全。

第二,使用前检查绳索。有伤痕,或者是发生扭转情形的绳索都可能会在使用时断裂,所以使用前必须仔细检查,并做相应处理。

第三,不弄脏、弄湿绳索。在户外,不要将绳索直接置于地面;注意不要让油污等附着绳索;要尽量避免弄湿绳索,若不慎弄湿绳索,应将绳索擦拭干净,晾干后存放。

第四,不踩踏绳索。绳索会因被踩踏而产生伤痕或老化,若有沙砾等进入绳索内部,绳索在负重时会有断裂的可能。

第五,避免绳索接触锐利物品。

第六,避免绳索发生不必要的摩擦。绳索不可直接穿过岩石栓、固定点及绳套或扁带;绳索不要直接绑在树上,这不仅磨损绳索,而且损伤树木。

第七,避免绳索长时间曝晒在充满紫外线的阳光下,避免绳索触及化学物品,避免绳索接触水、冰、火、高温等。

第八,不突然加重于绳索,尽可能让绳索承受较小的负荷。

第九,绳子的整理:使用绳索后要进行盘绳或者用防水布和绳袋代替盘绳;在使用绳索前要小心解开绳盘。

(2)攀岩绳的维护与保养

第一,清洗与晾干。如果攀岩绳索很脏,可以用冷水或温水与温和的洗涤剂进行清洗。洗净后的绳索应置于阴凉通风处自然干燥。

第二,储藏与更换储藏攀岩绳。更换绳索时需要考虑的主要因素有承受过的冲坠次数、使用频率、磨损程度等。实施绳索编号管理,记录购买时间、绳索长度和绳索的经历。绳索的使用时间一般为 3~5 年。

第三,绳索的使用评估。绳索在承受较大的冲击力后,就必须通过加压或全程触摸的方法进行仔细检查。存在任何可疑的结块、撞击或是绳芯抽空的绳索都必须停止使用。对绳索状态评估时,要对绳皮纤维进行仔细检查。绳皮切割的数量和绳索性能的降低有着必然的联系。

(二)安全带

安全带是一种保证攀岩者和确保者(保护者)舒适、安全的固定装备,可以将坠落的冲击力分散,避免全部集中在攀岩者的腰上而使其受到伤害。安全带通常包括腰带、腿环和一种前方有附加的连接系统,腰带为主要受力部分。安全带通常可分为全身安全带(图 8-3-5)、胸式安全带(图 8-3-6)和坐式安全带(图 8-3-7)等。

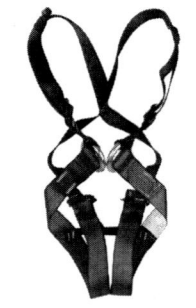 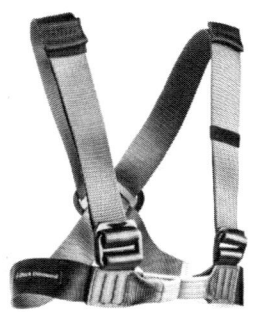

图 8-3-5　全身安全带图　　　图 8-3-6　胸式安全带

图 8-3-7　坐式安全带

1. 选择适宜的安全带

在购买安全带时，首先需要考虑攀登方式，选择最适合的安全带。必须根据个人的身体条件选择大小适宜的安全带。在挑选安全带时，最好穿着通常使用安全带时的衣服进行试穿。

（1）腰带

穿安全带时，腰带应该在髋骨上方，不可压迫到横膈膜，以免影响呼吸，并且安全带和腰部间要留一个手掌厚度的宽度。安全带穿好后，无论如何用力下拉，都不应被拉到髋骨以下。腰带通过腰带扣环拉紧以后，至少还要剩余 8 cm。

（2）腿环

腿环的宽松程度应该令使用者感觉舒服，如果是可调式腿环，带子通过腿环带扣拉紧后，至少还要剩余 5 cm。

2. 安全带穿戴注意事项

第一，穿安全带时，一定要将腰带从腰带扣反穿回去，否则受力时有拉开的危险，反穿后的带头长度须在 8 cm 以上，短于 8 cm 则需换更大型号的。

第二，攀登之前，攀岩者和保护者要互相检查安全带是否穿戴正确。

第三，只有腰带和保护环是承重的，其他部分不可承载人体重量，装备环的承重在

5 kg以下。

第四，腰带、腿带上带有宽厚海绵垫的安全带，舒适但笨重，适用于室内攀登和定线过程中。进行竞技攀登时，需要使用轻巧型安全带。进行传统攀登或器械攀登时，要考虑装备环的数量和位置是否合适。

第五，每一种安全带与绳索的连接方法都不一定相同，使用时一定要清楚安全带的正确使用方法和步骤，才能确保安全。

(三) 主锁

主锁是可自由开合的金属环状物，是用来连接攀岩者和主绳、保护器、绳套及架在岩壁上确保点的工具。主锁的种类有多种划分标准，可根据主锁的材质、形状或锁门形状、构造等进行分类。

1. 主锁的形状与款式

主锁有不同的形状、尺寸和上锁系统，每一种形状都有相应的用途（表8-3-1）。主锁在纵向受力时可以有效承受 10 kN 至 40 kN 的拉力，但当主锁横向受力时，其所能承受的拉力就会锐减，为 1 kN 至 7 kN。

表 8-3-1　常用的主锁型号、特点及用途

主锁型号	主锁样式	特点	用途
H		锁门开口大	可用意大利半扣绳结连接做下降，用途最广泛
D（Directional）		直门简易锁，连接方便	最基本的主锁，用于各种临时连接
X（Oval Shape）		形状对称	多与滑轮连接，用于救援系统中，也多用于器械攀登
B（Basics）		弯门简易锁，连接方便	连接后形成快挂

续表

主锁型号	主锁样式	特点	用途
K（Kletter Steig）		锁门多为自动锁	可与钢、铁等硬物直接连接，多见于飞拉达（Via Ferrata）索道式攀登
Q（Quick Link）		钢质，强度大	用于相对长久的固定连接，如攀登比赛中与挂片直接相连接的梅隆锁

2. 主锁的使用与维护

使用前，首先要检查锁的来源，看是否由正规厂商生产，是否有 UIAA 或 CE 认证。使用时，应确保主锁纵向受力，锁门处于闭合状态，绳子远离锁门进行操作，避免主锁因高空跌落或硬物撞击产生内部裂痕导致主锁作废。先锋攀登时，攀岩者应直接连接主绳和安全带，不可使用主锁作为中间连接物，以免发生冲坠时产生危险。可以使用溶剂或润滑剂滴在弄脏的主锁枢纽处，反复开关锁门，直到操作平顺为止，然后将主锁放入沸水中约 20 秒除去清洁剂。

（四）扁带（绳套）

攀岩用扁带通常都是用编织绳索的材料制成的，可用于连接两个或更多个临时保护点。把扁带两端系在一起便成了绳圈，也叫绳套（图 8-3-8）。绳圈可用来做传动装置，保障绳子运行顺畅，减小摩擦力，也可用来做安全锚点以固定顶绳、备用坐带或胸前安全带，还能完成众多其他任务。

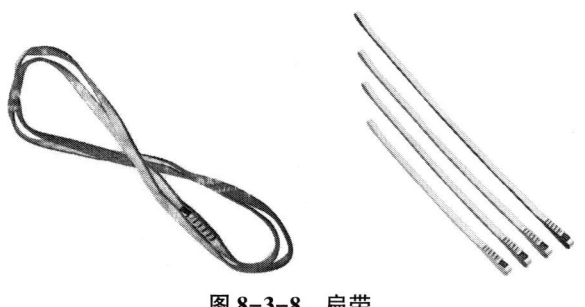

图 8-3-8 扁带

（五）快挂

在扁带的两端分别连接 2 个主锁形成快挂（图 8-3-9），使用时一端扣保护点，另一端连接人体安全带或主绳，使操作较为便利。

快挂两端的主锁都不带丝扣，存在不慎打开或受力压开的危险，所以只有一个快挂时，不能作为固定保护点使用。

先锋攀登或传统攀登的路线中使用快挂作为临时保护点，此时主绳的扣入方式和快挂开口方向非常重要。要求主绳从快挂与岩壁之间穿入，从外侧穿出，也就是说攀岩者这一端的绳头在外侧；如果路线存在横向走向，比如路线是从左至右，快挂扣入端的锁门要朝向路线走向的反方向，主锁开口须朝左，这样可防止脱落时绳索压开主锁。

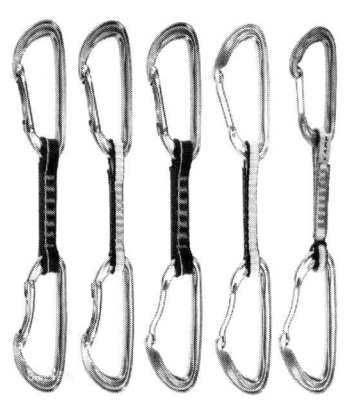

图 8-3-9　快挂

（六）下降保护器

下降保护器通过与绳索产生摩擦力来控制绳索的滑动，使绳索减速滑动甚至停止，以达到保护攀岩者或者进行下降操作的目的。目前，使用率较高的下降保护器主要有"8"字环（图 8-3-10、图 8-3-11）、ATC（图 8-3-12）、Grigri（图 8-3-13）、排式下降器（图 8-3-14）、具有制动功能下降器（图 8-3-15）。下面主要介绍前三种的特点：①"8"字环的操作简单，最常用，且价格低廉，但是比较重，易使主绳反复拧转缠，甚至将衣物绞入其中；②ATC 重量轻，便于双绳操作，但在保护过程中无法自锁；③Grigri 能够自锁，进行保护时较为省力。在先锋攀登中，使用 Grigri 时绳索的松紧度不好把握，不建议在先锋攀岩中使用。此外，使用 Grigri 的操作繁琐，容易失误，引发安全事故，且只能用于单绳操作。

图 8-3-10　"8"字环

图 8-3-11　牛角"8"字环

 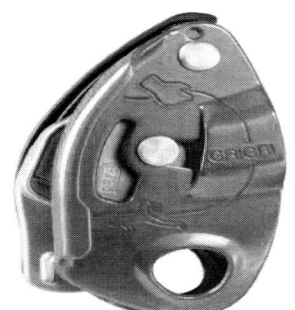

图 8-3-12　ATC　　　　　　图 8-3-13　Grigri

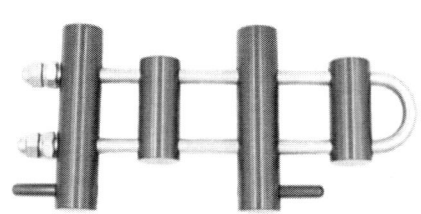 

图 8-3-14　排式下降器　　　图 8-3-15　具有制动功能下降器

（七）上升器（攀升器）

上升器在攀岩过程中起到借力和保护的作用，主要解决在单绳技术中向上运动的问题。上升器顶端和尾端的主锁孔有多种用途，如可以用来拖吊背包，或将上升器固定在绳子里确保不松开。上升器主要有胸式上升器（图 8-3-16）和手式上升器（图 8-3-17），其中，手式上升器又分为左手式和右手式两种，适用于不同用手习惯的攀岩者。在使用时，必须用主锁把上升器上端串口锁起来。

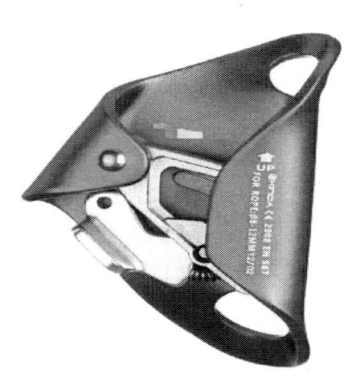 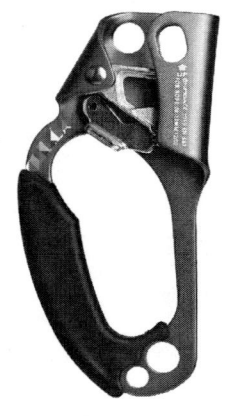

图 8-3-16　胸式上升器　　　图 8-3-17　手式上升器

（八）头盔（岩盔）

头盔（图8-3-18）能有效保护头部，避免头部被落石或上方攀岩者掉下来的器械砸到，避免由非正常脱落状态及突然撞到坚硬岩面的情况所带来的头部伤害。

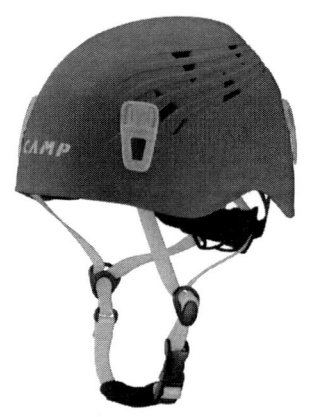

图 8-3-18 头盔

购买时，要选择有 UIAA 或 CE 认证的头盔，以确保达到最低防撞标准。当头盔受到严重撞击后，最好不再使用。头盔要端正佩戴才能护住前额、后脑及侧面。

（九）人工确保支点系统

1. 岩锥、岩石塞

岩锥（图8-3-19）、岩石塞（图8-3-20）是一些规格、形状不一的金属制品，可放入岩缝、石洞、石桥等地形中并固定住，成为保护点。

图 8-3-19 岩锥

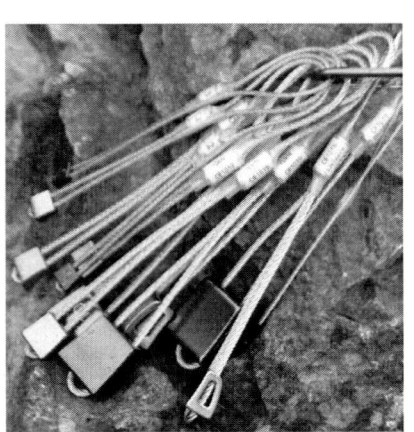

图 8-3-20 岩石塞

2. 岩钉、膨胀铆钉、挂片、岩点

（1）岩钉

岩钉（图8-3-21）是一种建立保护点的工具。20世纪70年代，岩钉是北美登山界常用的固定点，但是因为敲打或移除岩钉会破坏岩壁，所以现在已经很少使用。

图 8-3-21　岩钉

（2）膨胀铆钉

膨胀铆钉主要用来固定挂片，利用冲击钻和锤子，膨胀铆钉可打入整块岩石中，加上挂片就成为非常稳固的保护点。

（3）挂片

挂片（图8-3-22）是保护点的重要组成部分，一侧通过膨胀铆钉或螺丝钉固定在岩壁上，另一侧则可扣入铁锁或快挂，或接上扁带。

图 8-3-22　挂片

（4）岩点

岩点（或支点）（图8-3-23）是为了让攀岩者在岩壁上有更丰富的攀爬路线而设计的，攀岩者可根据需要自行调整岩点位置，以增减攀爬难度。

图 8-3-23 岩点

(十) 攀石垫

攀石垫（抱石垫）是攀石运动中的保护手段，能起到缓冲和减震作用。放置攀石垫时，硬体海绵层要向上放置。攀石运动中可能发生坠落的地方都需要垫上攀石垫。

二、攀岩辅助性装备

(一) 攀岩鞋

攀岩鞋的鞋底采用特殊的橡胶制成，摩擦力大大增加，适用于不同的石质、岩壁角度及不同的攀登方式（图 8-3-24）。在选择和使用攀岩鞋时要注意如下几点：①攀岩鞋穿起来既要服帖，又要稍微有点紧；②选择半硬底的攀岩鞋，它能够在支撑脚的同时，不会在裂隙中变形；③在攀岩鞋后脚跟与鞋底间要有用橡胶包围的一层 2~3 cm 的垫皮；④攀岩鞋要有提供脚踝支撑的功能，即鞋体向上延伸以保护脚踝。攀岩鞋鞋底要随时保持干净，并且在每次攀登后都要清理干净。

图 8-3-24 攀岩鞋

（二）防滑粉袋

防滑粉袋（图 8-3-25）内装碳酸镁粉末，用于吸收手上的汗液和岩壁表面的水分，以增大摩擦力。粉袋挂于腰后，双手可以随时蘸取粉末。

图 8-3-25　防滑粉袋

第四节　攀岩运动的基本技术与战术训练

通常，攀岩初学者要先掌握攀岩平衡技术，这是学习的基础和起点。因为初学者往往发力错误，靠手臂发力，造成身体能量快速消耗，手臂过度用力，过早产生疲劳感。而在实际攀登中，攀岩者应以脚为发力点，支撑身体一步一步向前攀登，手只是辅助，起到保持身体平衡的作用。攀登时，要保持三点固定，一点移动，即移动一只脚或一只手时，要先移动身体重心至与其余三点共同维持身体平衡后，再移动需要移动的手或脚。在攀登岩壁时要保持手、脚、眼同步协调，做到手快、脚快、眼快，尽量保持动作的连贯性和协调性，切忌中途停顿，在一个姿势上停留过久。

一、攀岩基本手法

攀岩运动中，手的主要作用是维持身体平衡，协调配合脚的用力。攀岩的基本手法是根据岩壁的支点上凸出或凹陷的位置、大小和方向，进行抠、捏、按、撮、勾等方法。根据用力方式或攀爬走向的不同，同一支点可以有多种抓握方法。

（一）握

握是通过手掌及手指用力，将手固定在支点上。根据支点形状的不同，有紧握、曲握和开握三种角度的握法（图 8-4-1）。握通常用于柱状点，某些支点用手掌紧握比手指用力更能增加紧握时的稳定性。

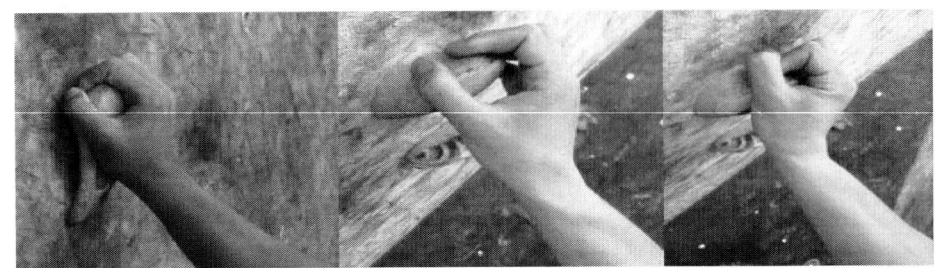

图 8-4-1 握

(二) 拉

拉是抓住正上方支点,通过上下肢协调用力,使身体重心向上移动的动作(图 8-4-2)。有些支点比较好用力时,可以用手指向掌心弯曲,将身体拉起来。

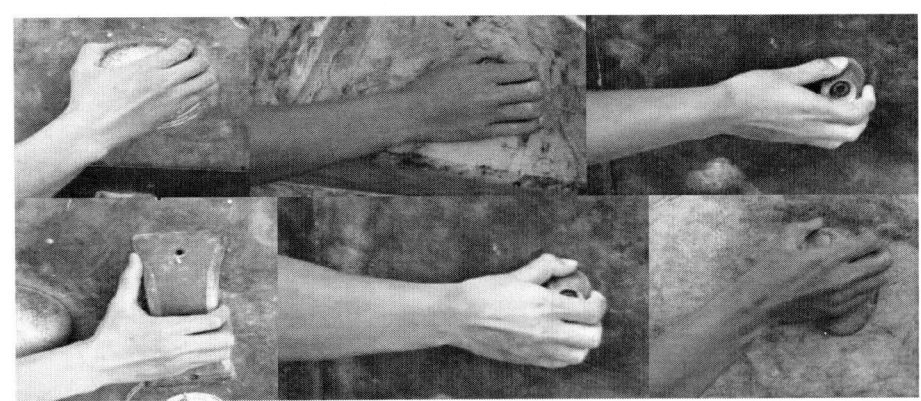

图 8-4-2 拉

(三) 抓

抓是正向四个手指三个指关节全部抓入支点(图 8-4-3)。

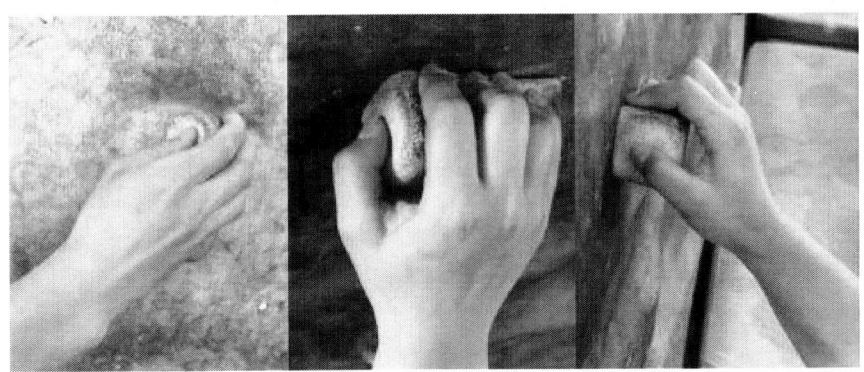

图 8-4-3 抓

(四) 抠

抠是手指指尖（一或一二指关节）弯曲抓住支点（图8-4-4），通常用于一些只能用手指尖去触碰的支点。

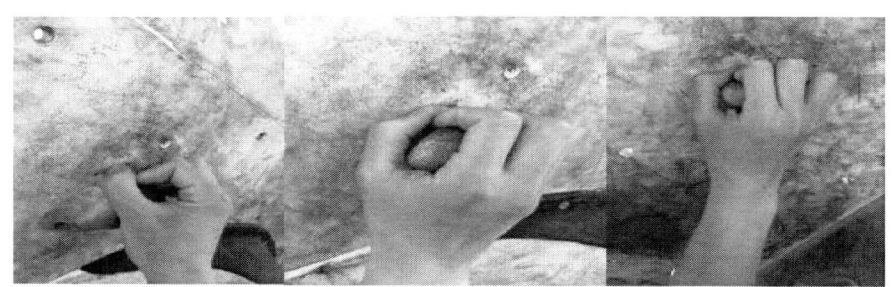

图 8-4-4 抠

(五) 压

压是第一指关节抓住支点，第二指关节竖起，与支点开口方向垂直，拇指压住食指（图8-4-5）。

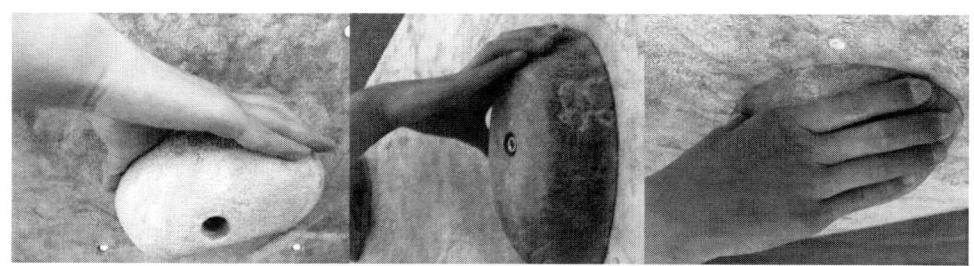

图 8-4-5 压

(六) 捏

捏是大拇指和四指相对用力，夹住支点。捏通常用于一些条状的支点，支点没有可以把住的边，而只能靠手指的摩擦力固定（图8-4-6）。

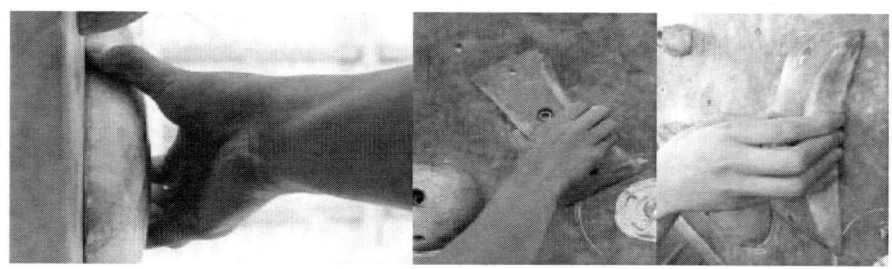

图 8-4-6 捏

（七）撑

撑是靠手掌掌面在支点上的离心力外撑，即利用支点、岩壁造型或其他地形，以手掌和小臂使身体重心向上或向左、右移动的手法（图8-4-7），通常用于台阶或缝隙。

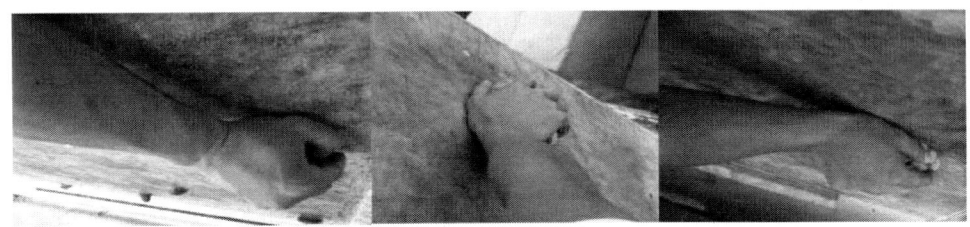

图 8-4-7 撑

（八）推

推是利用侧面、下面的支点或造型以手臂的力量使身体重心横向移动的手法（图8-4-8）。

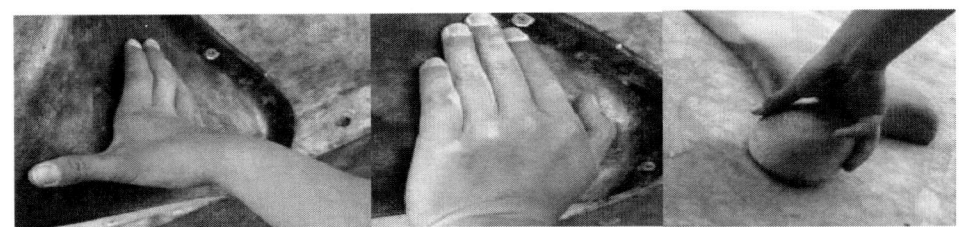

图 8-4-8 推

（九）搂

搂是屈手，手掌小指一侧与支点接触固定的手法（图8-4-9）。

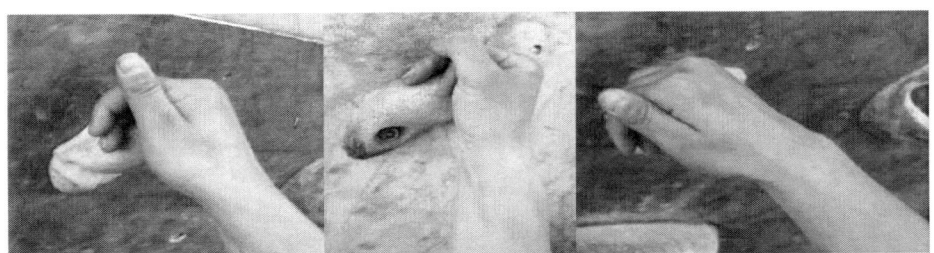

图 8-4-9 搂

（十）戳

戳是在抓握指洞点时，一指或多指深入指洞内，大拇指压住其他手指或按住岩点（图8-4-10）。

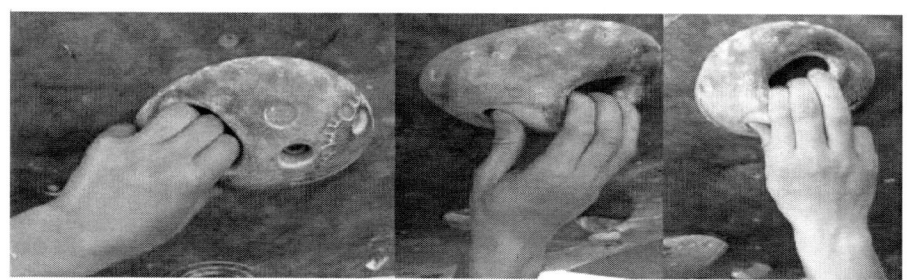

图 8-4-10 戳

（十一）胀

胀是将手伸进造型缝隙里或两个支点之间，手掌弯曲紧握拳，通过手与造型裂缝的摩擦固定住手，使身体重心向上或左、右移动的手法（图 8-4-11），通常适用于有缝隙的岩壁点。

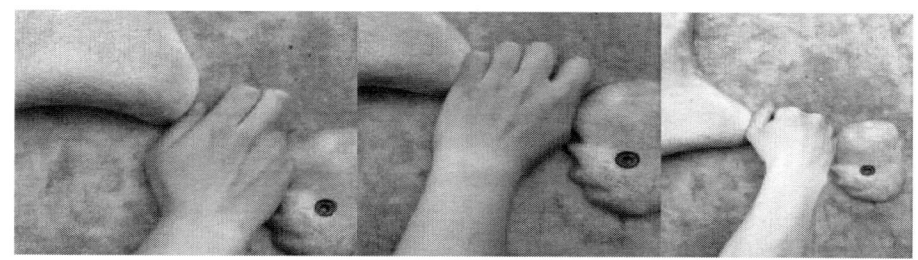

图 8-4-11 胀

二、攀岩基本脚法

（一）脚尖正踩点

脚尖踩点，脚趾并拢用力，身体重心落在脚尖（图 8-4-12）。

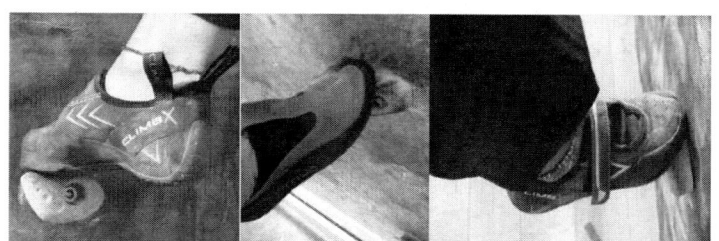

图 8-4-12 脚尖正踩点

（二）脚尖外侧踩点

脚小拇趾用力，脚外侧贴近岩壁（图 8-4-13）。

图 8-4-13 脚尖外侧踩点

(三) 脚尖内侧踩点

脚大拇趾用力,脚内侧贴近岩壁(图 8-4-14)。

图 8-4-14 脚尖内侧踩点

(四) 踩摩擦点

在斜坡或造型板上,通过脚前掌与岩面的摩擦固定住脚(图 8-4-15)。

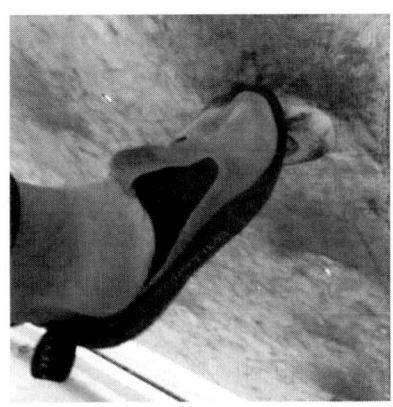

图 8-4-15 踩摩擦点

（五）脚尖钩点

用脚尖钩住支点，通过膝关节的向回收力，挂住身体（图8-4-16）。

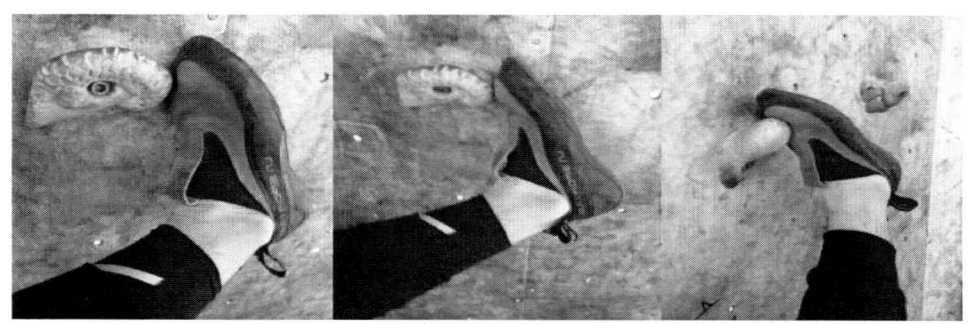

图8-4-16　脚尖钩点

（六）脚尖挂点

用脚尖挂住支点上部，垂直地面用力，挂住身体（图8-4-17）。

图8-4-17　脚尖挂点

（七）脚跟钩点

用脚后跟钩住支点，通过膝关节的向回收力，钩住身体（图8-4-18）。

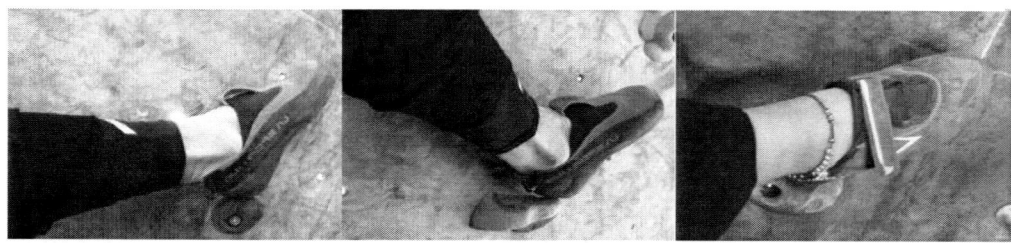

图8-4-18　脚跟钩点

（八）脚跟挂点

将脚后跟放于支点上部，挂住支点，通过挂脚，下肢向下用力，挂住身体（图 8-4-19）。

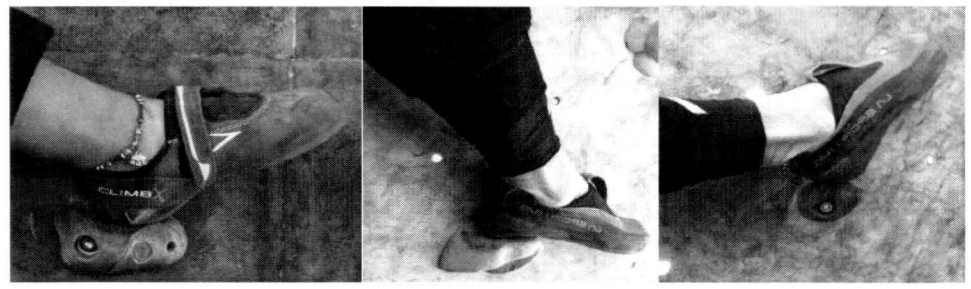

图 8-4-19　脚跟挂点

（九）胀脚

在裂缝攀岩中，脚通过脚尖的旋转，在裂缝中固定（图 8-4-20）。

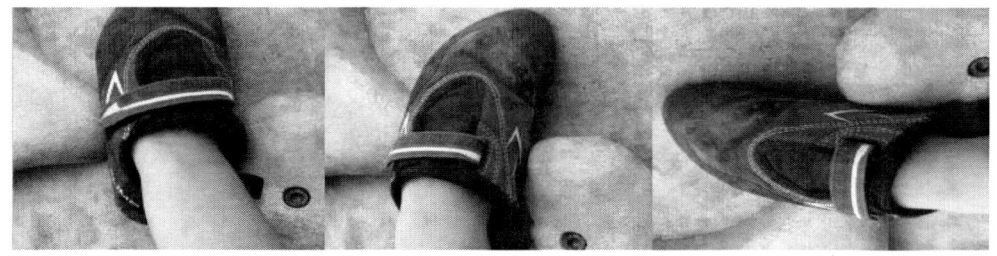

图 8-4-20　胀脚

三、攀岩基本技术动作

（一）异侧侧拉

手脚对侧使用，脚外侧贴近岩壁，身体重心处于手点下方，通过腿脚的蹬起，髋关节、腰部、躯干的旋转，身体重心向上移动，当到达脚蹬发力抛物线最高点时，上肢发力把重心拉引向目标点（图 8-4-21）。异侧侧拉适用于下方支点位于手点正下方区域，手点抓握方向向上，目标支点位于手点正上方较近区域时。基本技术要点是身体侧向岩壁，以身体对侧手脚接触岩壁，另一条腿伸直用来调节身体平衡，靠单腿力量把身体顶起，抓握上方支点。优点是能极大地节省上肢力量。

图 8-4-21　异侧侧拉

（二）同侧正拉

左、右手各抓握一个支点，目标点对侧脚踩点。双手和脚共同向目标点方向发力，使身体重心大幅度向目标点移动，重心移动到发力抛物线顶点时，快速伸出发力脚对侧手去抓目标点（图 8-4-22）。同侧正拉适用于发力手点较小，脚点较近较高，目标点较远时。

图 8-4-22　同侧正拉

（三）换手

通过重心的移动依次替换出抓握手，替换次序为无名指换抓握点手的食指，中指换抓握点手的中指，食指换抓握点手的无名指（图 8-4-23）。换手适用于脚点位于手点下方区域，抓握点较小，需要换手的地方。

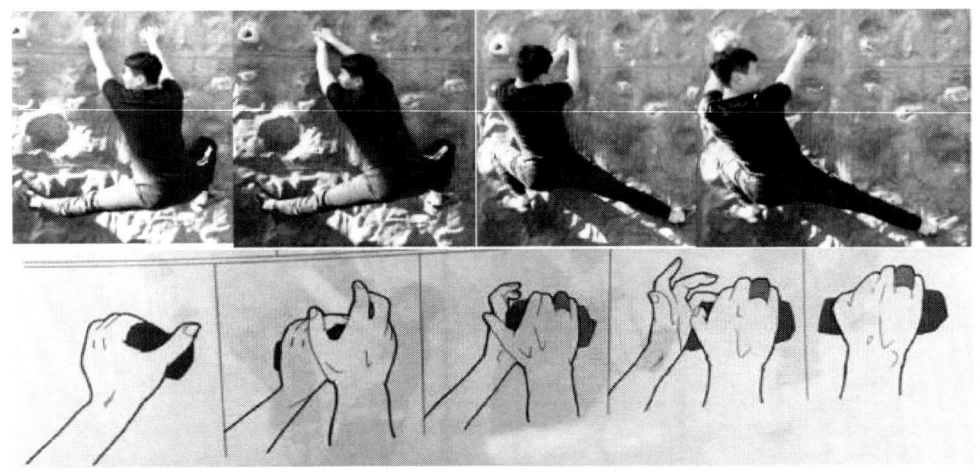

图 8-4-23 换手

（四）换脚

换脚是一项基本的技术动作，在攀登中经常使用。保证身体重心的平稳，不增加手上的负担，通过一脚尖在支点上的旋转，腾出空隙切换另外一只脚踩点（图 8-4-24）。

图 8-4-24 换脚

（五）反扣

手脚对侧使用，脚外侧贴近岩壁，身体重心处于手点下方，通过腿脚的蹬起、髋关节、腰部、躯干的旋转固定身体并使重心向上移动，当到达脚蹬发力抛物线最高点时，出手抓目标点（图 8-4-25）。反扣适用于手点抓握方向向下（与脚点相对），脚点和手点较近，而且目标点较远时。

图 8-4-25 反扣

(六) 蹬跃

两手抓点，一脚踩点，另一只脚踩住高于脚点的岩壁位置，通过上下肢瞬间爆发力，身体重心大幅度提高，手脚离开岩壁，飞跃到目标点（图 8-4-26）。蹬跃适用于下方支点位于手点正下方区域，手点抓握方向向上或向目标点方向一侧，目标支点位于手点正上方较远区域时。

图 8-4-26 蹿跃

(七) 脚挂手点

左、右手各握一个抓握点，手脚对侧使用，用脚跟挂住手点，脚跟钩挂用力，使身体重心往上移动，达到脚跟发力顶点时，用脚跟和对侧手固定身体，伸出另外一只手抓目标点（图 8-4-27）。脚挂手点适用于下方没有脚点，目标点处于正上方区域且较远、较小时。

图 8-4-27　脚挂手点

（八）挂脚顶胯

手脚对侧使用，膝关节发力，使身体重心向脚点上方移动，当达到脚发力移动重心的极限时，上肢推动重心接着移动，直至身体重心移动到脚点正上方的平衡位置，上肢和下肢同时发力，把身体重心推向目标点（图 8-4-28）。挂脚顶胯适用于下方支点和目标支点位于手点同侧区域，手点抓握方向向上或向脚点方向一侧，下方脚点和目标点距离手点较远时。

图 8-4-28　挂脚顶胯

（九）脚钩挂手点

左、右手各握一个抓握点，手脚对侧使用，用左脚脚跟挂住手点，右脚脚尖钩住左手点，通过一只脚用脚跟挂，另一只脚用脚尖钩，同时用力，使身体重心往上运动，达到脚跟发力顶点时，用脚跟、脚尖和对侧手固定身体，伸出左手抓目标点（图 8-4-29）。脚钩挂手点适用于在下方没有脚点，目标点处于抓握点左右区域且较远较小时。

图 8-4-29　脚钩挂手点

（十）翻撑上点

左、右手各握一个抓握点，上肢快速发力，使身体重心迅速向上移动超过双手抓握点，当身体重心超过抓握点时，迅速将抓握的手型变化为撑点手型，然后上脚踩住手撑点，站起抓握目标点（图 8-4-30）。翻撑上点适用于小角度仰角造型，在下方没有脚点，目标点处较小，处于抓握点上方区域且非常远时。

图 8-4-30　翻撑上点

（十一）转膝侧身

左、右手各抓握一个支点，左、右脚各踩一个支点，根据目标点，向内旋转同侧脚膝关节同时转动身体，使身体侧面靠近岩壁，带动身体重心向岩壁靠贴，通过四肢和躯干的肌肉扭拉力固定好身体（图 8-4-31）。转膝侧身适用于在岩壁上休息时，可轮换旋转两只脚的膝关节，使对侧手得到休息。

图 8-4-31　转膝侧身

（十二）折膝别腿

左、右手抓握同一个支点，左、右脚各踩一个支点，根据目标点，向内旋转同侧脚膝关节同时转动身体，使膝关节低于脚点，身体侧面靠近岩壁，带动身体重心向岩壁靠贴，向内旋转膝关节的脚发力，使身体重心向膝关节旋转反方向移动（图 8-4-32）。折膝别腿适用于上肢抓握点较小，脚点较高，目标抓握点在左、右侧较远时。

图 8-4-32　折膝别腿

（十三）引体抓点

双手抓握支点，依靠上肢的力量引体向上，快速抓住下一个支点（图 8-4-33）。引体抓点适用于目标点与支点较大而且距离不大，没有脚点时，常在屋檐或斜壁上使用。

图 8-4-33　引体抓点

（十四）膝挂肘

用膝关节至大腿根部挂入另一侧手臂的肘关节，通过身体旋转固定提高身体重心，从而抓住下一个支点（图 8-4-34）。膝挂肘适用于抓握点大、目标点不大、距离较远时。

图 8-4-34 膝挂肘

（十五）单腿平衡

用脚尖或脚跟踩点，踩点脚弯曲，将身体重心全部移到支撑脚上，另外一只脚直放于脚点，侧面紧贴岩壁，通过身体重力和踩岩板处的摩擦力的相对作用力，使身体保持平衡（图 8-4-35）。单腿平衡适用于岩壁角度较小，脚点较大，以及进行休息时。

图 8-4-35 单腿平衡

四、攀岩的保护与下降技术

（一）攀岩的保护技术

保护技术是指为了防止在攀岩过程中因动作失误而引起意外险情所使用的各种规范保护操作技术，是攀岩者必须要掌握的基本技术之一，也是攀岩专业技术的重要组成部分。

保护方法按照保护固定支点与攀岩者的相对位置可以分为上方保护和下方保护两种方式。

1. 上方保护

上方保护，即保护支点在攀岩者上方的保护形式。在攀登峭壁或顶绳攀登时多采用上方保护法。在攀登过程中，保护者要不断地收绳，使攀岩者胸前不留多余的绳索，但是，绳索也不能收得太紧，以免影响攀爬动作。进行下方保护时，使用的器材一般有安全带、主锁和下降器。保护者收绳时，应注意随时要有一只手握住下降器后面的绳索，只抓住下降器前面的绳索是难以制止坠落的。

上方保护注意事项：

①在攀登起步时，绳索应稍微收紧些，以防止攀岩者一开始就发生脱离；

②要集中注意力，密切关注攀岩者的行动，力求对攀岩者的行动有预见性；

③在任何时间都必须有一只手握住绳索的制动端；

④采用"五步保护法"进行收绳，严格按照"提、压、攥、攥、握"五个步骤；

⑤要尽可能地选择最佳保护位置或姿势；

⑥收绳时，双手要协调配合；

⑦降下攀岩者时，要匀速缓慢。

2. 下方保护

下方保护，即保护支点在攀岩者下方的保护方式，是先锋攀登唯一可行的安全保护方法，也是国际比赛中规定的保护方法。下方保护要求保护者使绳索保持适当的松紧程度，随着攀岩者的上升迅速地送绳，不能影响攀岩者的攀爬动作。当攀岩者发生意外时，保护者要在冲坠到接近最低点，绳索将要被拉紧时，迅速跳起，以缓冲攀岩者下坠的力量，防止攀岩者腰部受伤。

下方保护注意事项：

①攀登开始前，保护者和攀岩者必须相互仔细检查装备；

②起步时，保护者要站在攀岩者的下方，张开双手进行保护，绳子制动端握在手中，防止一开始就发生脱落；

③保护者要集中精神，密切关注攀岩者的行动，力求有一定的预见性；

④保护过程中，制动手始终握住绳子制动端；

⑤选择最佳的保护位置和姿势；

⑥保护者双手协调配合，根据需要及时收绳、给绳，并保持绳子松紧适度；

⑦发生突然坠落时，要注意缓冲；

⑧当攀岩者处于或可能处于危险状态时，要及时给予提醒。

（二）攀岩下降技术

下降是整个攀岩过程中最放松、最有挑战性的一个环节，攀岩者需要根据路线情况的不同，选择不同的下降方式：如果有小路，选择走下来最安全；如果路线相对简单，可以选择爬下来；还可以被保护者放下来或利用绳索技术自行下降。原则上，攀岩者应该选择技术操作环节最少的下降方式，但是有保护点的绳索下降安全性相对较高，需要根据具体情况进行选择。下降操作步骤如下。

1. 设置自我保护

攀爬者到了高处以后,要养成一个习惯,即先设置自我保护点。用长扁带或菊绳连接安全带的攀登环,用主锁连接后设置自我保护。自我保护位置选择点要足够安全,并尽可能靠近下降绳。主锁丝扣要拧好并保持纵向受力,不与其他硬物接触。

2. 连接抓结

抓结可在下降中起到辅助保护作用,当保护器失灵时,抓结与主绳产生摩擦力,起到制动效果。抓结在连接好后一定要进行测试,否则,当下降时才发现抓结太紧或失效,抓结不但起不到作用,反而会成为负担。

抓结绳套绕主绳三圈后与安全带的腿带用主锁相连,具体圈数视绳子的直径而定,一般主绳越粗,缠绕圈数越少。确保抓结平整并起作用,需要进行原地测试。注意拧紧主锁的丝扣。

3. 连接下降器

下降中使用的下降器通常就是保护器,但特殊情况下的下降也要考虑到装备的差异。有些保护器只起到保护作用,只是临时作为下降器,在长距离下降时,要选择专用的下降器。专用的下降器与绳索缠绕的点更多,产生的摩擦力更大。

以常用的"8"字环为例说明:①主锁连接"8"字环的大头,并扣入安全带的下降环;②下降绳用环绕方式与"8"字环连接;③将连接好下降绳的"8"字环取出,并将小环与主锁相连,在保证绳索不扭曲的前提下将丝扣拧好;④将多余的下降绳收至最紧;⑤将抓结收紧至靠近下降器的位置。

4. 系统确认

在下降前,系统确认这一环节非常重要,因为一旦自我保护解除后,就意味着攀岩者的重量完全转移到了下降绳上。进行系统确认时,需要确认安全带、头盔等所有装备穿戴无误,确认保护站系统正确无误,确认抓结有效,确认下降器的安装方向正确,无扭曲。

5. 负荷转移至主绳

制动手紧握抓结下方的绳索。身体重心向下坐,使身体重量全部转移到下降绳上,自我保护松弛,身体处于下降状态。另一只手解除自我保护,并将解下来的主锁扣入安全带的装备环。

6. 开始下降

由于悬空下降中运用的技术较少,这里以坡面下降为例。下降时,一般将绳索置于制动手身体的一侧,但悬空下降时多将绳索垂于两腿之间。双脚打开与肩同宽或略宽于肩,身体呈三角状。脚掌尽可能与下降坡面接触,微微屈膝,并轻点岩壁。上半身要保持直立,头略向后仰,身体要与下降器保持适当的距离,以免烫伤皮肤或头发卷进下降器中。下降时双脚轻蹬岩壁或坡面匀速下降。切忌双腿猛蹬岩壁或坡面快速下降，这会使绳索的摆动过大，从而增大顶端的摩擦力，严重时会将绳索磨坏。整个下降过程中攀岩者要密切关注下降路线，避免绳索、身体与下降坡面产生摩擦或不必要的接触。快接近地面时，要注意绳索的位置，避免踩踏绳索。

7. 下降结束、解除装备

下降者保持身体平稳，避免踩踏绳索，将连接下降绳的"8"字环从主锁中取出，并扣进"8"字环的大环，将下降绳从"8"字环的主锁中取出，将连接"8"字环的主锁扣进安全带的装备环，将抓结从主绳上取下，并连同主锁一起扣进安全带的装备环，将下降绳理顺，避免缠绕、扭曲。

五、攀岩战术训练

（一）攀岩战术的训练内容

攀岩战术是指在合理范围内使运动员能力充分发挥，以达到特定目标的策略，运动员经过不断练习、修正和避免先前的缺失，寻找最适当的攀登技巧、节奏及支点，以提高攀爬能力。反应力和判断力是攀岩者需要具备的主要能力，其核心在于注意力的集中，对于首攀、速度攀登或随机支点攀登具有重要作用。通常，攀岩战术的训练内容主要包括线路选择、单一动作训练和多个动作连贯性训练等。

1. 线路选择

线路选择的前提是进行合理的自我评量。攀岩者需要对线路的长短，是否能分段，中途是否休息，休息点在哪里，以何种节奏攀登，何时扣快挂较为合适，线路是否有难点或易失误的地方等问题进行思考与判断。选择线路时，要考虑如何运用技巧分散疲劳。攀岩者应对整体线路有所判断，有效掌握个人的力竭时间，做好体力分配，通过变换支点握法来延缓疲劳的出现，全神贯注以突破体能与技巧的瓶颈。攀爬过程中的力量分配与使用也是需要考虑的重点内容。攀岩者应在难度路段之前预留一定体力，选择脚点较佳的支点扣快挂和擦拭镁粉。

攀岩者应表现出良好的自我控制力及危险处理能力。当攀岩者攀爬至关键点或难度点时，应集中注意力，忽略绳索或坠落恐惧等不利因素，最大限度发挥个人潜能，以创造优异运动成绩。攀岩者应多攀爬新线路，经常变更攀岩地点和岩质，加强练习，避免经常使用特定的攀登姿势与技巧。攀岩者为了提高攀登难度级数，应常选择首攀最高难度级数加一级的攀登线路，切忌急于求成，造成不必要的损伤。

2. 单一动作训练

选定攀登线路后，要按顺序解决不同的难点。每个攀登动作的完成程度，都取决于运动员对该动作的理解程度及体能状况。攀岩者应针对手、脚基本技术进行巩固性训练，循序渐进，逐步实现泛化过程，达到动作的规范化和自动化。初次攀登时，由于对岩点的方向、位置及线路所知有限，不可避免地会耗费多余的力量。训练的实质就是对岩点的熟悉过程，通过不断地触摸，形成对岩点的正确快速判断。在反复的训练中，逐步找到适合自己的姿势，乃至合理的休息支点，以实现最小能耗。攀岩者应在绳索辅助下，通过规范性训练，逐步降低心理恐惧，排除体能变数，有效掌握攀登技术与技能，充分展现最佳运动状态。

3. 多个动作连贯性训练

排除单一动作缺失后，便是多个动作的连贯性训练。多个动作连贯性训练是指把熟练掌握的单个动作技巧连贯起来完成。就支点来说，当一连串动作结合时，固定握法将使单一肌群迅速力竭。例如，假设某一线路特点是连续使用第一指节前缘扣住支点，此时就可在攀登前半段变换握法，可采用开放性握法，为线路后半段预留所需肌力。

攀岩者在体力减少时，很难充分发挥攀登技巧。为此，攀岩者应加强较高支点或特殊难点的攀登技巧训练。训练中，攀岩者可从高处向低处攀登进行连贯动作练习，而非每次均从起步点开始练习。攀岩者常采用交换使用不同手指握点；大拇指用力，以减轻其余四指负荷；以手掌外缘握住凸点，使手指暂时休息；以动态姿势攀登简单路段，预留静态支撑动作所需的肌力；将重心移至脚上，使手臂暂时放松等方法来避免肌肉疲劳。此外，坠落恐惧也是提升攀登能力的限制因素，特别是先锋攀登。攀岩者可通过事先对挂快挂动作的反复练习消除坠落恐惧感。

（二）攀岩战术的训练方法

战术训练方法的采用应根据专项比赛的要求进行，应有利于发挥运动员的身体和技术特长，并充分调动运动员的主动性和积极性。

1. 分解与完整训练法

分解战术训练法是指把一个完整的战术组合过程划分为几个相对独立的部分，然后分部分进行练习的方法。这种训练法常在新战术配合的学习中使用，旨在让运动员掌握某种战术配合的基本步骤。

完整战术训练法是指完整地进行战术组合练习的方法。这种方法常在运动员已具备一定的战术知识和战术能力后采用，其目的在于使运动员能够流畅地执行整个战术组合过程。

2. 减难与加难训练法

减难训练法是指以低于比赛难度的要求进行训练的方法，常在战术训练初始阶段采用。如在同场对抗性项群的球类项目中，最初可在消极防守或不加防守的条件下进行战术练习，待运动员已掌握战术的基本步骤后，逐渐加强防守，提高难度，以达到比赛要求。

加难训练法是指以高于比赛难度的要求进行训练的方法，其目的是提高运动员在复杂困难的情况下运用战术的能力，采用的方式一般有限制完成技术动作的空间和时间条件（如限制场地、缩短时间等），与不属同一级别的高水平运动员或运动队对抗，或采用比正式比赛条件更严格、更困难的标准进行训练等。

3. 虚拟现实训练法

虚拟现实训练法是指运用高科技手段，呈现未来可能出现的比赛场景，帮助运动员提高预见能力，并在各种情况下灵活有效地运用战术的训练方法。这种方法目前在德国、英国等足球队中使用较为普遍。随着高科技手段在运动训练和运动竞赛中的广泛渗透，虚拟现实训练也将在更多项目中得到采用。

4. 意念训练法

意念训练法是一种心理学训练法。这种方法是在运动员大脑内部语言的指导下进行战术表象回忆，以帮助运动员在大脑中建立丰富而准确的战术运动表象。其目的是在大脑中复习、整合以前的练习，借以提高动作的流畅性。

5. 模拟与实战训练法

模拟训练法指根据获得的准确信息情报，与模仿重大比赛中主要对手特征的陪练人员进行对练，并在与比赛条件相似环境中练习，使运动员获得特殊战术能力的针对性训练方法。许多运动员为了模拟比赛时的情境，而选择在最恶劣的环境下进行训练，以更好地适应比赛环境，如运动员选择在烈日下进行攀登训练，以适应在热天举办的比赛。这种融入所有负面因素的战术训练，可使运动员在比赛时全神贯注，并坦然而自信地面对任何考验。

实战法是指在比赛中培养战术能力的方法，可使运动员对战术的理解更为直接、深刻。在参加重大比赛前，往往安排一些邀请赛或热身赛等，目的之一就是演练将在重大比赛中使用的战术，以检验其有效性。

▶【知识点小结】

1. 攀岩运动的场地主要分为人工岩壁和自然岩壁。人工岩壁主要供攀岩者掌握攀岩装备器材的使用方法，模拟自然岩壁的攀爬，进行攀岩技术训练及推广宣传攀岩运动等。自然岩壁主要用于开展探险运动及攀岩比赛。

2. 攀岩运动的保护性装备主要有攀岩绳、安全带、主锁、扁带、快挂、下降保护器、上升器、头盔和人工确保支点系统，攀岩运动的辅助性装备主要有攀岩鞋、防滑粉袋等。

3. 攀岩运动中的基本手法是根据不同的岩壁支点，进行握、拉、抓、抠、压、捏、撑、推、搂、戳、胀等。

4. 攀岩的基本脚法有脚尖正踩点、脚尖外侧踩点、脚尖内侧踩点、踩摩擦点、脚尖钩点、脚尖挂点、脚跟钩点、脚跟挂点及胀脚等。

5. 攀岩的基本技术动作主要有异侧侧拉、同侧正拉、换手、换脚、反扣、蹲跃、脚挂手点、挂脚顶胯、脚钩挂手点、翻撑上点、转膝侧身、折膝别腿、引体抓点、膝挂肘、单腿平衡等。

6. 攀岩战术训练方法主要有分解与完整训练法、减难与加难训练法、虚拟现实训练法、意念训练法、模拟与实战训练法等。

【知识综合实训】

1. 以小组为单位，示范讲解攀岩运动装备的使用方法。
2. 制定一条难度级数 5 的攀岩线路。
3. 开展一次教学比赛，体会比赛中攀岩技战术的运用。

第九章
攀树运动

【学习目标】

1. 了解攀树运动的基本发展情况、价值。
2. 学习攀树运动的常用装备与绳结技术。
3. 学习和掌握攀树运动的基本技术和技巧。

攀树运动在国内是一项新兴的运动，在国内的发展还处于初级阶段。与攀岩类似，攀树运动也是借助绳索系统，以垂直于地面的方向挑战地心引力。攀树运动能让参与者亲近自然环境，感受大树上所蕴含的蓬勃生命力。攀树运动是一项高风险运动，对各项技术要求很高。参与者在进行此项运动之前，一定要经过专业的指导与练习，并时刻谨记安全至上。本章将为大家介绍攀树运动的概况与价值、常用装备与绳结、基本技术、攀登方式与技巧等内容。

第一节　攀树运动概述

一、攀树运动简介

攀树运动由英文单词"tree climbing"翻译而来，其发展雏形是职业的树木工作人员对树木进行修剪维护，是专业人员的日常工作。现代攀树运动可以定义为一项借助于绳索、攀登设备、作业工具等一整套器材，在树上或高空安全地完成上升、下降、走枝（树上行走）、飞跃等动作，以在树间自由穿梭、进行树木作业、安全营救、科学考察等为目的的户外运动项目。攀树运动在欧美地区已有超过50年的发展历史。

1975年，首届国际攀树比赛在美国加利福尼亚州举行，奠定了攀树作为竞赛活动的基础。经过多年来对攀树这项新鲜刺激运动的推广，攀树运动在澳大利亚、英国、丹麦、法国、捷克、俄罗斯等国迅速发展，而且每年有专业的国际攀树比赛。截止到2019年，世界攀树锦标赛已经举办了43届。香港树木学会在2010—2013年成功举办了香港攀树锦标赛，吸引了众多国内外选手参赛。2017年5月，首届全国攀树交流大赛在湖北大学举行，截止到2019年已连续举办了3届。

随着青少年户外营地项目的不断推进，攀树运动在中国迅速发展，有越来越多的攀树爱好者与从业者积极参与到攀树这项运动中来，越来越多的青少年通过树木攀爬来建立与大自然的连接，体验攀树的乐趣。

二、攀树运动的价值

攀树运动不仅具有强身健体、调节心理及培养人们职业技能的价值，而且还具有生态价值。

（一）攀树运动的健身价值

在攀爬过程中，攀爬者需要用到身体的上肢、下肢、腰部、腹部、胸部的各个部位，对身体素质有一定的要求，如身体的爆发力、柔韧素质、灵敏性、呼吸系统、心血管系统及各个器官功能的协调配合。经常进行攀树运动能有效地促进人们的体质和体能的提升，强身健体。

（二）攀树运动的心理价值

攀爬是人类的天性，但是随着城市化进程的加快，越来越多的人无法亲近大自然。攀树运动的开展，建立起人们与大自然的连接，置身于清新、优美的自然环境中，爬上大树，回想起童年的趣事，有助于压力的释放。

参与攀树运动的人还必须具有很好的心理素质。有恐高症的人第一次是很难爬上去的，但如果通过由低到高循序渐进的锻炼，人们也可以逐渐克服恐高的心理。攀爬者在完成每一个攀越或是一次优美的技术动作之后，心里会充满喜悦，有助于精神压力的释放。

（三）攀树运动的职业价值

攀树运动由攀树工作衍生而来，攀树可以用于工作，包括果实采集、树木治病除虫及测量，此外还能用于科学研究，如对树上生物进行考察等。国外的职业攀树者认证攀树师（CTW）、树艺师（Arborist）的收益都相当可观。在法国、美国等欧美发达国家有专门的树上作业公司，每年还有全球代理商年会，推销成熟的攀树专业技术及装备。树上作业这个项目对于中国市场来说略显陌生，随着经济的发展和人们生态意识的提高，其发展前景是广阔的。

（四）攀树运动的生态价值

为进行攀树运动，攀爬者要准备一套专用的攀树器材，通常包括攀树绳索、主锁、滑轮、树皮保护器、鞋子等。树皮保护器是唯一与树木直接接触的工具，能减少对树木的伤害。大部分树木攀爬者都是生态环保的倡导者与爱好者，攀树运动的组织机构与团体都极力宣传生态环保理念，通过对攀树运动的宣传与推广，增强人们的生态环保意识，促进人类关爱自然,并与自然和谐共处的价值取向。

第二节 攀树运动常用装备与绳结

一、攀树装备

(一)攀树安全带

由于需要长时间在树上作业,攀树安全带(图9-2-1)的护腰与护腿相对于普通安全带要宽一些,腰部与腿部区域的加宽与增厚,使攀爬者在攀爬中更舒适。受力点采用横桥进行连接,拥有很好的负载和负载分配能力,在受力的情况下能将重力分配到腿上与腰间,提升树上作业时的舒适度。横桥连接处的可移动性,使攀爬者在树上可以完成身体扭转等多项操作,增加了行动自由。腰部设计有工作定位环,方便攀爬者使用安全短绳进行工作定位。

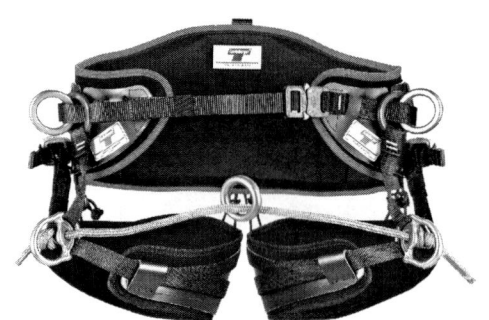

图 9-2-1 攀树安全带

(二)攀树绳

攀树绳(图9-2-2)是攀树运动中重要的安全保护器材,一般要求延展性要小,大部分攀树绳的延展性小于3%。攀树绳的种类有很多,编织方法也不尽相同,其中包括3股编织绳、12股编织绳、16股编织绳、双编织绳(带有绳皮),目前在攀树运动中使用较多的是带绳皮的双编织绳,绳子的表面耐磨,绳子比较柔软,易于打结。

图 9-2-2 攀树绳

(三)安全短绳

安全短绳(图9-2-3)是用于攀爬者与树木进行连接的保护装置,是攀树工作者抵达树上目标后用来固定自我位置的第二个防坠落系统,其长度可以利用安全短绳的滑轮与抓结装置进行调节,使攀爬者能自如地控制身体与树木的距离。如果攀爬人员身上的攀树绳因换支点等需求而需要解开的话,安全短绳会变成唯一的防坠落系统,其地位至关重要。

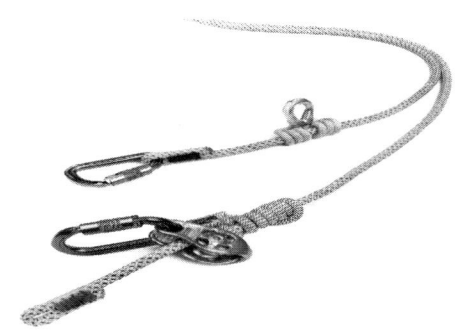

图 9-2-3 安全短绳

(四)攀树头盔

攀树头盔(图9-2-4)必须为相关规定标准中指定的可应用产品,树艺师要求使用Ⅱ型的坚固头盔,在导电区工作的人员需佩戴经过特定电压测试的头盔。在进行树上作业时,工作人员必须佩戴眼睛保护装置,如护目镜或者是加在头盔上的坚硬面罩。如果工作人员要使用机器(链锯、碎木机、气压吹风机等),而且噪声水平8小时内平均达到85 dB的话,必须使用耳塞和耳罩等装备来保护听觉。

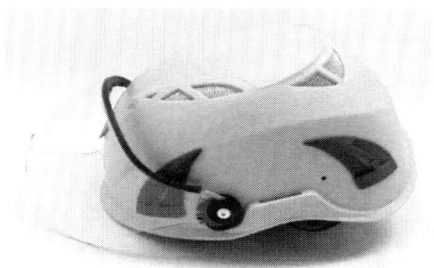

图 9-2-4 攀树头盔

(五)攀树主锁

用于攀树的主锁必须是保险式的三段自动锁(图9-2-5),纵向拉力不得小于23 kN,在使用之前及在使用的过程中应当进行检查,看它们是否能正常使用。

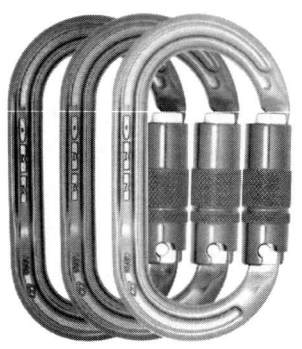

图 9-2-5　三段自动锁

（六）摩擦绳

多来年，摩擦绳（图 9-2-6）一直是攀爬者必不可少的器材。摩擦绳要求由耐磨、拉力强、耐高温的材料制成，确保在与绳索摩擦的过程中不会融化。

图 9-2-6　摩擦绳

（七）树皮保护器

树皮保护器（图 9-2-7）用于在树上设立保护支点时，可以有效防止绳子的摩擦对树皮造成伤害，同时也有利于顺畅绳索操作。

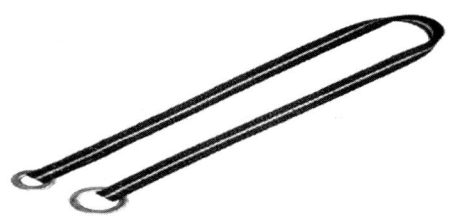

图 9-2-7　树皮保护器

（八）抛投系统

抛投系统由绳筐、抛投绳、豆袋三部分组成（图 9-2-8），主要用于对攀爬系统的建设，可以使人在地面就能完成整个攀爬系统的架设，大大提高了安全性与工作效率。

绳筐

抛投绳

豆袋

图 9-2-8　抛投系统

二、攀树绳结

攀爬者在树木攀爬的过程中会用到很多的绳结，攀爬者必须知道如何打及解开每一种绳结，熟悉每种绳结的用途，知道每一种绳结的特性，正确使用绳结。

（一）拳头结

拳头结（图 9-2-9）是树木攀爬者多年来主要使用的攀爬绳结之一，用作攀树时的摩擦结。其主要特性为：①需要打收尾结；②有松开的可能；③必须经常检查整理。

图 9-2-9　拳头结

（二）布莱克式结

布莱克式结（图 9-2-10）能够保持稳定的摩擦力且不会松开，是攀树摩擦结的首选，性能要优于拳头结，在现在的攀树运动中普遍使用。其主要特性为：①能保持稳定的形态及位置，不需要经常整理；②需要进行收尾处理；③长距离快速下降的过程中，摩擦力会减弱，容易产生滑动。

图 9-2-10 布莱克式结

（三）称人结

称人结又称布林结（图 9-2-11、图 9-2-12），其主要特性为：①解除负重后很容易打开；②能衍生出很多不同的称人结。

图 9-2-11 称人结　　　图 9-2-12 活称人结

（四）双套结及绳尾双套结

双套结及绳尾双套结（图 9-2-13）常用于绑紧树枝或木头，其主要特性为：①快速易打；②绳中双套结可用来传递工具。

图 9-2-13 双套结及绳尾双套结

（五）单结

单结（图 9-2-14）用途广泛，其主要特性为：①简单易打，一只手也可以完成；②有方向性，一边负重会收紧，另一边被拉时会松开。

图 9-2-14 单结

（六）双渔人结

双渔人结（图 9-2-15）主要用于同样直径的绳子的连接，其主要特性是负重后难以解开。

图 9-2-15 双渔人结

(七) 普鲁士结

普鲁士结（图 9-2-16）可以用作攀树时的摩擦结，其主要特性为：①可以双向应用；②绳子直径的大小会影响摩擦的效果。

图 9-2-16 普鲁士结

(八) 紧木结

紧木结（图 9-2-17）常与吊索一同使用，用来固定树上的器械。其主要特性为：①要在树干部位至少缠绕 5 次；②树干越大，绑得越结实，负重后绳子会收紧，负重一旦消失，绳子会很容易解开。

图 9-2-17 紧木结

第三节 攀树运动基本技术

一、攀爬前的准备

树木攀爬是一项对体能要求非常高并且具有潜在危险的活动。攀树活动开始之前，攀爬者首先要检查所有的安全装备，然后检查树木本身是否存在危险，包括潜在的危险。可靠的装备是攀爬者安全的保证，攀爬者个人装备必须符合相应的安全标准。

（一）安全带

攀爬者应检查攀树安全带是否过度磨损，并查看缝合处及承重挂环是否完好与坚固。

（二）主锁

用于攀树的主锁必须是保险式的三段自动锁，纵向拉力不得小于 23 kN，在使用之前及在使用的过程中应当进行检查，看它们是否能正常使用。

（三）攀树绳

用于攀树的绳索必须经过制造商确定是适合攀树的，必须有足够的强度、耐磨度，符合规定的延展度，拉力强度不得小于 24 kN。每次使用攀树绳前都应当检查，检查是否有切口、膨胀、磨损、绳径的变化、变色，绳皮是否光滑，绳尾的末端是否进行了包缠处理。过度磨损或切割的绳子都应该割掉或放弃使用。

（四）工作定位安全短绳

在每次攀爬前必须仔细检查安全短绳，绳索、自动锁、抓结绳必须符合强度的要求。

(五) 树木及场地的检查

攀爬树木之前,攀爬者必须小心观察所有的导电体及电缆的位置,检查所有的危险因素,如枯树干、树枝裂纹、昆虫或者其他动物等,对树木的根部也要进行相应的检查,泥土、树皮或藤蔓植物可能会遮盖住树木腐败的迹象。

(六) 攀爬前的计划

攀树前应该计划如何攀爬,在上树前应计划好攀爬线路,熟悉树木的特性,了解树木的材质,选择安全可靠的保护点位置。

二、保护系统的架设

(一) 豆袋抛投法

使用豆袋、树皮保护器设置保护支点是目前常用的保护支点设置方法,具体方法如下。

第一,将装有抛投绳的豆袋由外向内穿过树皮保护器的大环。

第二,使用穿过大环的豆袋向预想的树丫进行抛投,抛投的方式一般采用摆荡式或摇篮式,直至抛投成功。

第三,从抛投绳上解下豆袋,将抛投绳从树皮保护器的小环由内向外穿过去并将豆袋再次系上。

第四,拽豆袋绳的另外一端,直至树皮保护器被拽到支点上,此时松开抛投绳,豆袋会自然下降。

第五,解开豆袋,将抛投绳系在攀树绳上,系好之后拽抛投绳,直至攀树绳穿过整个树皮保护器,解开抛投绳,保护支点设置完成。

第六,拆解保护支点时,将攀树绳穿过树皮保护器大环的一端打上一个单结,并系上抛投绳,拽攀树绳的小环一端,即可将树皮保护器摘下来,然后收好抛投绳即可。

【相关视频】>>>

视频 9-1 安装树皮保护器

(二) 直接抛投结设置法

将攀树绳绳头一端做一个绳球,用于增加重量。抛投结可以是开放式的,也可以是封闭式的，开放式的抛投结抛完之后会散开，封闭式的则不会散开。将抛投结直接向树杈支点进行抛投，抛投成功即可。

不同的攀爬方式在攀爬的过程中对树皮的摩擦程度也不同，建议根据具体情况采用合适的支点设置方式。

三、攀爬方式

当攀树绳架设完成之后，攀爬者便可选取合适的攀爬方式进行攀爬，其中比较常用的是身体推进法与脚锁式攀爬法，有时也会使用攀树钉鞋爬法。

（一）身体推进法

在身体推进法中，攀爬者先将攀树绳的一端跟主锁连接在安全带中间的挂环上，再将绳索的剩余部分或是用摩擦绳，在攀树绳的另外一端打上拳头结或布莱克式结。

身体推进法对技术有一定要求，攀爬者应当先将脚放在树上较高的位置，臀部向上跃起使绳在一瞬间变松弛，同时将另一侧的绳子向下拉，将松弛的绳子收紧，另一只手迅速将摩擦结向上推，保持身体不向下滑动，如此反复。每攀爬一段距离要在绳子的下端打上一个活结作为止坠结，下降时，一只手向下捋摩擦结，另一只手握住绳子的制动端，让绳子滑动，即可完成下降。

【相关视频】》》

视频9-2　身体推进法

（二）脚锁式攀爬法

脚锁式攀爬法一般在身体接触不到树干时使用。在进行脚锁式攀爬时，攀爬者必须使用安全的脚锁技术，在双绳脚锁技术中，使用普鲁士结与三段自动锁连接安全带是一种能保障攀爬者安全的方法。

攀爬者身体直立，双手举高位于普鲁士结下方，握紧攀树绳，抬起一只脚，使绳索先经过膝盖内侧，再经过外脚背，另一只脚从其下方勾起绳子并越过第一只脚，踩在第一只脚脚背上，此时缠在脚上的绳索会因为另一只脚的踩踏而收紧，然后向上站起，用手将普鲁士结向上推，如此反复，攀爬者便会不断往上升。要注意，为防止冲坠，双手必须放在普鲁士结的下方。

【相关视频】>>>

视频 9-3　单绳脚锁

（三）攀树钉鞋爬法

由于钉鞋会损害树木，所以只有在砍伐、移走树木或进行空中救援时才允许使用，如果没有工作定位的安全短绳是不允许使用钉鞋攀爬的。

四、换枝

攀爬大树时，攀爬者可能会通过换枝多次设置支点（图9-3-1）。攀爬者使用工作定位的安全短绳或者攀树绳的末端技术来保障安全，当使用绳的另一端重新设置支点时，攀爬者仍能被固定住。在通常情况下，攀爬者应当在树上设置两根独立的攀树绳，使一根绳保持与地面的接触，用作预留的通道或紧急下降时使用。

图 9-3-1　换枝

五、树上行走

一个好的攀爬者能使用攀树绳到达树枝的末端，维持平衡，并且在树上自由的移动（图9-3-2）。攀爬者通过绳索与脚的配合，使身体与树枝形成作用力，达到维持平衡、解放双手的作用。为了维持稳定，攀树者应与树木保持三个接触点，攀爬者的手和脚视为一个接触点，收紧的攀树绳也视为一个接触点，在确保安全的前提下，安全短绳也是一个接触点。在树上行走时，攀爬者要到达水平枝条的末端时，攀爬者自身的重量应该在绳上，避免枝条因承受不住攀爬者的重量而断裂。支点的角度很重要，一般情况下位于工作位置上方的支点越高，攀爬者可移动的范围就越大。

图 9-3-2　树上行走

六、树上摆荡

树上摆荡是攀爬者利用攀树绳完成的一种重要技巧，当攀爬者通过攀树绳进行悬空摆动时，攀爬者有可能摆动到树木的另一个位置上去。在悬空摆动时，攀爬者要注意控制自己的身体，避免撞击到树干。

▶【知识点小结】

1. 攀树运动在国内是一项新兴的运动，在国内的发展还处于初级阶段。攀树运动是一项高风险运动，对各项技术要求很高，在进行树木攀爬实践前一定要经过专业的练习或是有专业的老师指导。攀爬树木时务必注意安全，时刻谨记攀树运动的安全要素，安全至上。

2. 攀树运动必须配置安全装置和设备，包括攀树装备和攀树绳结。

3. 攀树运动的安全源于合格的技术装备、正确的操作方法、安全的的操作理念与丰富的经验。

4. 攀树运动的攀爬方式包括身体推进法、脚锁式攀爬法、攀树钉鞋爬法等。

第十章
CHAPTER 10

登山徒步

> 【学习目标】
> 1. 掌握登山徒步的概念和内涵。
> 2. 了解登山徒步的起源与发展。
> 3. 了解登山徒步的功能。
> 4. 掌握登山徒步的技术要领和注意事项。

登山徒步作为一项时尚健康的户外运动,为人们挑战自然、亲近自然提供了良好的平台。在户外运动蓬勃发展的今天,登山徒步受到了越来越多户外运动爱好者的欢迎。登山徒步为什么会受到户外运动爱好者的青睐?本章将从登山徒步的概念和内涵、登山徒步的起源与发展、登山徒步的分类及特点、登山徒步的功能、登山徒步的技术要领和注意事项等方面一一对这项运动进行介绍,进一步揭示登山徒步的魅力所在。

第一节　登山徒步概述

一、登山徒步的概念和内涵

登山徒步由来已久,最早人们把登山徒步称为登山运动。随着这项运动的发展,人们越来越深刻地体会到,登山不仅是登山,它与人们常说的"远足"和"徒步"关系密切,可以说,只要有登山就有徒步的存在,特别在该项运动日益大众化之后,这种特征更加明显,所以用登山徒步来界定这项运动更加准确。

什么是登山徒步呢?就前期的研究成果来看,尚未形成一个统一的认识,只有对"登山"或"徒步"的界定。胡博认为,登山是指运动员徒手或借助专业的登山辅助工具攀登高峰的一项活动。关于徒步的概念,以下观点受到专家学者较大程度的认可。徒步是指主要依靠步行从起点到终点,跨越山岭、丛林、沙漠、雪原、峡谷等地貌的一种户外活动。以上对"登山"和"徒步"的概念界定较好地阐述了登山徒步的基本要点和内涵,为了进一步厘清登山徒步概念,在深入分析前人研究的基础上,对登山徒步的概念作如下界定:所谓的登山徒步是指运动员徒手或借助专业的登山辅助工具攀登或穿越山峰的一项活动。开展登山徒步之前，运动员要根据山峰的实际情况和自身技术及装备的情况对攀登和穿越的山峰进行选择，攀登和穿越的过程中要充分运用登山徒步的技术，安全顺利地完成登山徒步的预设任务。

登山徒步不同于一般的运动项目，具有自身独特的特征和内涵。第一，参与登山徒步的是运动员。这里的运动员指的是参与运动的人，不仅指专业登山运动员，还包括广大的登山徒步爱好者。第二，借助一定的辅助工具。登山徒步不同于篮球、跑步等运动项目，通常需要借助一定的辅助工具，如登山杖、手套、帽子等工具，如果整个过程时间较长，还需要准备食物、炊具及帐篷等物资。对于一些比较低矮的山峰，完成时间比较短，相关辅助工具及物资可以少带或是不带。第三，攀登和穿越是登山徒步的两大核心手段。登山徒步的任务不仅是攀登到峰顶，而且包括穿越山峰，其间甚至会途经河流、雪山等。第四，登山徒步归根结底是一项活动。与其他所有体育活动一样，登山徒步也是以身体活动为基本手段，增强体质、增进健康、提高运动水平、丰富社会文化生活、促进社会精神文明建设都是其基本作用和功能。

二、登山徒步的起源与发展

（一）世界登山徒步的起源与发展

世界上几乎每一个国家都有山，有的国家可以说是全国皆山，例如，欧洲的安道尔公国（位于法国和西班牙边境的比利牛斯山上）和列支敦士登公国（位于瑞士和奥地利边境的阿尔卑斯山上），亚洲喜马拉雅山脉的尼泊尔、不丹，南美洲安第斯山脉的秘鲁等国都是多山的国家，人们通常把这样的一些国家称为"山国"。不论是山国还是非山国，世界各国人民自古以来或多或少都在与山打交道，因此登山徒步应该也是由来以久。如果从这个角度来说，登山徒步的起源则难以追溯。

现有史料记载，世界登山徒步的起源可追溯到1786年。欧洲中南部的阿尔卑斯山坐落着西欧第一高峰——勃朗峰，曾一度被认为是人类难以踏足顶峰的山峰。法国科学家德·索修尔为了研究高山植物资源，渴望有人能够逾越险阻，登上该山的顶峰。为了实现这一想法，他在阿尔卑斯山下的夏木尼镇张贴告示，对登上或提供登上勃朗峰路线的人给予重金奖励，然而，很长时间都没有人前来揭告示。自此之后，他每年都会贴出一张悬赏告示，如此年复一年，依然没有人来揭告示。直到26年后才等来一位叫巴卡罗的山村医生。这位医生揭告示以后，并没有马上行动，而是精心做了两个月的准备工作，1786年8月8日，医生巴卡罗与当地一名水晶石采掘工人巴尔玛结伴第一次攀登勃朗峰的峰顶（海拔4807 m）并取得了成功。1787年8月3日，德·索修尔和巴尔玛带领一支登山队再次登上了勃朗峰，自此拉开了现代登山运动的序幕。从此以后人们将登山运动称为"阿尔卑斯运动"，将1786年作为登山运动诞生年，这次具有里程碑意义的登山活动可称作世界登山徒步的起源。

自1786年登山运动兴起后，尤其是1850年至1865年，登山徒步在阿尔卑斯山地区迅速地发展起来。这一时期海拔在 4000 m 以上的山峰不断被人们征服。1865 年 7 月,一名英国登山运动员成功登顶曾一度被人们认为无法到达的海拔 4505 m、坡度极其陡峭的玛布隆峰,至此,登山徒步迎来了它的黄金时代。

1950 年至 1964 年,登山徒步进入到至关重要的发展阶段。1950 年 6 月 3 日,两名法国登山运动员在付出双脚和一只手的代价下,登上了海拔 8091 m 的安纳普尔那峰。1953 年 5 月 9 日,来自英国的两名登山运动员首次成功登上了世界最高峰——珠穆朗玛峰。在这 14 年间,先后有 13 座海拔在 8000 m 以上高峰被人类征服。

时至今日,登山徒步获得进一步发展,成为一项亲近自然、挑战自我、健康时尚的大众运动。

(二) 中国登山徒步的起源与发展

中国拥有着众多的锦绣山河,无数的壮丽诗篇和唯美的言辞都用于形容高山和流水。孔圣人的"智者乐水,仁者乐山",诗人刘禹锡的"山不在高,有仙则名",《释名》中的"仙,迁也。迁入山也"等,都一定程度上表达了人们对山的独特感情。然而归根结底,此时所出现的活动最多也只能算得上一种登山徒步的游戏或活动,还称不上真正意义上的运动。

可以说,中国登山徒步的发展与世界登山徒步的发展一脉相承,除了世界范围内掀起的"登山热"之外,还得益于我国独特的登山资源和地理环境,尤其是我国的边境上耸立着世界第一高峰——珠穆朗玛峰。世界上海拔在 8000 m 以上的顶级高峰里,在我国境内或在我国边境线上的有 9 座。1955 年,我国出现了第一批登山运动员,可视为我国登山徒步的起源。1956 年,我国组建了第一支登山队,即中华全国总工会登山队,这支登山队在 1957 年选择海拔 7000 m 以上的贡嘎山作为首次单独攀登的高峰。当时的中国,无论是登山技术还是装备都远不及国外专业登山队,为了让中国人的足迹踏上险峻的高峰,在高峰之巅留下中国人的身影,这支登山队克服重重阻碍,以顽强的毅力登顶世界级的高峰,彰显了中国人克服困难的勇气及勇往直前的精神。1960 年至 1975 年,中国登山队两度从珠穆朗玛峰北坡登顶,这样的成绩让国人为之骄傲。1979 年,中国向世界登山队及登山爱好者敞开了国门,境内的高峰几乎都允许各国的登山队攀登,一时间,中国成为了登山探险活动最活跃的地区之一。至此以后,中国的登山队与国外登山队之间的协同合作日益深入,在与国外其他登山队合作攀登高峰的过程中,我国的登山队也不断地向国外登山队吸取经验。

进入 20 世纪 80 年代以后,登山徒步已不再专属于专业运动员,民间的登山活动也获得蓬勃发展,而这些民间的登山徒步组织多数由各大院校的学生组建,怀着征服高峰的激情活跃在祖国的崇山峻岭中。到了 20 世纪 90 年代,我国高校业余登山队已经积累了较多的登山实践经验,并向海拔 8000 m 级别的高峰发起挑战,其中,1998 年,高校业余登山代表队北京大学山鹰社成功登顶卓奥友峰,他们的成功预示登山徒步将成为年轻人释放激情的运动。时至今日,我国登山徒步已经成为一种时尚和潮流,各种级别和层次的登山徒步在神州大地遍地开花,已然成为社会大众挑战自我、亲近自然、征服自然的运动新潮流。2014 年,《关于加快发展体育产业促进体育消费的若干意见》提出,将全民健身上升为国家战略。在体育产业大发展的时代背景下,登山徒步将获得更好的发展土壤和环境。可以预计,我国未来的登山徒步运动将获得更加广阔的发展空间,成为社会大众追求健康生活方式的主要途径之一。

三、登山徒步的分类及特点

(一) 高山探险

高山探险是指运动员在各种辅助工具与装备的配合下,挑战高山的各种恶劣环境,完成以登顶高山为目的的登山探险活动。高山探险与一般的登山徒步差异较大,主要表现在以下几个方面。

1. 竞技性强

高山探险对山峰的海拔和高度要求比较高,通常都在 3000 m 以上,有些山峰甚至终年被冰雪覆盖,因此对运动员的身体素质和技术能力要求比较高。登山探险的竞技性往往不是运动员与运动员之间的较量,也不是运动队与运动队之间的较量,主要体现为运动员或者运动队与大自然之间的较量,通过挑战自我和征服自然来发掘自身潜能。

2. 危险度高

在高山探险活动中,运动员面对的环境比较恶劣,要么是高山缺氧,要么是强风低温,因此完成高山探险任务的风险和困难都非常大。所以,我们评价一次高山探险活动的成功与否,不是说完成的时间长短,也不是说技术有多么好,而是通过所选山峰的海拔、高度落差、完成的难度及组织管理的科学性和独特性来评价。

3. 系统性强

高山探险活动,尤其是大型的高山探险活动的组织,要对人员、设备、资金、时间、信息等各种资源和要素进行统筹和管理。对运动员而言,不仅要有过硬的身体素质和道德修养,而且要熟悉和掌握各种登山徒步技术,还要对气象知识和高山环境比较熟悉,特别在面对可能遭遇的各种风险时要有较好的应变能力。因此,高山探险活动的参与和组织是一项庞杂的系统工程。

(二) 竞技攀登

竞技攀登是指运动员利用娴熟的登山技术和登山装备选择有难度的悬崖峭壁和冰壁进行攀登的登山活动。竞技攀登与高山探险和健身徒步不同,其攀登的难度和对技巧要求更高。主要具有如下几个方面的特点。

1. 技术要求高

竞技攀登不同于高山探险,高山探险注重山峰的海拔和高度,而竞技攀登不仅注重山峰的高度和海拔，而且更注重山峰的险峻，因此对登山技术和登山装备的要求都特别高。

2. 危险系数高

一般的登山徒步克服的主要是体力、体能及在运动过程中遇到极端天气等风险，但对生命安全造成的威胁并不大。而竞技攀登通常攀越悬崖峭壁及冰壁，设备和技术操作稍有不当，就可能付出生命的代价，所以其危险系数极高。

3. 场地要求高

竞技攀登不同于一般的登山徒步，其对场地的要求很高，一般的场地没有办法开展该项运动，通常都会选择那些险峻的悬崖峭壁和冰壁。

（三）健身徒步

健身徒步是指以健身为目的，运动员通过步行或依靠设备跨越山岭、丛林、沙漠、雪原、溪流、峡谷等地貌，完成起点到终点的穿越里程的一种户外活动。由于健身徒步几乎人人都可以参加，因此受到社会大众的欢迎，参与健身徒步成为一股健身时尚的运动潮流。该运动主要具有如下特点。

1. 大众性

健身徒步不同于高山探险和竞技攀登。高山探险和竞技攀登由于对技术技巧和装备要求高、危险系数高，加上设备购买费用较高，因此不太适合普通民众。健身徒步对山峰的要求、装备的要求都比较低，并且由于花费小，所以更适合平民大众，因此，大众性是健身徒步的重要特点之一。

2. 健身性

高山探险和竞技攀登的主要目的是挑战自我、征服自然、创造优异的运动成绩和独特体验，而健身徒步注重增强体质、增进健康，因此，健身性是健身徒步另一重要特点。

3. 娱乐性

对比高山探险和竞技攀登，参与者的心情更加轻松和愉悦，不用担心稍有不慎就跌落悬崖和冰崖。人们参与健身徒步的相关活动，主要以此亲近自然和休闲娱乐，起到娱乐身心的作用，因此，健身徒步具有娱乐性。

第二节 登山徒步的功能

登山徒步作为一项时尚健身的运动，深受大众欢迎。之所以如此受欢迎，并不仅仅因为它是一项与时俱进的时尚运动，也不仅因为它为参与者亲近自然、挑战自我、征服自然提供了一个良好的渠道，还因为登山徒步有着非常重要的功能。从宏观层面来讲，登山徒步有政治功能、经济功能、文化功能、教育功能。从微观层面来讲，登山徒步的功能主要表现为对人的发展所具有的功能，包括健身、健心、健群三个方面的功能。健身功能主要指登山徒步对人身体的建设和促进作用，健心功能主要指登山徒步对人心理的建设和调节作用，健群功能主要指登山徒步对人社会适应能力的促进作用。

一、健身功能

众所周知，身体素质好的基础是身体机能正常，身体各器官系统功能协调配合，代谢良好。登山徒步可最大限度地调动人的大脑、背部、肺部、骨骼、臀部等身体部位参与到活动中来，促进了身体素质的全面发展，主要表现在：①经常参与登山徒步活动可促使脑部释放脑内啡，提升精神，使心情愉悦；②增加最大通气量，增强横膈肌肉强度，缓解慢性肺气肿和支气管炎的症状；③加强背部肌肉力量，巩固脊柱，促进钙质的吸收以对抗骨质疏松；④使全身的肌肉和肌腱得到运动，造就健美的体形；⑤消除多余的脂肪，帮助调节饮食习惯；⑥促进自由基排出，延年益寿。除此之外，登山徒步对促进心血管系统的活力、提高呼吸肌功能、降低血液中胆固醇含量、预防高血压的发生都有良好作用。

二、健心功能

登山徒步作为一项挑战自我、亲近自然、征服自然的健康运动，不仅对人的身体素质的全面发展具有积极作用，而且对缓解压力、促进人的心理健康具有积极意义。登山徒步的健心功能可从三个方面来看。一是缓解压力。随着社会的快速发展，人们工作和生活的节奏也日益加快，使人们始终处于一种高压状态，人们通过参与登山徒步，远离城市的喧嚣，亲近大自然，明媚的阳光可使人们走出心里的阴霾，行走于青山绿水间，舒筋活络的同时，起到了放松心情、缓解压力的作用。二是培养意志。人们参与登山徒步，除了亲近自然外，还有挑战自我、征服自然的心理，并且往往会选择稍微有一定海拔和高度的山峰进行攀登，而山峰的登顶和穿越并非易事，需要参与者克服身体及心理多方面的压力和困难，这个过程对培养人的坚强意志具有重要作用。三是消除疲劳。人们通常认为，登山徒步后，人只会感到疲劳，怎么会消除疲劳呢？其实这是两个方面的概念，疲劳分为心理疲劳和身体疲劳，参与登山徒步短时间内可感到身体的疲劳，但心里是愉悦的，并且对于经常参与登山徒步的人而言，身体疲劳会也在运动后迅速恢复。

三、健群功能

登山徒步的健群功能是指能促进人的社会化。人的社会化就是由自然人到社会人的转变过程，每个人必须经过社会化才能使外在的社会行为规范内化为自己的行为标准，这是社会交往的基础，并且社会化是人类特有的行为，是只有在人类社会中才能实现的。登山运动的健群功能体现在三个方面。一是使人形成正确的价值观念。人们尤其是青少年通过登山徒步对自我价值和自我观念有了觉察和认识，知道如何趋利避害，知道孰是孰非，有利于正确观念的形成。二是使人懂得遵纪守法。登山徒步不是一个人事，需要与队友及相关人员协作才能完成，在参与的整个过程中，人们更好地学习了规则和制度，懂得了遵纪守法。三是提升人的社会交往能力。登山徒步过程中，参与者或多或少要与其他人及所处的内外部环境存在互动和交流，这个过程有利于人们学习如何与他人、与大自然友好相处，锻炼了人们的社会交往能力，有助于良好社会关系的建立。

当然，登山徒步的功能远不止这些，在此就不一一列举。作为一项时尚健康的现代化运动，登山徒步在促进人的建设发展及社会、政治、经济、文化发展中的作用将继续得以凸显，成为人们提高生活质量、追求健康生活方式的重要途径。

【相关链接】》

资料10-1　登山徒步的好处

第三节　登山徒步的技术要领和注意事项

一、登山徒步的技术要领

登山徒步的道路不同于城市里的柏油道路，存在较多凹凸不平的步道。即使是针对无经验者而设计的较完整路线，有时候仍然会有坑坑洼洼的石头路或杂草丛生的林间小道，运动员稍不留神，便会失去重心和平衡，闪腰或跌倒等意外事故在所难免，并且由于长时间上下陡坡，有时会累到无法继续行程，因此掌握正确的登山徒步技术是参与登山徒步的重要前提。

（一）行进技术

1. 稳重心，一条线

山野间登山徒步的步伐不同于城市平整柏油路面的行走步伐，通常双脚在柏油路面行走是沿水平方向摆动踢出去的，但山路高低不平，有时候甚至还有滚动的石头，很不好走。登山徒步时，最重要的就是步行姿势，头、腰、脚要保持在同一条重力线上，并经常把这条线当作身体的轴心来行走。基本方法是将一只脚膝盖抬起，另一只脚着地取得平衡，此时肩膀不要用力，步行的重心要从后脚转移至前脚时，要将头部与腰部前移，前脚膝盖不要往前突出，再向前踏出后脚。

2. 小步伐，慢节奏

登山徒步一个重要的特点就是运动时间长，而且在运动过程中通常会有负重，如果长时间走在很多上下坡的山路上,容易喘不过气来,因此新手不妨以平常步行的一半速度,采用小步伐,悠闲散步般地慢慢地往上行走。运用这样的徒步方法,运动员即使不看眼前的状况也能以同样的步伐往前走,除了容易保持平衡外,也可减轻疲劳。登山徒步不仅是腿部运动,还是全身运动,运动员感到乏力时,可通过摆臂来平衡身体、调整步伐及控制节奏。登山徒步初学者的常见错误是拖着脚走或用逛街的步伐登山。用这种方式走山路会因为身体较难取得平衡,很容易踢到东西而跌倒。此外,为了保持平衡,要用多余的肌肉撑住,反而更容易觉得疲劳。为了避免这种状况的发生,运动员需要做到抬起脚、小步伐及慢节奏,一步步踩稳慢慢往前走。

3. 全脚掌,稳踏步

登山徒步过程中最好的状态和行走速度是走而不喘,尽量用个人中等负荷运动强度心率行走[中等负荷运动强度心率=(180-年龄)×(60%~70%)],肩沉背挺,全脚掌触地,踏稳脚步再移动重心,尽量保持匀速。登山徒步过程中,很多人经常会大腿或者小腿肌肉抽筋,这是因为踏出脚掌时没有选择全脚掌着地,或者选择全脚掌着地,但刚好踏在凹凸不平的面上,没有选择好踏点。比如脚掌踏在一个小石头上,这样至少要多花好几倍的力量来重新平衡身体重心,精力和能量就这样"浪费"在平衡身体的过程中,所以要尽量选择有土的地面及稳定踏点的地方走。

4. 上坡外八字,下行重后脚

登山徒步过程中经常会遇到上下坡,因此选择合适的上下坡姿势至关重要。遇到上坡道时,应采用外八字步行走,即脚尖向外打开行走,因为直接将整个脚踩在上斜坡时,脚尖在比脚后跟还高的位置,脚踝积极弯曲而无法协调稳定。相反地,如果对着斜面打开脚尖,把脚横向踩,脚尖与脚踝变成几乎同一个高度,脚踝会变得轻松且容易摆动。遇到下坡时,即使是缓坡,步伐也应小于上坡,需要一步一步用小碎步确定好踩点再走,尤其在下雨过后的路面上更应如此。因为在小步走时,就算脚不小心滑了一下也能马上恢复平衡,防止跌倒。另外,下坡时,身体重心切莫集中于下行的前脚,这样会造成前脚负担,造成膝盖疼痛,而且时间长了容易导致身体筋疲力尽,无法继续前行,所以下坡的过程中,将脚踝及膝盖充分弯曲,利用缓冲作用来着地,重心在后脚。

5. 高台地,切莫跳

登山徒步过程中,下行时经常会遇到与膝盖同高或比膝盖略高的台阶地,或是斜坡上出现很大的高度落差等,在通过这种落差很高的台阶地形时,严禁突然往下弹跳,因为跳下高台阶地形时,不仅易滑倒、扭伤脚踝,还会有挫伤或骨折的危险。正确的下行步法是紧紧抓住周围树根类的植物,稳住身体重心后,脚顺势往下掂着地,或者坐在地上慢慢滑下去着地。少年儿童或老年人最好在有人帮忙的情况下下行,防止重心不稳带来危险。

（二）休息技术

1. 行前热身要做足，起步放慢宜缓行

每次活动前，花5~10分钟做伸拉热身运动，这是科学的锻炼方法所必需的。行前花几分钟时间做准备运动，让肺部预先有效吸收氧气，促进血液循环，使心脏有一个对运动的适应过程，这样可以把身体调整成适合登山徒步的运动状态，还可以预防突发状况及受伤。

不要逞强赶速度。步行山路耗时较长，路程通常较远，因此，是一种"费时费力"的运动。有的人急于登上山顶，所以整个过程一直处在奔跑的状态，利用这种方式的登山客，休息次数通常比较多，后半段路程速度减慢，有的甚至已累到走不动。活动的开始阶段，速度宜稍微放慢，让身体有一个适应过程，通常刚开始的30分钟内是队伍良好的调整时间，队员可以利用这段时间调整鞋带、背包、衣物的减增等。

2. 行进时间有规律，疲劳出现要休息

登山徒步的休息方法分小休息与大休息。无论是小休息还是大休息，目的都只有一个——防止疲劳，让身体获得充分休息，恢复精神再次出发。通常来说，休息要注意以下几点。

第一，合理安排休息时间。通常登山徒步大多采用步行40~50分钟，休息10~15分钟的方式。建议初学者采用步行20~25分钟，休息3~5分钟的小休息模式。这种方法在长时间步行时可以减少乏累感。当然，也可以根据队员的身体状况及后续行程灵活分配休息时间，看到景观不错的地方或是想歇口气时，停下来休息也可以的。

第二，最好的休息方法是"在累之前休息"。为更舒适、安全地完成预设路程，减少疲劳的感觉，把体力保存到最后是很有必要的。但是，如果休息次数太过频繁且时间较长，对到达目的地的时间没有一个较好的估计，这样反而更累。所以为了掌握自己行走的节奏与休息的步调，请认真记录自己的步行时间，掌握个人的行走节奏。

第三，保持正确的休息姿势。休息时要尽量放松身体，怎么舒服就怎么坐，哪怕是躺下休息也无妨。如果姿势不正确，不仅无法充分休息，一旦气温下降，还容易发生脚抽筋等意想不到的突发事件。可以坐在背包上休息，背包的背面朝上摆在稳定的地方，让腰的位置变高才能坐得更舒服。

第四，选择合适的休息地点。休息时要避免肌肉受凉，休息点不要选择在面向强风的山脊和风口，容易导致肌肉抽筋及感冒着凉。在休息点休息时要补充水分，做伸展运动，进行衣服的增减，就算只有10~15秒的时间，也一样对预防疲劳很有帮助。

二、登山徒步的注意事项

登山徒步的基本知识和技术较多，为了保证参与登山徒步的爱好者们能够享受舒心、惬意、安全的旅程，除了前面提到的行进技术和休息技术之外，还有一些事项需要引起登山徒步爱好者的关注和重视。

（一）选择适合自己攀登的山峰

人的运动能力、体质及技术水平各不相同，山的高度、坡度及路线也各不相同，因此登山徒步的爱好者们要根据自己的实际情况选择适合自己攀登的山峰。具体来说，要考虑以下几个方面。

第一，季节和登山路线。即使是同一座山，攀登难度也可能会随着路线的不同而有所改变，因此需要特别注意。另外，同一路线也会随着季节的变化而有很大不同，因此在不同季节登山时，一定不能因为曾经攀登过某种山峰而掉以轻心，攀登前务必了解其路线和难度。

第二，高低落差和海拔。谈到登山，人们第一想到的是海拔，认为海拔愈高的山攀登的难度愈大，其实这是不全面的。除了山峰的海拔之外，山峰的高低落差也十分重要，有些海拔较高的山峰，由于山底与山顶的落差较小，攀登的难度并不大。

第三，完成时间。出发前多参考山峰的攀登指南，了解不同路线的完成时间，再结合自身的体能和时间安排选择合适的路线。一般情况下，为了更好地完成预设的计划，完成时间通常可放宽20%。

第四，危险地点数目。登山徒步不同于简单的平路行走和散步，参与的过程中会途经很多危险地段，如铁索桥、河流、沟渠、台阶等，因此，初级登山徒步人员要尽量避开这样的区域，如果想挑战和尝试，也需非常小心，最好在仔细确认后，再通过。即使是平时非常熟悉的路线，也要注意天气的变化所带来的危险，并制定好应对措施。

（二）选择合适的登山方式和内容

登山徒步存在形形色色的方式和内容，因此，要以自身的水平和爱好为前提选择登山徒步的方式和内容。就目前来说，比较受欢迎的登山徒步方式和内容主要有攀雪山、攀岩、溯流登山、山脉纵走、山地露营等，对于不同的方式和内容，需要注意的事项也不一样。

1. 攀雪山

积雪覆盖、银装素裹的雪山对于登山徒步爱好者是非常具有吸引力的，但是由于道路被积雪覆盖，积雪下面的情况并不是很清楚，摔倒、坠崖等危险出现的可能性大为增加，因此，一定要在没有积雪的山上积累了经验后，再与向导或富有经验的人一同攀登。

2. 攀岩

攀岩是登山徒步的一项重要内容，是指在峭壁上攀缘，包括只依靠身体的徒手攀岩、使用各种工具的器械攀岩及危险系数极高的冰壁攀岩。由于，户外攀岩的危险性及难度较大，比较适合高级攀登者，通常情况下，初级攀登者不要轻易尝试。

3. 溯流登山

溯流登山是指顺着大自然的水道溯流而上，向山林深处进发的登山徒步方式。这种方式由于能让运动员在大自然中与山水畅快淋漓地接触而独具魅力，逐渐发展成为目前比较流行的一种登山徒步方式。考虑到水质及水中可能存在的危险生物，运动员需要充分了解和掌握溯流登山的技术和知识。

4. 山脉纵走

山脉纵走不同于以只登顶一座山峰为目标的单峰攀登，而是以登顶两座以上的山峰为目标，是顺着山脊从一座山徒步到另一座山的登山方式，因此，其完成难度较大，完成的时间也比较长，某些线路需要花数日甚至数周的时间可方完成。一般情况下，对于路线较长的山脉纵走，不要轻易尝试，一定要在有团队的情况下进行。

5. 山地露营

山地露营通常是因为没有办法当日完成登山徒步的路线，所以需要在山里过夜。因为在山地露营能看到山中大自然的神秘景象，所以山地露营颇具吸引力。为了安全起见，在山里过夜，一般情况下会有很多人睡在同一个屋子里或是帐篷里，因此有着不一样的规则和礼仪，切不能太过随意，要注意与其他登山者相互礼让。

（三）制订登山徒步计划

为了安全和顺利地攀登，细致的登山徒步计划必不可少。通常情况下，在决定了攀登的山峰后，接下来就需要制订详细的登山计划，对攀登过程中可能遇到的突发状况需要做好应对预案。以下的相关事项应该受到特别的重视和关注。

1. 安排交通工具

攀登前首先必须先到达登山口，结束攀登后也需要离开山峰，所以登山徒步的前后一定要安排好交通工具，了解到底是自行车、公交、火车，还是其他交通工具更为合适。由于有些地方的交通不是很方便，因此，事先就应该了解交通工具的班次和时间或自驾时可能受到的交通管制，防患于未然。

2. 决定登山路线

关于登山路线的选择问题，前面的内容中也有提到，即在同一座山峰，路线的不同可能导致完成时间和完成难度的不同，所以要根据攀登的目的及自身实际情况进行选择。此外，在确定路线后，还需要熟悉和把握参照地点、岔路口位置、紧急避难场所等。

3. 熟知难点

登山徒步开始前，要熟知登山徒步过程中的难点，并就此制定相关的应对策略。一般情况下，初级登山徒步人员最好不要选择难度较大的登山线路，如果决定尝试的话，要提前做好调查和分析，并就攀登途中可能出现的情况及不可抗事件做好充分的心理准备，并为经过难点路段保存体力。

4. 制定时间表

确定了攀登的路线后，接下来就需要考虑登山徒步完成的时间表了。一方面要根据自己的经验和体力，估算一下攀登完成所需要的时间，需要注意的是，休息和进餐的时间也需要计算在内。另一方面要考虑乘坐不同交通工具抵达登山口和离开山峰的时间，制订从家出发的开始至结束的完整时间表。

5. 制订计划书

好记性不如烂笔头。相关事项计划完毕不能只是心中有数，而要把各方面的数据和信息收集起来做成一个详细的计划书。应事先将路线、行程和交通工具等信息汇总在纸上随身携带。如果要向登山管理处投递入山申请，也需投递一份。此外，登山计划书要留一份在家里，并且计划书中要注明个人信息、紧急联络电话等相关内容，万一出现意外事故，计划书会提供非常有用的线索。

6. 列出必要的物品详细单

必要物品的准备是完成登山徒步的保证，如果攀登过程中发现遗失或漏掉了重要物品会酿成大错甚至是灾难。因此，确定了攀登的山峰和路线后，要把食物和装备等相关物品列成表单。另外，准备食品和相关物品的过程中要保证时间充裕，如果在出发前才开始准备的话，有些需要的东西可能没有办法马上补全或是容易漏掉。

（四）学会阅读地图

掌握阅读地图方法是熟悉山峰和顺利完成攀登任务的重要保障之一，因此，在计划攀登前需要学会阅读地图的方法。不仅如此，运动员还应通过阅读相关的书籍和杂志，获取和了解即将攀登山峰的地图（图10-3-1）。一般情况下，地图上的以下信息应当特别注意。

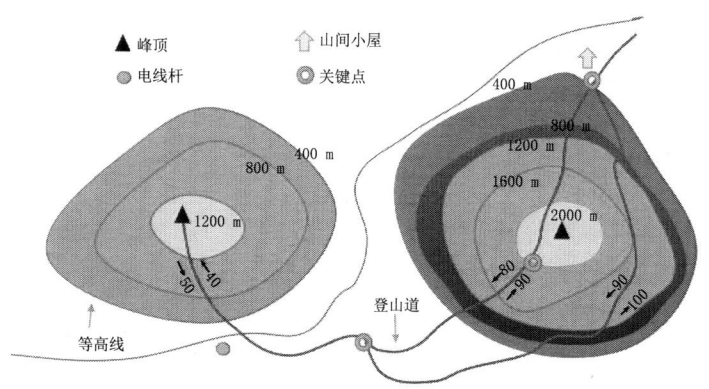

图10-3-1　登山徒步线路图

1. 峰顶

登山徒步中，登顶山峰通常是运动员们追求的目标。通过地图的阅读，通常会对山峰的位置和数目有一个清楚的了解。一般情况下，峰顶一般用"▲"在地图中进行标示，边上一般用数字来标注海拔。

2. 岔路口

登山徒步的过程中,很少有路线是直通山顶的,通常会有多个岔路口。如果在上山的途中或下山的途中走错了路线,后果会很严重,轻则可能没有办法达成预先计划的攀登目标,重则可能带来危险,甚至会付出生命的代价,因此,为了防止走错路线,到达岔路口时要仔细分辨和核对。一般情况下,地图上岔路口比较好分辨,通常在几条路线的交岔处用"O"表示。

3. 等高线

等高线是指连接地图上相同海拔的线,分为粗线和细线两种,根据地图的比例尺会有所不同。通常比例为1:25000的地图上,细线是10 m的高度差,粗线为50 m的高度差,也就是说,线间距小的地方就表示高度落差更大的倾斜路段,相反,线间距大,表示路段的坡度较缓。一般情况下,等高线用曲线来表示。

4. 山间小屋

山间小屋的识别至关重要,登山徒步过程中,小屋往往是活动中的休息点及饮用水、食物等相关物品的补充点,在天气突然变坏的情况下,山间小屋还是重要的救助场所,因此,开始登山徒步前,运动员需要熟悉地图上山间小屋的地点。一般情况下,山间小屋用"⇧"来表示。

5. 其他标记

地图上除了以上提到的诸多标记之外,还有一些其他的标记需要引起足够的重视。如地图上的"◉"通常表示关键点,相关的箭头和数字表示从关键点到关键点所需的时间。例如从岔路口的关键点到山顶的关键点的路程中,记载着"←40"和"→50"这样的信息,表示从山顶到岔路口大约需要40分钟,岔路口到山顶大约需要50分钟。把关键点与关键点之间所需的时间累计相加,可帮助制作登山时间表。

(五) 了解山里的天气

进行登山徒步时,最怕的是天气突变。相信很多人都有过这样的经历,进山之前还是阳光明媚,一进入山中便阴云密布,不久便大雨滂沱,让人非常狼狈。一旦天气变坏,轻则影响行程,重则出现伤害事故甚至威胁生命安全,因此,适当地掌握一些气象常识,对于应对攀登过程中的天气突变大有益处。这里主要介绍通过云彩的变化预测山里天气变化的方法。

1. 积雨云

积雨云也叫做雷暴云(图10-3-2),这一种常见的云,往往是因为强烈的上升气流而产生的巨大云团。这种云有着非常明显的特征,云的轮廓清晰可见,颜色灰暗。天空中突然出现这种云的时候,极易产生雷电。

图 10-3-2　积雨云

2. 飞机云

飞机云（图 10-3-3）是指当飞机从空中经过的时候出现的云彩，该种云彩并非自然形成的云，而是飞机经过留下的痕迹。当飞机云很短，即飞机经过出现痕迹但痕迹马上消失时，意味着天气晴朗。当飞机云很长，即飞机经过出现痕迹长而且持续不散时，往往意味着天气即将变坏。

图 10-3-3　飞机云

3. 卷积云

卷积云（图 10-3-4）是白色无影的小型云彩，通常成片成片地出现，像鱼鳞一样聚集在一起。不同于其他的云彩，卷积云在晴朗天气和阴雨天气都会出现，它的出现往往意味着天气即将出现变化。

图 10-3-4 卷积云

4. 斗笠云

斗笠云（图 10-3-5）也叫做透镜云，是非常有特点的云，常常出现在低气压迫近并且上空有强风的时候，这种云的出现经常象征着风雨交加的恶劣天气即将到来。

图 10-3-5 斗笠云

（六）熟知登山徒步的规则

随着登山徒步的日益火爆，登山客日益增加，与此同时，环境污染和环境破坏等现象也层出不穷。为了所有的攀登者都能安心舒适地登山徒步，每一位攀登者都有必要熟知和遵守登山徒步的规则。

1. 不可随地如厕

登山徒步过程中，上厕所在所难免，在没有厕所的情况下，方便完了应该将排泄物埋入土里，厕纸要包好带回去处理。如果山间小屋里有厕所的话，要注意卫生，严格按照使用说明来用。

2. 不可乱扔垃圾

虽然不可乱扔垃圾和保护环境成为社会共识，很多登山徒步爱好者们也在积极遵守，但是很遗憾的是，登山徒步的道路上仍然可以看到各式各样的垃圾，对生态环境造成了破坏。因此，在攀登的过程中，不管是塑料垃圾，还是能够降解的垃圾，登山徒步爱好者们都要带回去或者放到指定的垃圾存放处。

3. 不要采挖植物

登山徒步过程中，经常会遇到多种多样的植物，尤其是春季和夏季的时候，能遇到很多美丽的花花草草。众多登山爱好者们在拍照时，往往会情不自禁地摘下来一些，这种行为应该避免。如果每一个人都因为花美草绿，而把它们摘下来或是挖起来，那山会变成什么样子？所以，登山徒步时切不可采挖植物。

4. 不要投喂动物

登山徒步过程中，经常会遇到一些小动物，有时甚至会遇到鹿这样的体型稍大的动物，这种时候，不可因为动物可爱或者之前从来没有见过，而对其进行投喂。这一方面可能让动物们记住了大自然中没有的味道，另一方面还有可能给自己带来危险。对待登山徒步的自然环境，尽量不要给予太多的人为影响。

【知识点小结】

1. 登山徒步是指运动员徒手或借助专业的登山辅助工具攀登或穿越山峰的一项活动。

2. 登山徒步作为一项时尚健身的运动，具有促进身体素质全面发展、缓解压力促进心理健康、促进人的社会化的功能。简言之，登山徒步具有健身、健心及健群的功能。

3. 登山徒步的行进中要做到稳重心，一条线；小步伐，慢节奏；全脚掌，稳踏步；上坡外八字，下行重后脚；高台地，切莫跳。登山徒步休息时要注意行前热身要做足，起步放慢宜缓行；行进时间有规律，疲劳出现要休息。

4. 选择适合自己攀登的山峰、选择合适的登山方式和内容、制订登山徒步计划、学会阅读地图、了解山里的天气、熟知登山徒步的规则是较好完成登山徒步的关键。

【知识综合实训】

结合下图，根据登山徒步的技术要领和注意事项，试着设计一次登山徒步活动。

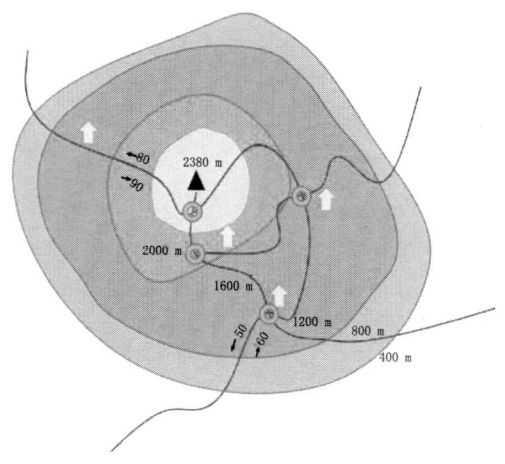

第十一章
自行车运动

【学习目标】

1. 掌握自行车运动的概念及内涵。
2. 了解自行车运动的起源与发展。
3. 熟悉自行车运动的分类与特征。
4. 了解自行车运动的功能和作用。
5. 掌握自行车运动的技术要领和注意事项。

　　自行车运动是一项历史悠久的竞技及大众健身运动，在欧美国家具有广泛的群众基础，中国也是世界上自行车骑行人数最多的国家之一。自行车作为一项健康、环保、时尚的绿色运动，深受大众喜爱，自行车爱好者数以百万计，自行车运动已成为大众娱乐、健身的一个热点和亮点。我国每年举行自行车比赛近40次，其中环青海湖、环海南岛等国际传统赛事已在国内外产生了广泛的影响，促进了中外高水平自行车运动员的交流和运动水平的提高。连续举行11年的国际奥委会主席杯全国百城市自行车赛，每年均有10多万人参加，已成为全国自行车爱好者的一个节日。本章将重点介绍自行车行动的概念与内涵、自行车运动的起源与发展、自行车运动的分类及特点、自行车运动的功能、自行车运动的技术要领及注意事项。

第一节　自行车运动概述

一、自行车运动的概念和内涵

　　关于自行车运动的概念界定，并不是十分清晰，相关专家学者对其的界定五花八门。在众多的理解中，以下概念受到多数学者的推崇，也算比较权威的概念界定。自行车运动（cycling）是以自行车为工具比赛骑行速度的体育运动。通过对概念进行深入分析发现，虽然该概念一定程度上解释了自行车运动，但仔细琢磨不难发现，这种理解存在较大程度的偏差。首先，比赛骑行速度不是自行车运动唯一的开展方式。作为一种喜闻乐见的大众运动方式，速度的比拼只是其中一个方面，花样和技巧也应该在各类比赛中得到体现。其次，自行车运动不仅有竞技功能，还有休闲娱乐的功能。随着社会的发展，体育休闲和体育消费受得越来越多的关注和重视，所以一味地强调自行车运动的竞技功能不准确，其休闲娱乐的功能应该得到凸显。再者，该概念对自行车运动的作用没有充分进行表述。自行车运动之所以受到世界各国民众的欢迎，主要是因为其在社会生活中发挥了积极的作用，满足了广大自行车运动爱好者的需要和诉求。

综上所述，在前人研究的基础上，对自行车运动的概念进行以下界定：自行车运动是为了满足广大自行车爱好者的运动诉求，以自行车为工具进行训练、比赛、休闲娱乐的体育运动。从这个概念中可以看出自行车运动四个方面的内涵。①自行车是自行车运动开展的基本工具和载体。自行车运动不同于网球、排球、足球等运动项目，其得以组织和开展的必要条件便是自行车。②满足广大自行车爱好者的运动需要和诉求是自行车运动开展的基本目标，也是自行车运动开展的意义和作用的体现。③训练、比赛、休闲、娱乐等多元化手段都是自行车运动的功能得以实现的途径，而不仅是各类自行车比赛。④自行车运动既有竞技功能，也有休闲娱乐功能。简言之，自行车运动的开展既要提升自行车运动的水平和成绩，也要丰富社会文化生活，促进精神文明建设。

二、自行车运动的起源与发展

（一）国外自行车运动的起源与发展

最早的自行车设计大约出现在1793年，是由法国人西夫拉克完成的，这可称得上是自行车的起源，不过当时设计的这辆自行车还很不完善。真正意义上的自行车运动始于19世纪的欧洲，首次有记载的公路自行车比赛是1868年5月31日在巴黎的圣克卢（St Cloud）公园举行的，世界首次女子自行车赛是1888年在悉尼市郊的艾士菲（Ashfield）举行的。随着各大公路自行车赛事的不断涌现和发展，世界对公路自行车赛事也越来越关注。较早的赛事有利吉-巴斯托尼-利吉自行车赛（1892年）、巴黎-鲁贝自行车赛（1896年）、环伦巴第自行车赛（1905年）、米兰-圣雷莫自行车赛（1907年）和环法兰德斯自行车赛（1913年）等一日赛及环法自行车赛（1903年）、环意大利自行车赛（1909年）和环西班牙自行车赛（1935年）等多日经典赛。国际自行车联合会（国际自行车联盟的前身）于1893年组织了第一次正式的世界锦标赛。1896年，自行车成为雅典首届现代奥运会上的比赛项目。国际自行车联盟于1900年4月14日创立于巴黎，并于1927年组织了首届国际自行车联盟公路自行车世界锦标赛。20世纪90年代中期，业余自行车运动与职业自行车运动正式统一，从而结束了二者之间的隔离局面。如今在所有的大型比赛中，业余手车与职业车手可一决高下。随着自行车运动的逐步发展，自行车运动项目也不断分化为山地自行车、场地自行车、公路自行车、小推车等各类自行车运动。

（二）中国自行车运动的起源与发展

中国的自行车运动于1913年前后由欧洲传入，当时自行车主要是作为交通工具使用的，随着国人对自行车的欢迎程度的提升，自行车运动也被越来越多民众接受。1930年，潘德明骑自行车环游世界，经越南、柬埔寨、泰国、澳大利亚、印度尼西亚、马来西亚、新加坡、美国、加拿大、古巴、瑞典等40多个国家和地区，历时7年多返回中国。1940年后，中国各地在田径场里举行了不同形式的中小型自行车比赛。1947年，在上海举行了第一次全国性自行车表演赛。中华人民共和国成立以后，自行车运动得到了全面、迅速的发展。最近几年相继举行的环青海湖国际公路自行车赛、环海南岛国际公路自行车赛及多次场地赛、山地赛，给我国的自行车运动带来了长足发展。在2008年北京奥运会上，中国选手郭爽在自行车场地赛女子争先赛中摘得铜牌，为我国自行车运动再添光彩。由于自行车相关技术的发展，以及自行车运动在全国范围内受到越来越广泛的关注，公路自行车、场地自行车、山地自行车和小轮车四个分项项目的发展充分反映在奥运会比赛项目上。

【拓展阅读】

自行车之最

1. 最早的自行车

最早的自行车的设计大约出现在1793年，是由法国人西夫拉克完成的。当时这辆自行车还很不完善。

2. 最大的自行车

1989年6月4日，美国的戴夫·摩尔制造的一辆自行车高3.4 m，车轮直径3.05 m。如果以车轮直径大小算，这是世界上最大的自行车。

3. 最长的自行车

1988年2月27日，新西兰的坦利·塞斯曼设计并制造了一辆自行车长22.24 m，由4个人骑乘。

4. 最贵的自行车

来自北欧的Arumania推出了全球最贵的单车，使用了600颗施华洛世奇的水晶，车身镀上纯金（纯金是指24K金，也就是说它的含金量是100%），定价117000欧元。

5. 最贵的山地车

英国的斯蒂夫公司生产了一种山地自行车，由英国、美国、意大利和日本生产的最高端零件组装，价格为12025美元。

6. 最小的双人车

法国的雅克·比尤制造的一辆双人自行车，只有36 cm长。

7. 最大的三轮车

1998年7月，美国的16名大学生设计了一辆三轮自行车，车高7.13 m，后轮直径2.23 m，前轮直径4.67 m。

三、自行车运动的分类及特点

迄今为止，自行车运动的开展如火如荼，我国正式开展的自行车项目主要有场地自行车、公路自行车、山地自行车和小轮车（BMX）四个大项，此外，独轮车、自行车攀爬等运动项目也具有一定的群众基础。

（一）场地自行车运动

场地自行车运动是在场地内进行的自行车运动。场地自行车的奥运会比赛项目有追逐赛、计时赛、计分赛、争先赛等不同类型。场地自行车在2000年悉尼奥运会上再次展开了技术大战，并且在项目上也有增加，女子增加了场地500 m个人计时赛，男子增加了奥林匹克争先赛、麦迪逊赛、凯林赛。我国在北京、深圳、南京等地建设了18个高水平的自行车赛场，并于2001年和2002年分别在秦皇岛和昆明举办过世界B级锦标赛和场地世界杯赛。姜翠华和江永华分别在悉尼奥运会和雅典奥运会上获得场地女子500 m计时赛的铜牌和银牌。

场地自行车的特征主要有四个方面。①场地自行车赛须在表面为木质、周长为250 m的圆形场地上进行，赛场内装配有一个木制的圆形坡道，外道要比内道高。②场地自行车只配有一个齿轮，没有安装变速装置和车闸，不具备山地自行车等其他类型自行车的调速功能，这也是场地自行车的一个重要特点，目前市面上比较流行的"死飞"自行车便与之类似。③场地自行车材质注重轻便结实。1992年巴塞罗那奥运会冠军鲍德曼的自行车为全碳素材料，总重量不到9 kg，并且在很多部件上都用了空气动力技术。④场地自行车的赛道分为直道和弯道两种。直道主要用于加速和冲刺，弯道主要展现运动员完美展的过弯技术和超车技术。

（二）公路自行车运动

公路自行车运动是指在公路路面（或人为硬化道路和砂石路）上开展的自行车运动。公路自行车俗称"公路车"，既可用于平时的娱乐休闲，也可用于公路自行车竞赛。在中国，公路自行车运动起步较晚，以山地自行车市场居于首位，不过随着公路自行车运动的普及，公路自行车市场不断扩大。公路自行车分个人计时赛、个人赛和多日赛三种形式。公路自行车运动时间长、距离远，体现的是耐力和意志，展现的是挑战自我，超越极限的拼搏精神。近年来，公路自行车运动在我国得到了进一步的普及和发展，有些比赛已经成为传统。如连续举行14届的"中国环游"国际公路自行车赛在亚洲历史最长，环青海湖国际公路自行车赛在亚洲级别最高。除此以外，环南中国海多日赛、青藏高原多日赛、环崇明岛多日赛、沪港多日赛、环京赛等各具特色，使公路自行车运动成为近年来体育活动中的一个热点。

公路自行车的特征主要有四个方面。①轮胎比普通自行车的轮胎窄，并且胎压可以达到100~200 psi[①]（pounds per square inch），所以在行驶过程中的滚动阻力和山地车相比小很多。②飞轮与牙盘的齿比（齿数比值）很大，一般的公路自行车齿比可达到53∶11甚至更高。③公路自行车广泛采用了新型材料，比如钛合金、碳纤维、高级铝合金材料

---

① 1 psi ≈ 6894.76 Pa。

等，所以公路自行车的重量很轻，可以达到 5 kg 以下，但国际自行车联盟规定参赛车的重量不得低于 6.8 kg。④普遍采用了很硬的材料，易于运动员发力。这一点和山地车是很不相同的。因为公路自行车都是在路况比较好的公路上面骑行，所以不需要像山地车那样，过于考虑缓冲防震的问题。由于上述的特点，公路自行车的骑行速度要比普通自行车快很多。

（三）山地自行车运动

山地自行车，英文名叫"Mountain Bike"，简称 MTB，起源于美国，是美国青年为了寻求刺激，在摩托车比赛的越野场地上驾驶自行车进行花样比赛而派生发展起来的车型。最早骑山地自行车进行越野的是美国加利福尼亚大学的一位学生斯科特（James Finley Scott），他是第一位将普通自行车改装成山地车式样的人。以后山地自行车运动逐渐在欧美流行，并形成赛事。1990 年，国际自行车联盟承认这项运动，1991 年，首次举行世界杯赛。我国在 20 世纪 90 年代初正式开展山地自行车运动，经过自行车界的努力，目前，男子山地自行车运动水平在亚洲处于优势地位，女子达到世界先进水平；2006 年，任成远获得世界锦标赛 23 岁以下年龄组冠军；2007 年，获得世界杯冠军，标志我国山地自行车运动步入新的发展时期。山地自行车运动集速度、耐力、力量、意志于一体，能够陶冶情操，健身强体，是大众喜闻乐见的体育锻炼形式。

山地自行车的主要特征有四个方面。①宽胎，直把，有前后的减震，骑行较舒适。宽而多齿的轮胎提供抓地力，减震器吸收冲击。近些年来，前减震的应用成为标准，前后减震的车辆越来越普及。一些山地车开始使用副把，其中角度上扬的把横成为了时尚。②刚度大，行走灵活，骑行时不必选择道路，无论是街巷漫游还是休闲代步兼可，骑车者可以在各种路面环境上尽情地享受舒适的骑行乐趣。③坚固、粗犷、外型新颖、色彩缤纷夺目、骑行性能优越，是都市青年追求的时尚。山地自行车由于具有抗震性能好的轮胎，牢固结实、材料刚度大的车架、不易疲劳的手把和即使在陡峻的坡道上也能够畅快地骑行的变速器等，更加适合于爬山越野、郊游旅行。④多挡位调速。山地车的车速一般有 11 速、20 速、21 速、24 速、27 速及 30 速等不同类型，正确运用变速器，能应付平路、上下坡、土路、顶风等复杂路况和气候，比普通自行车快速省力得多。

（四）小轮车运动

小轮车的英文全称叫做 Bicycle Motocross，简称 BMX，即越野自行车，因其轮胎比较粗而且比赛的赛道也和越野摩托车所用的赛道十分相似而得名。小轮车运动起源于 20 世纪 60 年代的加利福尼亚，它在很短的时间里便以其独特的魅力征服了全美国。对于那些对越野摩托车可望而不可即的青少年而言，这项运动可以使他们体会到小轮车在自建的越野跑道上驾车飞驰的美妙感觉。虽然使用的是自行车，但不妨碍他们充分体会那瞬间的撞击所带来的刺激与兴奋。对于青少年来说，BMX 的花销相对低廉而且也不用去离家太远的练习场。目前，就运动水平而言，美国最高，欧洲次之。亚洲开展这个项目有 15 年左右的历史，我国开展仅有 6 年多的时间，但发展较快。现在我国有 10 余支省市专业队,并建立了较完善的赛制。2003 年 6 月 29 日,国际奥委会召开执委会,通过了将小轮车作为 2008 年奥运会正式比赛项目的决定。太原市在 2006 年举行了首届亚洲自行车 BMX 锦标赛,在 2008 年举行了世界自行车 BMX 锦标赛。

小轮车的主要特征有四个方面。①小轮车的车轮较小。标准级赛事中使用车辆的车轮直径应为 20 英寸[①]。巡航级(重量级)赛事中使用车辆的车轮直径应介于 22.5 英寸和 26 英寸之间。②小轮车的车架必须极其结实,以满足竞速的要求,避免由于车架的裂缝、弯折和焊接不当而产生失误。③小轮车上不得安置尖利的突出物。链盒、侧支架(车踢)、挡泥板、片状金属附件如水壶、碟形螺母、多余的焊接或机械加速装置如链条保护接线片、反光镜或其他尖利的突出物等均不得使用。④为了方便技术展示和表演,小轮车的前叉必须可以顺利转动。

第二节 自行车运动的功能

自行车运动作为一种健康时尚的运动,有着重要的功能和作用,从宏观角度来看,具有经济、政治、文化等方面的功能,从微观角度来看,对人的健康和发展具有积极的促进作用。这里主要从健身、健心功能的角度对自行车运动的功能进行阐述。

一、强身健体

经常参与自行车运动可以有效地锻炼下肢肌肉力量,并且强化全身耐力。骑行自行车不仅可以有效锻炼下肢髋、膝、踝关节及肌肉群,而且还可有效调动颈、背、臂、腹、腰、腹股沟、臀部等处的肌肉、关节、韧带,强身健体的作用明显。研究表明,经常参加自行车运动对内脏器官的耐力锻炼效果与游泳和跑步作用相同。

二、减脂瘦身

从运动分类上来看,自行车运动属于有氧运动,参加骑行可以充分地燃烧脂肪,有效地达到热量的消耗,进而起到控制体重和保持身材的作用。研究表明,骑半小时自行车约燃烧 150 卡热量,自行车运动对于减脂减重效果明显。当然如果想要达到较好的减脂瘦身的效果,持之以恒的骑行锻炼是基本前提和保证。

三、益寿延年

自行车运动是一种强化心脑血管和肺部功能的运动,能使人体机能保持良好的状态,起到预防疾病和益寿延年的作用。数据表明,每天骑单车 4 英里(约 6.4 km)的人比不骑车的人,患心脏冠状动脉疾病的概率低 50%。调查统计,在世界上各种不同职业人员中,以自行车为主要邮递工具的邮递员寿命最长。之所以会这样,是因为邮递员通过长

---

① 1 英寸≈2.54 厘米。

年的自行车骑行使心脏血管和肺部功能达到一个良好的状态。

四、开发大脑

自行车行动不仅是一项体力运动，同时也是一项脑力运动。自行车运动因为是异侧支配运动，所以可以提高神经系统的敏捷性。两腿交替蹬踏可使左、右侧大脑功能同时得到锻炼，更可以有效预防大脑的早衰及偏废。自行车运动对于青少年儿童可以促进大脑的开发，对于成年人可以提高大脑神经系统的敏捷性，对于老年人可以预防老年痴呆。总之，自行车运动对大脑神经的开发和维持具有重要作用。

五、减压舒心

现代社会工作、学习和生活的节奏越来越快，人们始终处在一种高强度的工作环境当中。参加自行车运动既可以缓解身体的疲劳，也可以减轻心理压力和放松心情。对于那些压力过大的上班族来说，参与自行车运动是摆脱压力的束缚，消除沮丧的情绪，以更好的心态去面对学习与工作的健康生活方式。

【相关链接】》

资料 11-1　为什么邮递员的寿命最长

第三节　自行车运动的技术要领和注意事项

一、自行车运动的技术要领

众所周知，自行车运动是一项健康、时尚的大众运动，技术的学习和掌握并不难，但要科学地骑行，充分发挥自行车运动的健身功能，需要对自行车运动技术要领有充分的理解和掌握。

（一）骑行姿势

1. 坐垫角度

坐垫的角度（图 11-3-1）是指坐垫前端与后端的连线与水平线之间的夹角。一般情况下，夹角的大小为 0°，即水平安装坐垫，或者坐垫前端稍低于后端，尽量不要前端上翘。有人骑完车后常常会抱怨胯下痛，这可能是坐垫前端对臀部或大腿内侧的压力过大所致，这时需要检查一下坐垫是否水平，甚至可以将坐垫的前端稍稍向下调整一点，这样做可以减轻对会阴部的压力和摩擦。另外，穿上带护垫的骑行裤有利于减少自行车对人体造成的磨损。

图 11-3-1　坐垫角度

2. 坐垫高度

坐垫高度（图 11-3-2）的合适与否将直接影响下肢关节和肌肉的活动，同时也影响身体的姿态。坐垫高度不合适，长途骑行后，膝盖会疼痛，且多数时候，人体膝盖的损伤不可恢复，治疗过程中，医生也仅能帮助保持状况不再恶化，没有办法实现痊愈，因而需要重视坐垫高度的设置，保持正确的姿势则不会损伤关节。一般来说，车座最合适的高度为：当脚蹬到最低点时，腿可不费劲地伸直，膝盖可以不用弯曲，但腿稍稍使劲伸直的时候，膝盖可以有微量弯曲，如此一来，血液在骑行过程中可通过膝盖，有利于骑行者的健康水平的提升。当然，具体的坐垫高度要因人而异，以个人感到舒适为宜。

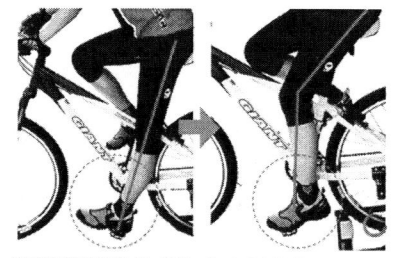
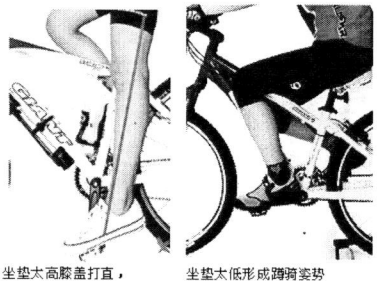

图 11-3-2　坐垫高度

3. 身体姿势

身体姿势（图 11-3-3）的正确与否直接关系到自行车运动功能和作用的发挥，不恰当的身体姿势不仅无法带来理想的健身和锻炼效果，相反还会对身体造成损害。一般来说，骑行的姿势主要有两种：蜷伏式和站立式。蜷伏式是较为常见的骑行姿势，目的是降低身体正面横截面和减少髋关节活动的角度。站立式在爬坡和冲刺阶段、场地团体竞速及追逐赛的启动阶段运用较多。

图 11-3-3　身体姿势

通常情况下，骑行中背部需要是直的，但不是竖直，是前倾而笔直的，要从臀部前倾，而不是腰部或后胸，否则变成"罗锅"或"虾米"，不仅不美观，还会对体态带来负面影响，并且长期骑行后，会背痛难忍。脖子自然挺直，别太低或太挺，否则脖子容易酸痛。如果你感觉脖子要低一些、耷拉着脑袋才舒服，那是疲劳的症状，赶紧休息一下再上路吧。

（二）骑行技术

自行车技术的掌握是参与自行车运动的基本前提，除了掌握正确的骑行姿势外，还需要掌握正确的骑行技术，下面将从蹬踏技术、刹车技术、转弯技术、爬坡技术、下坡技术、跟车技术、冲刺技术、跨越障碍技术八个方面一一进行介绍。

1. 蹬踏技术

蹬踏是自行车获得前行动力的根本，蹬踏技术掌握的好坏直接影响骑行的质量和水平。好的蹬踏技术对人对车都能起到良好的保护作用。就目前来看，蹬踏技术主要分为冲击式脚蹬旋转技术、回旋式脚蹬旋转技术和双脚同时用力蹬提脚蹬技术。

（1）冲击式脚蹬旋转技术

骑行时，当脚蹬离开最高点时，脚即做短暂的向下蹬踏的冲击动作，然后另一只脚也做同样的动作。这种蹬踏动作在整个循环中包括两次短冲击，因此车辆带有跃进的性质，速度也因冲力的大小而改变。

（2）回旋式脚蹬旋转技术

当双脚做回旋运动时，运动的速度应该接近于等速。蹬脚蹬的动作要柔和，从水平点开始稍稍加大蹬踏的力量。由于回旋式的动作比较协调，再加上向前下方蹬踏的重量，所以只需稍稍用力即可。当脚刚通过最低点时，就需要自然抬起，但不可用力过大。

（3）双脚同时用力蹬提脚蹬技术

骑行过程中，为了加快骑行的速度，通常会采用两脚同时发力的方式来蹬提自行车。通常来说，当脚蹬到达最高点时，该侧的脚采用向上蹬的动作。与此同时，另一方的脚蹬刚好处在最低点，此时该侧的脚采用提的方式。

2. 刹车技术

刹车技术是自行车骑行的一项重要技术，该项技术可让骑行者免于擦伤、挫伤、骨折的危险，紧急情况下还能保命。刹车技术可以概括为身体向后移并让两边踏板等高，控制刹车力度。

（1）身体向后移

看到前方有紧急状况时，尽快将臀部向后移，越过坐垫，保持低姿势。这样一来重心会向下，增加自行车后轮与地面的摩擦，避免摔车。

（2）两边踏板等高

保持踏板等高有利于保持自行车的平衡，车的重心才不会偏向一边，就算车真的倒向一边，也不会因为踏板摩擦到地面而失去平衡。

（3）控制刹车力度

刹车过程中，力度通常不宜过大，一般的情况下前、后刹相结合，力道的分配比例为前轮1/3，后轮2/3，对于相对较平的道路，也可以只进行后刹。切记，在车速很快的情况下，刹车时不可用力过猛，也不能只有前刹，否则容易发生侧滑。

3. 转弯技术

高超的转弯技术不仅可以让骑者骑行时得心应手，而且可以让骑者骑得又稳又安全，不易摔车。一般来说，转弯时需要注意以下技术要领。

（1）臀部向后移

转弯时，臀部稍微坐在坐垫的后方，背部压平，尽可能与车子上管平行。

（2）内侧踏板在上

如果是右转弯，把右侧的踏板调到12点钟的位置，左腿打直，左侧踏板踩在6点钟的位置，转弯时右膝往右边倾，身体重心放低，增加稳定度。高速转弯时，右肩甚至头部都要稍微右倾。若是左转弯，技术要领与右转弯一样，只是方向相反。

（3）手指随时搭在刹车杆上

由于转弯时，自行车的重心出现变化，易发生倾倒，因此要随时准备刹车，故要将手指随时搭在刹车杆上。刹车时不可用力扣住刹车杆，这样可能导致打滑或翻车。

（4）从外侧进入弯道再切进

在进入弯道前3 m就要调整到自己有把握掌控的速度，过弯前先骑到直线车道的外侧，然后以弧线切进弯道顶点。整个过程应该是"外侧—内侧—外侧"。总而言之，不是沿着弯道转，而是让车子创造转弯弧度，然后调整身体重心，让膝盖微微倾向转弯的方向。

（5）用力压住外侧踏板

过弯道时，外侧踏板压得越紧，摩擦力越大，因此需要用力压住外侧踏板。应该注意的是，很多骑者怕影响自行车前行的速度，过弯道时还在继续踩踏，这种行为是比较危险的，尤其在车速很快的情况下，极易出现事故。

4. 爬坡技术

自行车骑行过程中，众多骑者都比较怕上坡，其实大可不必，只要掌握正确的爬坡技术，爬坡就可以既轻松又享受，其技术如下所述。

（1）调节齿轮

上坡的过程中，速度不宜过快，如果继续保持平地骑行的速度，自然会感到累。此时可以通过调节齿轮的方式调节车速，同时达到省力的目的。主动轮的齿轮越小，被动轮的齿轮越大，自行车的速度就越慢，骑行就越省力。骑者可以根据坡的高度、自身体能和素质选择合适的主动轮齿轮和被动轮齿轮。

(2) 随坡度调整身体姿势

上坡的过程中，视坡度调整身体姿势。若坡度较小，可维持骑行姿势不变；若坡度中等，骑者需臀部前移；若坡度较大，为了更好地发力，骑者应以站立姿势骑行，臀部脱离坐垫，重心前移。

(3) 不要蛇行

根据经验，上坡时若采取蛇行方式，通常更加省力，这其实是误区。研究表明，前进的角度偏移3°，就会多消耗30%的体力，前进的距离也会变长。特别是对于参加自行车竞技和比赛的骑者而言，体力的储存至关重要，所以若非万不得已，不要蛇行。

5. 下坡技术

众所周知，自行车骑行过程中，下坡是最省力的，因此下坡阶段往往也是骑者休息的好时机。总的来说，下坡的过程中，需要掌握以下技术。

(1) 身体向后压

下坡的过程中，为了防止自行车前倾和摔倒，身体重心需要后移，因此，骑行时要保证臀部向后移，胸部向下压。下坡路段越陡，臀部越要向后移，胸部越要向下压。在特别陡的下坡路段骑行，臀部会在坐垫后面飘在空中移动以保持平衡。

(2) 不要害怕冲力

下坡时，由于惯性，自行车运动的速度会很快，这是很正常的，不用担心。如果下坡路不是很好骑行，要合理使用刹车技术。自行车比赛中，如果道路平整且无沙石，只要身体姿势正确，通常可放掉刹车，直接通过。

(3) 单指刹车

下坡时，自行车两边刹车杆都用一根手指勾住就好，最理想的操控与刹车组合是食指钩住刹车杆，其余手指握住车把。

6. 跟车技术

自行车跟车通俗地讲就是跟在别人后面骑行，即前轮跟着别人的后轮。跟车是自行车骑行中一项重要的技术，可以有效地避开风险。研究表明，不论是休闲骑乘还是比赛，跟车最多能省下40%左右的体力，尤其是碰上迎头风时。总体来说，跟车主要有如下技术。

(1) 跟在车队后面

跟车不是跟在小车或是卡车后面，而是跟在其他骑者的后面，尤其要跟在骑行技术比较好的骑者和车队的后面，车与车之间的距离不要过大也不宜过小，以安全舒服为宜。

(2) 选定目标

不论是一般的健身骑行，还是各种自行车竞赛，如果自己不是遥遥领先的话，最好挑选一个骑车稳定顺畅的车手进行跟车，尽量跟上其节奏。若因体力和技术问题无法跟上，中途可再次选定目标。

(3) 紧跟前车

跟车时,刚开始的时候与前车的距离可以保持大约 1 m,然后慢慢拉近。紧跟前车时,要随时注意道路状况及前车车手的状况,随时做好刹车准备。跟车过程中若要调整速度,通常运用刹车调整(加速除外),而不是减轻踩踏力道或迎风挺起身体。

(4) 维持稳定速度

跟车时,切记速度不要冲得太快,不然很容易导致疲劳和精神涣散。若是第一次进行跟车的骑者,速度最好维持在 30 km/h 左右。

(5) 位置调整

跟车过程中,遇上迎头风时,跟在车友正后面。如果是侧风,则骑在车友的侧面,始终让前车车友帮你挡风。此外,前车车友出现体力不支的状况时,自己要主动骑到前侧进行领车,帮助车友挡风。

7. 冲刺技术

骑行时,为了加快车速,通常需要运用到冲刺技术。冲刺时,骑者必须有两项指标达标:爆发力和蹬踏频率。其中,爆发力是根本,蹬踏频率是条件。由此可见,在自行车运动中,力量非常重要。冲刺时需要注意以下技术。

(1) 站姿骑行

冲刺过程中,骑者的身体姿势不同于平时的骑行,为了保证向前的速度和便于发力,身体重心需要前移,因此,骑者需要采用站姿骑行。

(2) 调整角度

为了便于冲刺,骑者需将自行车角度调节到最适合自己身体的状态。车座尽量提高,当骑者坐在车座上时,右脚前掌踩踏板到最远端,整个右脚自然伸直即可。

(3) 调节齿轮

为了保证冲刺的速度,若是在下坡或平路上,在准备冲刺前需要边骑行边将主动齿轮调到大齿轮,被动齿轮调到小齿轮。若是在上坡,齿轮的调节依照爬坡技术进行调节便可。

8. 跨越障碍技术

无论是健身骑行还是自行车的竞技比赛,骑行的过程中,骑者或多或少会遇到障碍物,尤其是山地自行车的越野骑行时,会遇到各种各样的沟沟壑壑,因此,需要掌握一定的跨越障碍物的技术。总的来说,跨越障碍的技术是自行车骑行技术中比较难的技术,骑者进行一般的健身骑行时可不掌握,但对于小轮车竞技或是山地自行车竞技,这些技术的掌握非常重要。

(1) 向前跳跃的技巧

跳跃时,手压着把手,膝盖稍微弯曲,臀部离开坐垫位于坐垫的前端,将前轮压着地面,伸直手臂,利用反作用力使前轮升起。

（2）向后跳跃的技巧

跳跃时，刹前、后轮，压后轮，然后像是失去力量那样把身体俯向把手，此时即可提起后轮，然后脚掌心放在脚蹬上，同时向后边推。

（3）齐足跳跃的技巧

跳跃时，弯曲手肘及膝盖，降低重心，一口气起身，两轮离地，以脚蹬向后推压的要领将车拉上来。

（4）以跳跃姿势向前飞的技巧

跳跃时，身体稍微向前沉下，以前后同时跳跃的要领提升车体，握把扭向前，即刻尽量一口气向前推车体。

（5）以跳跃的姿势向后飞的技巧

跳跃时，弯曲膝盖及手肘，降低重心，向斜后方一口气起身，把车体向后压下，以膝盖及手肘来吸收冲击力并着地。

（6）以跳跃姿势横向飞的技巧

跳跃时，把身体放在准备移动的一侧，车子倾向相反的一侧，把上身向移动方向的斜上方伸直，往上拉车体的同时把车体靠近身体，向横方向跳，车体像与身体交换位置般放到相反的一侧。

二、自行车运动的注意事项

参与自行车运动，除了掌握基本的技术要领外，还应了解参与自行车运动的相关注意事项，减少不必要的风险和损失。具体来说，有以下注意事项需要引起重视。

第一，自行车的车座不宜过高，不宜过硬，应富有弹性，保证车座的前端不高于后端，防止骑车时车座对会阴部造成压力和局部摩擦，从而导致皮下组织瘤样增生。

第二，骑车时臀部坐正，两腿用力均衡，防止一侧用力过猛对身体造成伤害及对自行车造成损伤。

第三，骑行衣物，特别是短裤的质地应柔软贴身，防止长时间骑行中，衣物质地过硬对身体带来的不适和伤害。

第四，女性在例假期间最好少骑或不骑自行车。

第五，骑车时间较长时，要注意变换骑车姿势，使身体的重心有所移动，以防会阴部某一点长时间受力。

第六，初骑变速车时，速度不要太快，时间也不要太长，待身体适应后再加速和加时。

第七，骑行过程中，若发觉会阴部有不适症状，要及时查明原因，若因车座有问题，要及时调整和休息，症状消除后再骑行；不能消除症状者，应到医院请医生检查治疗。

▶【知识点小结】

1. 自行车运动是为了满足广大自行车爱好者的运动诉求，以自行车为工具进行训练、比赛、休闲娱乐的体育运动，具有强身健体、减脂瘦身、益寿延年、开发大脑、减压舒心等功能。

2. 自行车运动主要分为场地自行车运动、公路自行车运动、山地自行车运动及小轮车（BMX）运动。

3. 恰当的坐垫角度、坐垫高度及身体姿势是保持正确骑行姿势的关键；蹬踏技术、刹车技术、转弯技术、爬坡技术、下坡技术、跟车技术、冲刺技术、跨越障碍技术是掌握好自行车骑行技术的基础。

4. 参与自行车运动，除了掌握基本的技术要领外，还应了解参与自行车运动的相关注意事项，减少不必要的风险和损失。

【知识综合实训】

结合下图，根据道路的特点和自行车骑行的基本技术，尝试设计一次团体骑行活动。

第十二章
CHAPTER 12
其他户外运动项目

【学习目标】

1. 了解皮划艇运动的理论知识和实践技术。
2. 了解滑雪运动的装备器材、比赛规则和基本技术。
3. 了解潜水运动的基本知识。

户外运动是人类在长期生产劳动、科学探索和行军作战等实践中不断总结、提炼、演变而来,逐步形成的具有一定理念、技术及健身和竞赛意义的体育运动。户外运动属于极限和亚极限运动,极具挑战性和刺激性,是健康生活方式的一种重要体现。人们越来越重视对生活质量的提高,通过各种户外运动进行锻炼、交友和从事商务活动。户外运动是一个很宽泛的概念,本章仅选择性地介绍一些除去前面已经介绍过的现代大众渴望了解和参与的户外运动项目,如皮划艇、滑雪和潜水等。

第一节 皮划艇运动

一、皮划艇运动概述

(一) 皮划艇简介

皮划艇是一项运动项目,是桨手乘坐一种特制的小艇,由一个或者是几个桨手,双手持桨,面向前方划进的一种水上运动。皮划艇运动有静水项目和激流项目之分。在天然或人工湖面进行的比赛,称静水项目;在水流湍急的河道进行的比赛,称激流项目。在开展皮划艇运动的过程中,为了不断提高艇速,艇形、材料等不断得到改进提高。皮划艇运动在欧洲有着广泛的群众基础,历来比赛的优胜者属于欧洲国家。德国、匈牙利和俄罗斯等国是静水项目的传统强国。皮划艇运动属于速度耐力项目,经常参加皮划艇运动,能有效地增强人体心血管系统和呼吸系统的功能,发展全身肌肉的力量和耐力,是健身锻炼的好项目,深受人们的喜爱。

（二）皮划艇运动的分类

1. 皮艇

皮艇有舵，比赛时，运动员坐在艇内，面向前方，手持两头带桨叶的桨在艇的两侧轮流划水，依靠脚操纵舵控制航向。皮艇有单人艇、双人艇、四人艇和障碍回转项目。

2. 划艇

划艇起源于加拿大，北阿拉斯加以渔猎为生的印第安人将树干掏空，坐在里面用木棍划行，故又称独木舟。独木舟是人类祖先在原始社会就已经广泛使用于渔猎和运输的水上劳动工具，后经过演变成为了划艇。划艇两头尖，艇身短，无桨架，无舵。划桨时，前腿成弓步立，后腿半跪，手持一头带有铲状桨叶的桨在固定的舷侧划水，并控制方向。划艇有单人、双人、障碍回转项目。

（三）皮划艇运动的场地

1. 静水项目场地

皮划艇静水项目在天然湖泊或人工湖中进行。在奥运会比赛中，皮划艇静水比赛通常与赛艇比赛合用一个水上赛道，为了满足赛艇比赛的需求，赛道必须满足以下最小测量范围的要求：长 1400 m，宽 120 m，最小深度 2 m。奥运会皮划艇静水项目的比赛距离为 1000 m 和 500 m。比赛采用 9 条航道，每条航道宽 9 m，在布置比赛航道时必须根据规则规定的"A1-bano"系统布置。在奥运会上必须使用自动起航器和电子计时系统。比赛水域要求没有水草及其他障碍物，设置有终点计时塔、上下水码头、副航道、起航区域设施、自行车道、观众台等。

2. 激流回旋项目场地

激流回旋项目赛道长为 250~400 m，最小平均宽度为 8 m，呈"U"字形，赛道宽度从 8 m 到 12 m 不等，水流落差一般大于 5 m，水深大于 0.6 m。热身和放松水域一般在起点区域或终点区域。比赛时，赛道中布置 18~25 个水门，其中一部分是顺水流方向的顺水门，另一部分是逆水流方向的逆水门，逆水门至少 6 个，最多 7 个。比赛中运动员要不触碰门杆，顺利通过规定的顺水门和逆水门。水门由两根悬垂的门杆组成。门杆为圆形，长 1.6~2 m，直径 3.5~5 cm，有足够的重量，刮风时不会有大的摆动。水流速度可以控制，观众可以观赏到安全又充满刺激的皮划艇激流回旋比赛。

二、皮划艇运动的起源与发展

（一）皮划艇运动的起源

远古时代的皮划艇主要是用于狩猎、钓鱼的工具，直到 19 世纪后期才逐渐作为一项运动兴起。皮艇起源于格陵兰岛上的因纽特人所制作的一种小船，这种船用鲸鱼皮、水獭皮包在骨头架子上，用两端有桨叶的桨划动。划艇则起源于加拿大，因此又称加拿大划艇。实际上，这两种艇都是从独木舟演变而来的，原始的独木舟（图12-1-1）在世界许多地方被发现过，如非洲的埃及、南亚的印度和西欧的荷兰。中国是一个历史悠久的文明古国，我国新石器时代遗址浙江湖州钱山漾、浙江余姚河姆渡、福建连江、广东化州等地都出土过独木舟或船桨的残骸。这些文物已有5000~9000年的历史。

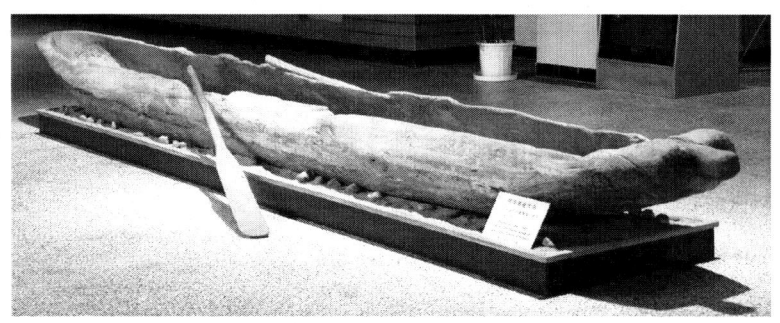

图12-1-1 古代独木舟

（二）皮划艇运动的发展

现代皮划艇运动产生于1865年，苏格兰人麦克格雷戈（John MacGregor）以独木舟为蓝图，制造出第一只长4.57 m、宽76 cm、重30 kg皮划艇"诺布·诺依"号，驾驶穿越了瑞典、芬兰、德国、英国等国家。他的行为引起了人们的兴趣，使皮划艇在19世纪90年代的欧洲得到广泛开展。1867年，他创建了英国皇家皮划艇俱乐部，并举办了第一次皮划艇比赛。1924年1月，由丹麦、瑞典、法国和奥地利发起，在丹麦首都哥本哈根成立了国际划艇联合会。同年，第8届奥运会期间还进行了划艇表演赛。1936年，皮划艇开始被列为奥运会正式比赛项目，共进行了9项比赛。1960年，在罗马举行的第17届奥运会取消了所有10000 m的长距离比赛，增加了男子4×500 m皮艇接力比赛和女子500 m双人皮艇。1964年又把接力比赛改为男子1000 m四人皮艇。1972年，皮划艇又增加了激流回旋项目。由于花费太高，该项目也在慕尼黑奥运会之后撤出了奥运会。到1976年又增加了男子500 m单人、双人皮艇和划艇项目。1984年洛杉矶奥运会又增加了女子500 m四人皮艇。因此，奥运会皮划艇比赛总共为12项，世界皮划艇锦标赛则趋向于发展较短的距离，增加了200 m比赛项目，长距离也从10000 m改成了5000 m。1992年巴塞罗那奥运会恢复了该项目比赛，1996年亚特兰大奥运会保留了该项目，悉尼奥运会也举行了该项比赛。德国、瑞典和苏联等欧洲国家在静水比赛中一直占有优势。

在2004年雅典奥运会上，获得皮划艇运动奖牌的国家明显增加，从2000年悉尼奥运会的19个国家增加到24个国家，其中中国队首次夺得了这项比赛的金牌，取得了一枚金牌的历史突破。2008年，在北京举行的第29届奥运会的比赛项目中，皮划艇项目占有一定的比重，其中金牌数目达到16枚。中国皮划艇运动健将孟关良、杨文军再次获得男子

500 m 双人划艇冠军。

近年来，皮划艇运动在民间渐渐兴起，越来越多的人了解并爱上了这项水上运动。从 2014 年开始的全民皮划艇休闲大赛起，越来越多的爱好者逐渐加入了皮划艇运动大家庭。以上海为例，目前已经有 10 多家船艇俱乐部开展休闲皮划艇运动。2016 年，上海·静安苏州河国际皮划艇马拉松赛在上海市苏州河流域举行，共有 100 多名业余选手和包括李强、周玉等国家皮划艇队队员在内的 100 多名专业选手参加。2016 年，中国全民皮划艇休闲大赛总决赛在陕西渭南大荔县举行，来自全国各地 21 支代表队的 160 余名皮划艇爱好者参加了比赛。中国全民皮划艇休闲大赛开展多年以来，参赛选手呈几何倍数增长态势，"划入自然、划进阳光、划出健康"的理念也愈加深入人心。

三、皮划艇运动技术、训练原则与方法

皮划艇包括皮艇和划艇，都是两头尖小，没有桨架的船艇。皮划艇的基本技术大致可分为插桨、拉桨、出桨和推桨，以艇首到终点先后排名次。由于划艇不是太普及，技术较难，本节以学习皮艇基本技术为主。

（一）皮艇基本技术

1. 选桨和握桨

运动员正握桨杆，对称放在头顶上，上臂与两肩平行，肘关节呈 90°，两手距离桨颈 15 cm 左右。如再加上两桨叶的长度，就是该运动员较适宜的桨长。运动员根据自己手腕关节的灵活程度使两片桨叶相互偏转 70°~90°。根据运动员的习惯又可以分为左手转桨和右手转桨。

2. 船上坐姿

运动员坐进船舱后，应位于艇的中心线上，以保证良好的平衡。两膝大约弯曲呈 120°~130°，背部要直起，躯干垂直或前倾 5°~15°，身体重心靠前面一点，这根据运动员的体重决定。运动员自然地正坐船中，头部正直，两眼平视前方，颈部放松。

3. 划桨技术

皮艇的划桨技术是连贯而有节奏的循环动作，划皮艇是以两边相同的动作在左右两侧不断地重复，因此要求运动员的动作高度协调，努力做到两边划桨动作对称。

（1）桨叶入水技术

以左桨划水为例，桨叶入水时，上体应该围绕纵轴最大限度地向右转动，肩轴和躯干一起转动约 70°，左膝弯曲使臀部稍向前移动，而右膝充分前伸，左前臂与手成一直线，右手在头旁，离右耳 20~25 cm，桨叶与水平面呈 40°~50°角，在入水阶段，桨叶的运动方向是向前、向下、向外，从桨叶接触水到桨叶全部浸入水中的时间约为 0.06~0.063 秒。

(2) 拉桨技术

拉桨时，腰部发力，躯干加速用力向左牵拉转动。左脚撑住脚蹬板，要有用力推艇向前的感觉，桨叶面则尽可能与艇的纵轴线约呈36°角。在拉桨过程中，桨颈齐水平面，桨叶面则尽可能与船舷保持80°~90°角，运动员根据自己的水感，不断寻找静水点，使桨叶相对固定在入手点。

(3) 桨叶出水技术

桨叶改变角度离开水面称为出水。此时运动员的躯干、上肢肌肉间隙放松，为下一个周期划桨做准备，要求运动员左边躯干减缓旋转。桨叶出水，应该迅速、果断。手臂与肘明显上抬，肘关节的高度低于肩关节。小臂的位置应高于耳，每一桨结束时保持艇速，保证艇是匀速行进的，因此出水必须干净利落，技术动作连贯。

(4) 复位技术

桨叶出水至前方手积极前侧引至最远处，由于桨的长度大于运动员的坐高，桨不能作前后运动，必须先经过侧向作外侧弧线运动，向上举桨。手臂复位时，桨叶由下向上，运动员通常在这时吸气。

整个划桨动作是一次连贯、协调的周期性动作，即使是恢复阶段，也应轻快而流畅，没有任何停顿，并且不允许艇在两次拉桨之间有明显的减速现象。

(二) 皮艇训练原则

1. 循环渐进原则

循序渐进原则主要是指安排锻炼内容、难度、时间及负荷等方面要根据人体发展规律和超量负荷原理，有计划、有步骤地逐步提高要求。皮艇双边划行技术动作相当复杂，因此在训练中必须由简到繁、由易到难，从诱导练习到基本练习，最后到完整技术练习。

2. 持之以恒原则

皮艇练习要有连续性和系统性，只有科学地制定练习计划，才能够不断有效地增强体质，改进技术。人的大脑中有大量的神经突触连续进行某种刺激，能够在大脑中形成一整套固定形式的反应，即动力定型。动力定型建立后，运动者就能够习惯性地、熟练地完成一套练习。

3. 教学相长原则

教练可以充分激发运动员的积极性，当一个运动员练完后，可以征求运动员意见，共同找出缺点和原因等，这样不仅能充分集中大家的智慧，集思广益，同时也可以培养运动员独立思考和形成正确的技术概念，运动员之间各有长处与短处，可以采用小教材的方法，通过互相观察，互相学习，取对方技术之长。

4. 学习与独创相结合原则

既要善于观察和学习国内外优秀运动员先进技术，把国外先进皮划艇技术学到手变为自己的东西，又要立足于独创，走自己的技术道路。由于每一个运动员的身体条件和具备的素质各不相同，所以不能盲目照搬或取舍，一定要结合运动员的具体情况在实践中不断探索总结，逐步形成自己的风格。

(三) 皮艇训练方法

1. 交替训练法

采用长、中、短距离交替划，为了集中精力掌握或改进基本技术，用快划方法，掌握快划中船的平衡。经过反复多次的练习后，逐步加长距离，进一步熟练和巩固技术。同时，可以采用正确与错误技术动作交替的方法，培养运动员辨别正确与错误的动作节奏和提高肌肉感觉的能力。

2. 快慢练习法

快慢交替练习不仅有利于运动员巩固技术，体会动作节奏和肌肉感，而且可以培养运动员在皮艇上控制身体平衡的协调能力。快慢练习应该以快动作为主，快是目的，慢只是手段，其最终是为了快。快慢交替练习能够提高运动员的快速前进能力和冲刺能力。

3. 比赛练习法

比赛练习法在技术训练中应得到应用，因为它能提高运动员在各种训练中的积极性和紧张程度，并能培养运动员在各种复杂条件下，完成技术动作的能力。有些运动员在大比赛时往往因为过分紧张，而影响动作的协调性，使技术得不到正常的发挥。要克服这种毛病，一方面要培养运动员的意志品质，另一方面是平时可用比赛练习法。

第二节　滑雪运动

一、滑雪运动概述

(一) 滑雪简介

滑雪运动发展至今，项目在不断增多，领域在不断扩展，目前世界比赛正规的大项目分为高山滑雪、北欧滑雪、自由式滑雪、冬季两项滑雪、雪上滑板滑雪等，每大项又分众多小项。纯竞技滑雪具有鲜明的竞争性、专项性，相关条件要求严格，非一般人所能具备和适应。随着国民经济的高速发展，城乡居民收入的提高，人们对生活质量的追求越来越高，生活方式开始由生存型向享受型转变，滑雪受到越来越多人的喜爱。大众滑雪是出于娱乐、健身的目的，受人为因素制约程度很轻，男女老幼均可在雪场上轻松、愉快地滑行，享受滑雪运动的无穷乐趣。由于高山滑雪具有惊险、优美、动感强、魅力大、可参与面广的特点，故高山滑雪被人们视为滑雪运动的精华和象征，更是旅游滑雪的首选和主体项目。

(二) 滑雪运动发展史

滑雪运动起源于欧亚大陆北部极度寒冷的地区。最初，寒冷的冬天给人们的生活带来不便，为了在这种恶劣的自然环境下求得生存，人们也许是用皮带把大片兽骨绑在皮靴上，作为滑雪的工具，使人们可以在浩瀚的雪地中任意驰骋、追寻猎物，从事生活、生产活动。史料记载，滑雪运动起源于北欧的挪威和瑞典，距今约4000年，挪威国家滑雪博物馆收藏着1600年前的滑雪用具。1226年，挪威内战时期，两名被称为"桦木腿"的侦察兵，怀藏着两岁的国王哈康四世，滑雪翻越高山，摆脱了敌人。挪威每年举行越野马拉松滑雪赛，距离为35英里①，与当年侦察兵所滑行的路程相同。也有资料称滑雪运动的发源地是中国与俄罗斯交界的阿勒泰地区。随着时代的推移，滑雪的实用价值已逐渐降低，由于它更贴近自然，贴近生活，被人们广泛接受，演变成了现代的竞技运动和旅游项目。人们在滑雪过程中，通过自我控制和调节，可充分领略其中的乐趣，增强体质。

在美国，滑雪人口已经达到了1000多万，每年滑雪器械销售额达到3.5亿美元。在法国，每年滑雪人口已经达到700万，滑雪收入超过百亿美元。日本凭借良好的经济条件、天然条件，修建了900余座现代滑雪场，有近2000万名滑雪爱好者。在瑞士，人口仅有20万的瓦莱州，每年能够接待滑雪旅游者达到1000万人次。

我国的滑雪历史也很悠久，唐代李延寿在《北史》书中写道："气候严寒，雪深没马，地高积雪，惧陷坑阱，骑木而行"，意思是为了防止行走时脚陷入雪中，人们脚下踩着木板走路。《新唐书》《山海经》中也有我国东北和西北等地区的少数民族借助雪上滑行从事狩猎和生产劳动的记载。20世纪初，现代滑雪技术从俄罗斯和日本传入我国东北地区。1949年中华人民共和国成立后，党和国家重视滑雪运动的发展。1957年，在吉林省通化市江南滑雪场举行了第一次全国滑雪比赛。1959年举行了首届全国冬季运动会。1979年11月，国际滑雪联合会决定接纳中国为临时会员，1981年5月16日，中国成为正式会员，1980年2月，我国第一次派队参加第13届冬奥会。1984年7月，中国滑雪协会正式成立。

改革开放以来，中国的滑雪产业已逐步成为朝阳产业，1996年之后的不足十年间，滑雪场的数量与滑雪人口迅猛增加。时至今日，全国二十几个省、市（区）开展了大众滑雪；各类滑雪场接近200处；全国滑雪人次达280万，仅北京周边地区就有几十万，而且正以迅猛速度发展。除了北方的滑雪中心城市外，上海、广州、深圳等经济发达地区的白领阶层已经开始到北京、东北的滑雪场滑雪，甚至出国滑雪。滑雪人口数量急剧增加，行业发展迅速，到2000年，滑雪爱好者由1996年的几百名滑雪运动员发展到40多万人次，2010年达到500万人次。2016年，在2017 ISPO亚洲运动用品与时尚展亚太雪地产业论坛上，万科滑雪事业首席战略官伍斌发布了《2016中国滑雪产业白皮书》。2016年，中国滑雪人次为1510万，比去年增加260万，其中滑雪人数为1133万，人均不到两次。中国共有滑雪场646家，比去年增加78家。数据显示中国仍然是全球最大的初级者

---

① 1英里 = 1609.344米。

滑雪市场。

(三) 滑雪运动运动装备

1. 滑雪板

滑雪板（图12-2-1）的种类较多，高山滑雪、越野滑雪、自由式滑雪、单板滑雪等不同项目使用的雪板存在着差异。现代滑雪板由多层的纵横结构组成，主要以抗扭曲、弹性好的木材、塑料和玻璃纤维等复合材料组成。初学滑雪者一般应使用短一点的滑雪板，这样能更容易地学习一些滑雪动作，滑雪板太长，很难提高初学者的滑雪水平，特别是学习转弯和减速时。初学者一般使用170~180 cm的滑雪板，女士应该使用160~170 cm的滑雪板。

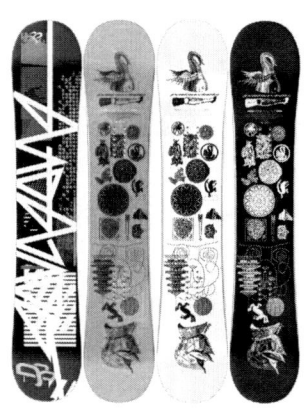

图 12-2-1 滑雪板

2. 固定器

固定器（图12-2-2）是连接滑雪板和滑雪靴的一个重要部件，它对滑雪者的人身安全起着重要的保护作用。固定器分前、后两部分，直接用螺丝固定在滑雪板上，前部固定器不可移动，后部固定器可沿滑雪板前后移动，以适应大小不同的滑雪靴。固定器的强度通过释放/保留调节（DIN）数值来改变。滑雪者根据自己的体重、习惯、滑雪经验和技术水平等因素来决定固定器的强度。

图 12-2-2 固定器

3. 雪鞋

雪鞋（图 12-2-3）是用于在雪地上行走的鞋具。雪鞋通过将人体的重量分散在更大的区域，避免脚完全陷入雪中。传统的雪鞋是以硬木为框架，用生皮带子编织成的。有些现代雪鞋也与此相似，只不过大多数以轻金属制成，而其余的用整块塑料和绑带做成。雪鞋对脚和踝关节有固定、保护、保暖等作用。雪鞋上有调整松紧的卡子和调节前倾角度的装置，内靴由化纤织物等松软、保暖的材料制成。

图 12-2-3 雪鞋

4. 雪杖

雪杖（图 12-2-4）是滑雪时用来支撑前进、控制平衡、引导变向、支撑身体的工具。雪杖一般分为高山杖、越野杖和自由滑雪芭蕾杖。除跳台滑雪、空中技巧滑雪、单板滑雪外，其他项目都使用雪杖。雪杖是滑雪者控制重心必不可少的工具。它是用来在起滑时支撑、在滑行中平衡身体的。雪杖长度一般为 90~125 cm。

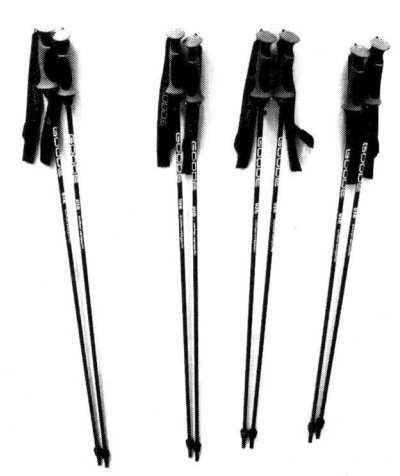

图 12-2-4 雪杖

5. 滑雪服

滑雪服（图12-2-5）具有保暖、防风、防水、吸汗、耐磨等作用。滑雪服一般分为竞技滑雪服和大众滑雪服。竞技服是根据比赛项目的特点而设计的，注重于运动成绩的提高。旅游服主要注重保暖、美观、舒适、实用。滑雪服的颜色一般十分鲜艳，这不仅是从美观上考虑，更主要的是从安全方面着想。

图12-2-5 滑雪服

二、滑雪运动规则

（一）高山滑雪比赛规则

高山滑雪又称"阿尔卑斯山项目"或"山地滑雪"。高山滑雪比赛是运动员足蹬滑雪板、手持雪杖从覆雪的高山上向下绕障碍滑行的一种滑雪比赛，是冬奥会正式比赛项目之一。高山滑雪的每个项目比赛均采用单人出发，出发的顺序通过抽签决定，但有的项目需要滑两次，第二次出发的顺序由第一次比赛的成绩确定。出发的间隔一般为60秒，只有回转项目采用不等时出发。出发时，运动员必须身穿经正式铅封标志的运动服，佩戴出发号码布，头戴护盔，脚穿滑雪板，手持滑雪杖，同时必须使用脱离式固定器。

1. 速降

速降比赛是冬奥会比赛中最紧张激烈的项目。每名选手可进行两次比赛，第二次出发的顺序由第一次比赛的成绩确定。男子速降比赛垂直高度差为800~1000 m，女子为500~800 m。为了确保比赛安全，除了在线路两侧插足够的红色和绿色指示旗外，还必须在必要的地段（如危险地段、坡度转换和颠簸地带、转变处及运动员易于滑错方向的地段等）设置旗门，旗门的宽度不得小于8 m。运动员必须用至少一只滑雪板的前端和双脚都通过旗门线，方为正确通过旗门。

2. 回转

回转滑雪要求运动员从高山上滑下时不断穿过门形和障碍物，连续转弯高速下滑，是一项竞速滑雪比赛。比赛坡度在30°以上的段落占比赛全程的1/4。男子比赛的垂直高度差为180~220 m，女子为140~200 m。在男子的比赛线路上插有55~75个门形，女子比赛线路上插有45~60个门形。每个旗门由两面旗和两根旗杆组成。红、蓝旗门要交替插设。旗门宽度为4~6 m。旗门设置应包括开口旗门（两个旗门杆连线与线路方向垂直）、闭口旗门（两个旗门杆连线路方向平行）及1~4个由3~4个旗门组成的旗门组，如蛇形门、螺旋门、三角门及菱形门等。回转比赛的成绩为在两条不同线路各滑行一次的成绩相加，时间少者名次前列。

3. 大回转

大回转滑雪是高山滑雪比赛项目之一，以两次滑行时间合在一起计算成绩。运动员要快速从山上向下沿线路连续转弯，穿越各种门形。比赛场地通常是多坡并呈波浪形，其宽度至少30 m。男子比赛起点与终点的高度差为350~400 m，女子为260~350 m。旗门数应是高度差的12%~15%。旗门宽4~8 m。最近两个上下连续门的旗门杆最小距离不得小于10 m。大回转比赛一般须进行两轮滑行。第二轮滑行可在同一场地进行，但是，旗门必须重新设置。两轮滑行成绩相加，时间少者名次列前。大回转的转弯设计速度为15~20 m/s。比赛前允许运动员从上往下察看线路，但不能着滑雪板从上往下模拟滑行。

4. 超级大回转

超级大回转是最后一个进入冬奥会的高山滑雪项目，在1988年卡尔加里冬奥会上才首度出现。虽然超级大回转融合了滑降和大回转技术的特点，但是滑行速度更加接近于滑降比赛时的滑行速度。超级大回转比赛滑行距离比速降赛短，但是拐弯更多，旗门也更多。比赛场地宽度不得小于30 m。男子比赛的起点与终点高度差为500~650 m，女子为350~500 m。开口旗门的宽度最小为6 m，闭口旗门的宽度为8~12 m。旗门数不得超过高度差的10%，但男子最少不得少于35个，女子不得少于30个。

（二）跳台滑雪比赛规则

跳台滑雪是滑雪运动项目之一，简称跳雪。运动员足蹬滑雪板，不持雪杖，滑过覆雪的跳台后跃起，飞腾而下。跳台利用自然山势建造，滑雪者通过一段助滑区从台端引跳，以飞行距离和动作完美情况计分。

跳台滑雪是冬季奥运会的比赛项目之一，根据国际滑雪联合会规定，在冬季奥运会及世界滑雪锦标赛的跳雪比赛中，设有70 m级和90 m级台的两个跳雪项目。在1964年以前的8届冬季奥运会中，由于跳台规格不统一，只能以主办国的跳台为标准进行比赛。从1964年第9届冬季奥运会开始才统一跳台级别，才分别规定为上述的70 m和90 m两种。这并不单指跳台高度，还包括跳台助滑道的坡度为35°~40°，以及长度为80~100 m。

滑雪者两脚各绑一块专用的雪板，板长2.30~2.70 m，宽11.5 cm，板底有3~5条方向槽。比赛时运动员不用雪杖，不借助任何外力，以自身体重从起滑台起滑，经助滑道获得110 km/h的高速度，于台端飞后，身体前倾和滑雪板呈锐角，两臂紧贴体侧，沿自然抛物线在空中滑翔，在着陆坡着陆后继续自然滑行到停止区，然后根据从台端到着陆坡的飞行距离和动作姿势评分。跳台滑雪有 5 名裁判员。裁判员根据比赛选手两次（飞行）姿态判分，姿态得分与距离得分相加，距离分以飞行的米数来计算。飞跃姿势裁判共 5 名，每人打分占 20 分。去掉一个最高分和一个最低分，满分为 60 分。

（三）自由滑雪比赛规则

国际滑雪联合会在 1979 年正式承认自由式滑雪项目，并且在运动员及其跳跃技巧方面制定了新的规则，以减小此项运动的危险性。首届世界杯自由式滑雪系列赛在 1980 年举行，法国在 1986 年举办了首届世界自由式滑雪冠军赛。自由式滑雪又分为 3 个小项，包括雪上技巧、空中技巧和雪上芭蕾。1992 年，自由滑雪被列为冬奥会比赛项目，设男、女空中技巧（1994 年列入）和男、女雪上技巧（1992 年列入），男、女雪上芭蕾于 1988 年、1992 年被列为冬奥会表演项目。1994 年冬奥会将这一项目列为正式比赛项目。

1. 空中技巧

空中技巧男运动员使用的滑雪板不短于 1.90 m，女运动员的不短于 1.80 m。场地由出发区、助滑坡、过渡区一、跳台、过渡区二、着陆坡和终点区组成。比赛时每人试跳两次。裁判员根据运动员完成动作的质量评定空中动作分和着陆动作分，两者相加再乘动作难度系数，即为一次试跳的得分，两次试跳得分相加，得分多者名次列前。运动员的特技技巧将由下列三个基本要素予以裁判：第一，腾空，占得分的 20%；第二，动作，占得分的 50%；第三，着陆，占得分的 30%。评分程序：裁判员根据 FIS 自由式滑雪裁判手册 6004 款确立的标准独立评定运动员的技术表现，每跳的分数乘难度系数（D/D）决定最终成绩，运动员两次跳跃的最终得分由每跳总分相加决定。

2. 雪上技巧

雪上技巧比赛包含在一条陡峭的、多雪包的线路上一次自由滑行，强调技术性转动、速度和空中技术动作。场地长 200~270 m，宽 15~25 m，坡度为 24°~32°。男运动员使用的滑雪板不短于 1.90 m，女运动员的不短于 1.80 m。以回转动作和空中动作质量分及计时成绩分相加评定名次，得分多者名次列前。雪上技巧运动员的技术按下列三个基本要素评分：第一，转动，占得分的 50%；第二，腾空，占得分的 25%。第三，速度，占得分的 25%。

3. 雪上芭蕾

1926 年，德国高山滑雪运动员罗伊埃尔（Fritz Reuel）出版了世界上第一部有关雪上芭蕾的书《滑雪板上的新潜力》。1966 年，美国著名高山滑雪运动员和理论家菲法尔（Daug Phifar）成立世界上第一所雪上芭蕾学校。雪上芭蕾场地长 200~400 m，宽 35~45 m，坡度为 12°~15°。滑雪板不得短于运动员个人身高的 81%。裁判员根据运动员完成动作情况评定技术分和艺术效果分，以技术分和艺术效果分的总和判定名次，得分多者名次列前。

三、滑雪运动技术

(一) 北欧滑雪技术

北欧滑雪运动是以越野滑雪和跳台滑雪为核心的系列滑雪项目。由于篇幅原因,这里主要介绍跳台滑雪技术。跳台滑雪的基本技术分为五个部分:助滑、起跳、空中飞行、着陆、终止区滑行。

1. 助滑

助滑的任务是获得最大的水平速度和为起跳做准备。跳台滑雪运动员通过雪板相对于雪面的移动获得水平速度。决定水平速度大小的因素有助滑道的长度、坡度和滑度,雪板的材料和性能,人与雪板系统的重力作用。运动员沿着35°~37°角的助滑道下滑加速,为了减少空气阻力,身体尽量成流线型。

2. 起跳

起跳是整个技术动作的关键,起跳动作的好坏决定着运动员的成绩。由于助滑的最快速度可达30 m/s以上,因此,能否掌握起跳的最佳时机是衡量运动员技术水平高低的主要标准。当运动员以25 m/s以上的速度下滑至台端的起跳板(它与助滑道呈9°~11°角仰起)时,运动员向上奋力一跳,身体被抛向空中。

3. 空中飞行

运动员只有保持大胆、沉着、稳定和善于控制雪板的空中飞行姿势,才能获得理想的成绩。这时,运动员的上体应充分伸展,上体与下肢间稍有曲折,两雪板平行并与脚底呈锐角上仰,上体与雪板基本保持平行,两臂伸直贴放于身体两侧。为了减小前进的空气阻力和增加升力,身体应与双滑雪板平行,与水平面呈8°~10°的倾斜角并维持平稳,沿着抛物线轨迹向前飞落。

4. 着陆

与飞机着陆相似,运动员经缓冲,平稳而安全地落在着陆坡上。经过助滑、起跳和空中飞行,最后再完成正确成功的着陆动作,使整套动作连贯一致、一气呵成,运动员由此便可获得高分。着陆时,应具有弹性和稳定性,两脚成弓箭步前后分开,身体重量分别落于两脚,雪板后跟略领先于板尖着陆,两腿屈膝做缓冲,两臂左右平伸,以维持身体平衡。

5. 终止区滑行

运动员在下滑通过K点(着陆坡转为平地处)后,尚需保持平稳,继续滑行并可做适当的制动减速动作(有的场地此段为逆坡滑行自动减速),最后以急停动作停止在终止区。

跳台滑雪规则规定,飞行距离及各阶段的技术动作完成情况,两项满分各为60分。

比赛规定每人跳两次，得分总和多者为胜。

（二）单板滑雪技术

1. 基本姿势

单板滑雪的站姿有以下几点要求：①膝盖关节放松、微屈，两脚保持合适的角度；②手臂自然抬起，保持平衡；③肩膀放松，上身转向滑行方向；④眼睛要一直注视前进方向；⑤重心落在前脚。在平地或缓坡反复练习最初的基本姿势，滑雪基本姿势好摆，但滑行中要维持不变比较困难，因此，滑雪者应该在较陡及复杂的条件下反复领会要领，形成习惯。弯腰、臀部后突下坐、小腿僵直、眼看脚下等身体形态都是错误动作，要注意避免。

2. 单脚滑雪技术

选择一块比较平坦的雪地，用单脚滑行练习熟悉雪板和雪性，体会掌握平衡的技能。身体重心落在前脚雪板上，膝关节微屈，后脚蹬地，目视前方，双手位于身体前方腰的高度。整个身体要自然、放松，用小步伐反复蹬动和站立滑行。熟练后可加大每次蹬动的力度。

3. 直线下滑技术

初学者在练习直线下滑时，要选择有适宜坡度的雪道并在指导员的帮助下完成该练习。直线下滑主要训练对速度的感觉及板上平衡的感觉，前脚顶住雪板的前端，眼睛目视前方，重心放在前脚，膝盖略弯，重力向山下滑降，保持身体姿态。

4. "落叶"滑行技术

滑雪者从山上滑下时好像一片叶子从树上落下，称为"落叶"滑行。不同于叶子的是，滑雪者可以控制滑行路径。滑雪者在雪地上留下的痕迹将呈"Z"字形。这种练习可以帮助滑雪者适应陡坡滑行，有效地控制滑行方向。"落叶"滑行分为后刃"落叶"滑行和前刃"落叶"滑行。

5. 刹车技术

刹车技术主要包括正向刹车和背向刹车。第一，正向刹车。重心在前腿，刹车时，上体向外侧转，眼睛向外侧看，后腿向前踢板，脚尖抬起，做推板动作，后刃形成刹车。第二，背向刹车。重心在前腿，刹车时，脚跟抬起，脚尖用力，眼睛一定要向上看，后腿做蹬板动作，膝盖往雪里走，前刃刹车。

（三）高山滑雪技术

1. 行走技术

平地行走技术包括前后方向行走、横行、原地行走转圈。行走技术需要注意：第一，保持双板平行，两支雪板的板头和板尾不能交叉，步幅要小；第二，横向行走是为上坡打基础，要领是步幅小，保持双板平行；第三，原地转圈180°时，每一步的角度不要大；第四，雪杖前提时注意上体前引，利用上体撑动雪杖。

2. 登坡技术

高山滑雪的登坡是滑雪者穿着滑雪板从山下到山上的上坡技术，主要包括横登坡、八字登坡、交替登坡和斜登坡等。以横登坡为例，在斜坡上能保持平衡后即可尝试横向蹬坡，即由山下雪板的内刃和山上雪板的外刃做支撑，轮流交换重心横着向山上蹬行，双手执雪杖自然地在身体两侧点地帮助保持平衡。要领：上身要直立，膝盖微弯顶住雪鞋的前沿以支持身体的重量，双板要平行并与滚落线垂直，双膝和髋部往山上方向倾斜，腰部和肩部向山下倾斜，身体呈反弓形。

3. 滑降技术

（1）直滑降

直滑降是在山坡上自上而下地直线滑行下坡。初学者开始直滑降的姿势要采用高姿势，也就是高山滑雪的基本姿势。在下坡的滑降中注意身体重心要根据坡度前移，使重心与地面形成垂直角度，避免重心落后。根据速度采用不同的滑降姿势，速度慢采用高姿势，随着速度的加快，姿势也要相应降低，而且双板间距也要随之变化，以保持滑降的稳定性，如采用高姿势时，要求双板间距同髋关节宽，高速滑降的双板间距要求同肩宽。

（2）犁式滑降

犁式滑降是八字板型的下坡滑行技术。犁式滑降是最简单的不改变滑行方向的减速或停止滑行的方法，犁式滑降还可以进行斜滑降。犁式滑降有屈膝和直膝两种姿势，直膝姿势只能靠板尾宽度变化控制速度，而屈膝姿势不仅能靠板尾宽度的变化，还能靠立刃和用刃强度的变化控制速度，实践中一般采用稍屈膝的犁式滑降姿势。犁式滑降姿势双板尾部分开呈"前窄后宽"的八字形，两板的板尖分开的距离控制在10 cm左右。上体放松，两臂在身体两侧自然分开，目视前方，双膝稍屈，立板内刃，双板均衡负重。

（3）斜滑降

斜向穿过滑雪道（斜坡）而不是直着冲下山去被称为斜向滑行，在坡度很大的情况下，斜向滑行可以有效控制滑行速度。其正确姿势：双手握杖在身体前，胳膊放松，雪杖垂向身后，山上一侧的肩膀和髋部要扭向山下方向，这样身体的上部就会冲着山下方向，膝盖微屈使雪板靠山上一侧的半刃嵌入山体（不至于横着下滑），斜向前方滑行时身体重心偏向山下雪板，双板的板形是平行的。当感觉速度加快时，可以多施加压力给山下雪板，直到双板与滚落线的角度接近90°时就会减缓滑行速度并停止。而当双板与滚落线的角度逐步减小时速度又会加快。

4. 犁式制动技术

犁式制动技术是一种非常有效的技术，可以用来停止滑行、减速、控制滑行和转弯，甚至有些高水平滑雪者在天气恶劣和狭窄的雪道上也采用这种技术。练习犁式制动要从平缓的斜坡开始，随熟练程度的提高而增加坡度。犁式制动是在直滑降的过程中完成的。上体放松，手握雪杖头在身前髋部的高度，雪杖垂在身后，身体重心在前脚的内侧，不能后坐。在滑行中使双板的板尾打开呈内八字形，髋部的重量均匀地分布在两边雪板上，双膝和踝关节内旋以使两支雪板的外侧立起，内侧刻划于雪面，形成楔子嵌入雪面，加大阻力从而使自身下滑的速度减缓并最终停止。

5. 半犁式转弯技术

半犁式转弯技术是指滑雪板呈半八字形进行转弯的一种技术。通过半梨式转弯，滑雪者可以体验转弯时的身体姿势和平衡的调节。滑雪者可以通过半梨式连续转弯的练习，提高对重力移动、用力程序，以及雪板的移出、变刃、收并等动作的控制能力。半犁式转弯技术包括单个转弯、连续转弯、山下侧板移出的连续转弯和山上侧板移出的连续转弯。半犁式转弯技术广泛应用于中坡与陡坡，可在很高的速度中灵活运用，适用于多种雪质。半犁式连续转弯是非常重要的转弯技术，其技术效率比犁式转弯相比有质的提高。

第三节　潜水运动

一、潜水运动概述

（一）潜水简介

早在 2800 年前，美索不达米亚文明全盛时期，阿兹里亚帝国的军队用羊皮袋充气，在水中攻击敌军，这也许就是潜水的雏形。潜水运动是在水下进行各种竞技和休闲活动的体育项目。它包括为掌握潜水基本技术而进行的各种潜泳、蹼泳、水中定向及水下狩猎等内容。潜水运动能够锻炼人们的体质，增强内部器官和神经系统的功能，促进血液循环和加大肺活量，增强主要肌肉群的力量，提高游泳技能，使身体全面发展。人们进行潜水运动还可以深入海中探索水下世界的奥秘，开阔眼界，增长知识。潜水时，身体是在一种类似失重状态下，进入一个完全不同的空间，人们可以彻底放松身心，让一切都随意而自然。

潜水活动有着悠久的历史。中国潜水已经有 2000 多年历史，但那时的潜水方法，还只是原始的"扎猛子"。《史记》记载，秦始皇统一中国，耳闻彭城泗水里沉有一古鼎，即令人寻找此鼎，动用了数千潜水夫，这是最早的打捞记录。到了明代，中国南海廉州（今广西合浦）、雷州（今广东海康）等地已盛行"没水采珠"的生产活动。当时的潜水者使用了设计较合理的呼吸管潜水。这种方法比赤体潜水有了一定的进步，但潜水深度还受到限制。

现代潜水起源于原法国海军一个炮兵军官，名叫顾士都，有一次他戴上面镜潜水，发现海底世界五光十色，此后他就迷上了潜水。1943 年，法国潜水者雅克·库斯托制成压缩空气呼吸装具，给潜水运动创造了有利的条件。随着潜水运动的普遍兴起，各种不同类别的竞赛活动相继出现。20 世纪 50 年代末，国际上正式成立潜水活动组织，经常组织世界性潜水活动，发展友谊，促进世界各国潜水事业的不断前进。20 世纪 60 年代，世界各国采用实用潜水作为竞赛项目，如水中捞物、潜水定向、背脱装具、潜泳等。

（二）潜水运动的分类

1. 浮潜和给气潜水

按照潜水的方式不同，潜水活动可以分为浮潜和给气潜水两大类。浮潜分为只浮在水面不潜入水中的浮游与憋住呼吸潜入水中的屏气潜水。给气潜水分为水肺潜水和水面供气潜水。

2. 休闲潜水和竞技潜水

按照潜水的目的不同，潜水活动可以分为休闲潜水和竞技潜水。休闲潜水通常指呼吸管潜水、水肺潜水、水面供气潜水、自由潜水等休闲性较强的潜水活动。竞技潜水是指屏气潜水、蹼泳等竞技性较强的潜水活动。

（三）潜水运动的胜地

1. 伯利兹大蓝洞

大蓝洞（Great Blue Hole）为一石灰岩洞，是目前已发现的全世界第二深的水下洞穴，位于伯利兹外海约 96.5 km 的大巴哈马浅滩的海底高原边缘的灯塔暗礁，位于北纬 17°18′54″，西经 87°32′6″处，形成于海平面较低的冰河时代末期，后来因为海水上升，洞顶随之塌陷，遂变成水下石灰石坑洞穴。大蓝洞是灯塔礁的一部分，是一个较大的完美环状海洋深洞，是当今世界最吸引人的潜水地点之一，强烈地吸引着全世界勇敢的潜水爱好者们前来亲身体验一探究竟，成为全球最负盛名的潜水圣地之一，颇有"平生不潜此蓝洞，即称高手也枉然"之意。

2. 密克罗尼西亚丘克潟湖

密克罗尼西亚的丘克潟湖以其丰富多彩的珊瑚和热带鱼闻名，但对于真正的潜水爱好者而言，这些都不是重点。吸引成千上万潜水爱好者来丘克潟湖的主要原因在于丘克潟湖里保存了全世界最完整的军舰遗骸。1944 年，第二次世界大战中日本海军数十艘军舰在这里被美国海军击沉。但是，只有拥有潜泳资格证的游客才可以在这里潜水。

3. 厄瓜多尔大龟群岛

厄瓜多尔大龟群岛（Galapagos）是厄瓜多尔位于太平洋、距陆地本土 1200 km 的一个省，由十几个火山岩岛屿组成，人口不足 2 万。该群岛以海洋动植物物种繁多、保护良好闻名于世，著名科学家达尔文曾在该岛为他的进化论找到论证的依据。1997 年，联合国教科文组织推认大龟群岛为"人类自然遗产"。近年来，大龟群岛日益成为世界各地游客光顾的热点，年踏访人数达 30 万以上。

4. 夏威夷科纳海岸鳐村

夏威夷州是美国唯一的群岛州，由太平洋中部的132个岛屿组成。陆地面积约为16700 km²。夏威夷属于海岛型气候，终年有季风调节，每年温度为26~31℃。由于有茂纳洛亚火山做屏障，科纳（Kona）水域较平静，适合潜水、浮潜等水上活动。科纳南部可观赏海豚和夏威夷绿海龟，最特别的是观赏魔鬼鱼。

5. 马来西亚西巴丹岛

西巴丹岛是马来西亚唯一的深洋岛，也是世界级的潜水地点之一。岛屿面积约40000 m²，从600 m深的海底直接伸出海面，水下部分状如烟囱，一柱擎天。所以在西巴丹岛边缘，只要多跨出一步，水深就直接从3 m变为600 m。西巴丹岛更是绿海龟和玳瑁聚居点，细心观察还可看到"龟冢"，龟冢是指在水面22 m以下，好多海龟骸骨堆积成冢。

6. 海南三亚

海南三亚位于海南岛的最南端，是具有热带海滨风景特色的国际旅游城市，也是中国空气质量最好的城市之一。三亚面临南海，海湾众多，众多海湾各有佳景，极其适合潜水旅游。水下能见度平均为15~20 m，大东海、小东海、三亚湾、亚龙湾、坎秧湾、石梅湾等潜水点是潜水者不错的选择。三亚的海底生物种类也相当丰富，除了像小丑鱼、马鞭鱼、蝶鱼等常见的海洋鱼类外，还可以看见海鳗、河豚及各种各样的贝壳和海螺。

二、潜水运动装备

（一）呼吸管

呼吸管（图12-3-1）是一种简易潜水器，属于人类潜水呼吸器具，属于水下作业设备类，由供气浮子、呼吸器和输气软管三部分构成。使用过程中，供气浮子漂浮在水面上，空气从伞形进气管进入，经输气软管输送到呼吸器。呼吸器依靠进气单向阀和排气单向阀来保证潜水作业人员的呼吸正常进行。

图 12-3-1 呼吸管

（二）脚蹼

脚蹼（图12-3-2）主要分为无跟和套脚型两种。套脚型脚蹼一般用于温暖水域或浮潜。无跟脚蹼要与潜水靴一起使用。大而坚硬的脚蹼使用起来速度快，但使用者容易疲劳和抽筋；小而柔软的脚蹼缺少推动的力量。脚蹼有不同的材料、设计和特点。脚蹼的设计包括：①龙骨，用来增加脚蹼的硬度和平衡；②排水孔，减低对脚蹼的阻力以增加效率；③导流沟，让水平滑地滑过脚蹼，增加速度。

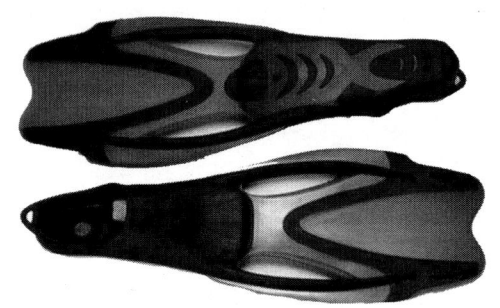

图 12-3-2　脚蹼

（三）潜水面镜

潜水面镜（图 12-3-3）是潜水器材的一种，可以让水肺潜水员、自由潜水员及浮潜人士清楚地看到水底的东西。光在水中的折射角度与空气中略有不同，导致人类眼睛在水中无法聚焦，影像变得模糊不清，潜水面镜与眼睛之间的空气正好解决这个问题。为了预防镜面挤压伤，要购买水肺潜水专用的面镜，并且确定适合自己的脸形。

图 12-3-3　潜水面镜

（四）潜水服

潜水服（图 12-3-4）是供潜水员潜水时穿着的特殊衣服。潜水服最主要的功能是防止潜水员在潜水时体温散失过快，造成失温。另外，潜水服还可以保护身体不被礁石割伤，以及水母、海葵等生物性的伤害。根据不同的条件，可以采用多种型号的橡胶潜水服，其主要的差别在于材料的厚度和重量。湿式潜水服通常为 3～10 mm 厚，可以是单层，也可以是双层。

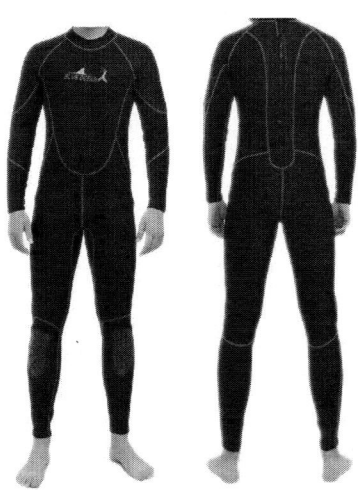

图 12-3-4 潜水服

（五）水肺气瓶

水肺气瓶（图 12-3-5）由气瓶与阀头组成，气瓶为装填压缩空气的容器，内装有潜水时所需要的呼吸用压缩空气。现代的水肺气瓶瓶身由铝合金或钢合金制成以承受压力，气瓶有多种不同的水容积，7 L、10.2 L、11.4 L 较为普遍。气瓶具有潜在的危险性，各国均有气瓶制造适用的管理法规。

图 12-3-5 水肺气瓶

三、潜水运动技巧与注意事项

（一）潜水运动技巧

1. 潜水服的穿着

潜水服分为干式潜水服和湿式潜水服。穿着干式潜水服时，身体完全与水隔绝，依水温情况，可以在里面穿毛衣加强保温。潜水员必须接受培训后才可使用潜水服，用于寒冷地带的潜水。湿式潜水服为最常用的潜水衣，由泡沫合成橡胶的材质制成，渗入的冷水被衣服隔绝不会再渗透出去并迅速由体热传导变热，这种由非活性气泡的隔离，可防止体热的散失。合身的湿式潜水服能使内外水的流动交换尽可能地减少，隔离效果好。潜水衣的穿着一般遵循"潜水裤—潜水靴—头罩—上衣"的顺序，如果不穿靴子或者戴头罩，可以从中省略相应步骤。穿潜水靴之前可以穿一双反面袜子，既可防滑又可以防止靴子摩擦皮肤。

2. 面镜使用法

将面罩贴在脸上，然后鼻子轻轻吸气，面镜能一直吸在脸上则为合适。绝大多数人不需要特别选择针对自己脸形的面镜，脸部宽度明显比普通人瘦窄的人需要窄脸款。脸部特别宽的人也需要选择面罩宽的面镜，因为相对不够宽的面罩会挡住左、右眼角，影响视线。将面镜的硅胶面罩贴上脸部，鼻子要罩在镜内，可以通过调紧胶带来加强面罩的紧贴性。戴好面镜后，只能用嘴呼吸，并且不能用鼻子呼气，否则会导致起雾和让水进入镜内。

3. 呼吸管的使用

使用呼吸管时，将呼吸管咬住含在嘴里，让牙齿刚好咬在硅胶的槽中。初次体验浮潜者不要急于提速，应慢慢掌握呼吸速率。无论浮潜动作有多急速，呼吸也应该保持均匀，这样才能保证海水不会从排水阀倒灌进管中。即使是干式呼吸管，下潜过程中浮阀合上时也会有少量水进入水管中，让人感觉不适，这时就需要排水了。通常在上升至接近水面或管头露出水面时，开始鼓气通过嘴部喷出，将管中的水通过排水阀吹出。干式呼吸管因为下潜过程避免全管进水，所以能轻易将管中的少量海水吹干净。

4. 潜水法

潜水一般采用头先式躬身法、足先式潜水法和旋转上升法等。第一，头先式躬身法。两手向前平伸，以腰为中心，低头躬身下潜，两腿并拢伸直往水面抬起，利用双腿露出水面的重量，将身体压入水中，身体全部没入水中后，再踢动蛙鞋继续下潜。第二，足先式潜水法。入水后待下潜冲力缓和，双手向下划水，身体改变方向，向目标处潜行。第三，旋转上升法。从水底上升时必须注意水面情况，上升时向上举起手做360°旋转，头部略上仰，注视水面，以免碰到障碍物。

5. 入水法

潜水员经常需要采用不同的入水方法，以便适应不同的环境，一般采用步行入水、坐姿入水、迈步入水和跳入法。步行入水一般用于地势平缓的地形，由于穿着蛙鞋走路不方便，所以通常采用后退的方法步行入水。步行跌倒时，可以直接穿上蛙鞋游出，不必再爬起步行。坐姿入水一般适用于较深的泳池或者平台。坐稳之后转体，两臂伸直撑住池边，面朝墙壁背对泳池，胳膊逐渐弯曲，慢慢入水。迈步入水适用于不太高的岸边、较深的水域或船身较高并且较稳的船艇上。入水前低头收下颌，一手稳住面镜，另一手护住胸前的三联表和副呼吸器。潜水者从较高的平台入水时，适合采用跳入法。入水时，潜水者一只手托住面镜和咬嘴，另一只手抓住气瓶，在跳离平台后，将双脚并拢，并使脚蹼保持水平，膝盖轻微弯曲以抵消部分冲击力，身体保持笔直，稍微前倾。

6. 水肺装备的使用

水肺潜水的呼吸和陆上不同，呼气和吸气都是使用口腔，比陆地呼吸深一点。在水深已及胸的水面上，体验使用调节器呼吸的感觉。跪在池底，体验水中呼吸的感觉、做深呼气及深吸气不同感觉，看自己呼出的上升气泡。练习将调节器拿掉，让调节器进水后再含回口中呼吸，把调节器中的水排光后方可吸气，否则会引起呛水。从水中浮出水面的速度不可以太快，应以每分钟 9 m 的速度上升，上升速度可以排出气泡的速度为准。保持时常查看气压表的习惯，尤其潜得越深，空气消耗越快。

7. 浮力调节器的使用

浮力调整器也称作浮力控制背心（简称 BC 或 BCD），是一个重要的潜水器材及设备。潜水者使用它来停留在某一深度，以及在上升或下降的过程中控制浮力。不同产品有不同的设计，有的充排气阀在同一面上，有的在不同面上，有的为整合型。在浅水处，左手握住充排气阀垂直高举，在水面熟悉充排气阀控制按钮位置，熟悉以充气阀充气、再以排气阀排气的操作。要以充排气阀将 BC 内的充气完全排除，就要注意充排气阀口部、BC 与充气管的接管处与 BC 三部分的关系高度。

8. 下潜和上升练习

从前段游到指定处下潜，待熟练掌握足先式下潜法、能够顺畅执行耳压平衡后，才可以开始练习。上升时，先停止动作观察水面，到水深 3 m 处举起一手作 360° 旋转上升，上升的速度保持每秒 15 cm，注意参考自己呼出气泡的速度，上升的速度不能超过每分钟 9 m。上升过程中出现倒塞的话，应该下潜深一些，直到感觉倒塞现象消失为止，依据倒塞部位的不同做出相应的处理并慢慢地上升。

（二）潜水运动注意事项

1. 不要急于求成

潜水时要谨记循序渐进，由易到难，切忌急于求成。潜水是一项系统工程，从初次体验潜水的爱好者到成为一个最高水平的潜水教练员，每个级别的课程内容逐层递进，在学习相应级别的课程后，方可在该级别对应的水域进行潜水活动。因此，为了自身安全考虑，在未接受相关级别培训前，请勿出于好奇或其他因素贸然挑战高级别水域。

2. 尽量结伴而行

潜水时紧跟教练，务必听从教练的指挥，谨遵二人同行原则。二人同行制是潜水的重要原则之一，即两人从入水到上岸，都必须保持在一起（同进出）。技术较佳者（如教练）不可任由同伴独自上岸。游在前方者（往往是技术佳者）须常常回头看同伴状况，并配合其体力和技术放慢速度。游在后方者（如初学者）要保持在同伴的斜后方，要时刻保持与教练的手势联系。

3. 量力而行

背上器材，同潜水伙伴一起走入海水。当水深及腰时，先戴上潜水面罩，扶着同伴穿好脚蹼。完成后，将调压器衔于口中，从第二减压部开始呼吸。身子后转，双脚擦地继续后退走向海中，防止因脚蹼的不便而绊倒。行至预定的潜水地点后，跟随教练沿海底的自然坡度逐渐潜入海中，第一次体验潜水者的下潜深度不可超过 6 m。下潜途中应随时观察水压计，知道自己所处的深度。

4. 选择正规企业

选择正规潜水企业体验潜水活动。正规潜水企业不仅要有经审批的海域使用权，还要具备各类经营资质，并严格遵守体验式潜水操作规范，能够保证游客的潜水安全，价格也较适中。不要贪图便宜选择缺乏安全保护措施及安全培训的非正规潜水企业。

5. 做好下水前准备工作

潜水前请认真检查装备。在每次潜水前，要检查装备是否合身及功能是否正常，学习呼吸管和调节器的使用方法、水面休息方法、紧急情况处理等。在潜水时，要密切注意潜水深度，避免潜水太深造成自身不适。在进行水肺潜水时，一定要穿戴浮力控制装置和压力表，认清备用气源和低压控制充气系统的位置。除自己检查外，同伴间再相互检查一遍，以确保万无一失。

【知识点小结】

1. 皮划艇是一项运动项目，是桨手乘坐一种特制的小艇，由一个或者是几个桨手，双手持桨，面向前方划进的一种水上运动。皮划艇运动有静水项目和激流项目之分。

2. 皮划艇包括皮艇和划艇，都是两头尖小，没有桨架的船艇。皮划艇的基本技术大致可分为插桨、拉桨、出桨和推桨，以艇首到终点先后排名次。

3. 滑雪运动发展至今，项目在不断增多，领域在不断扩展，目前世界比赛正规的大项目分为高山滑雪、北欧滑雪、自由式滑雪、冬季两项滑雪、雪上滑板滑雪等，每大项又分众多小项。

4. 滑雪运动起源于欧亚大陆北部极度寒冷的地区。最初，寒冷的冬天给人们的生活带来不便，为了在这种恶劣的自然环境下求得生存，人们也许是用皮带把大片兽骨绑在皮靴上，作为滑雪的工具，使人们可以在浩瀚的雪地中任意驰骋、追寻猎物，从事生活、生产活动。

5. 潜水员经常需要采用不同的入水方法，以便适应不同的环境，一般采用步行入水、坐姿入水、迈步入水和跳入法。步行入水一般用于地势平缓的地形，由于穿着蛙鞋走路不方便，所以通常采用后退的方法步行入水。步行跌倒时，可以直接穿上蛙鞋游出，不必再爬起步行。

【知识综合实训】

1. 在天然湖泊或人工湖中,组织同学们进行一次皮划艇比赛,使同学们基本能够掌握皮划艇技术。

2. 在滑雪场进行一次高山滑雪训练,主要练习登坡技术、行走技术、滑降技术和转弯技术等。

3. 在潜水场地,组织同学们进行一次下潜和上升练习。

参考文献

[1] 孟刚. 户外运动 [M]. 北京：北京师范大学出版社，2008.
[2] 董范，国伟，董利. 户外运动学 [M]. 武汉：中国地质大学出版社，2009.
[3] 张建新，牛小洪. 户外运动宝典 [M]. 武汉：湖北科学技术出版社，2008.
[4] 李红艳. 户外运动的理论与实践研究 [D]. 北京：北京体育大学，2006.
[5] 亓冉冉. 我国户外运动发展现状与对策研究 [D]. 北京：中国地质大学，2013.
[6] 董范，刘华荣，国伟. 户外运动组织与管理 [M]. 武汉：中国地质大学出版社，2009.
[7] 王文生. 户外运动 [M]. 北京：高等教育出版社，2014.
[8] 刘华荣，刘良辉. 全民健身时代户外运动俱乐部的发展思考 [J]. 体育与科学，2013，34（1）：99-103.
[9] 国家体育总局职业技能鉴定指导中心. 户外运动 [M]. 北京：高等教育出版社，2012.
[10] 杨汉. 山地户外运动 [M]. 武汉：中国地质大学出版社，2006.
[11] 董范，曹志凯. 徒步与露营 [M]. 武汉：中国地质大学出版社，2014.
[12] 王小源. 户外运动用品与装备手册 [M]. 北京：中国水利水电出版社，2005.
[13] 鹿志海，李相如. 徒步运动手册 [M]. 北京：金盾出版社，2014.
[14] 王文生，鹿志海. 户外运动 [M]. 北京：高等教育出版社，2013.
[15] 鹿志海，钱俊伟. 徒步与露营 [M]. 北京：现代教育出版社，2015.
[16] 朱江华. 攀岩运动教程 [M]. 上海：东华大学出版社，2011.
[17] 鹿志海，赵勇军. 学校拓展训练 [M]. 北京：现代教育出版社，2015.
[18] 李相如，鹿志海. 野外露营指南 [M]. 北京：金盾出版社，2014.
[19] 李舒平，邹凯. 户外运动的风险管理 [M]. 广州：广东科技出版社，2009.
[20] 中国红十字会总会. 救护师资培训教材 [M]. 北京：社会科学文献出版社，2009.
[21] 理查德，罗伯特. 骨折现场急救处理指南 [M]. 孙志明，刘林，译. 天津：天津科技翻译出版公司，2007.
[22] 奥尔顿 J，奥尔顿 A. 户外生存急救手册：第 2 版 [M]. 马华崇，译. 北京：人民邮电出版社，2016.
[23] 布莱克. 救命！灾难逃生书 [M]. 欧霞，译. 上海：上海科学技术文献出版社，2016.
[24] 钱永健. 拓展训练 [M]. 北京：企业管理出版社，2016.
[25] 李冈圝. 做最好的拓展培训师 [M]. 2 版. 北京：企业管理出版社，2016.
[26] 叶明. 无创意不拓展 [M]. 北京：企业管理出版社，2010.
[27] 陈春东. 体验式培训 [EB/OL]. [2018-10-08]. http：//www.tzpxs.com.
[28] 姜晓天. 现代野外生存教材 [M]. 北京：人民体育出版社，2009.

[29] 美国陆军司令部. 美军生存手册 [M]. 张雪兰, 译. 西安: 陕西人民出版社, 2004.

[30] 怀斯曼. 生存手册 [M]. 李斌, 倪明, 译. 北京: 华文出版社, 1999.

[31] 美国赛拉俱乐部圣地亚哥分部. 野外旅行指南 [M]. 唐春玲, 译. 沈阳: 万卷出版公司, 2007.

[32] MCNEILL C. Orienteering: Skills, Techniques, Training [M]. Wiltshire: The Crowood Press, 2010.

[33] 王翔, 彭光辉, 梁方勇, 等. 定向运动 [M]. 2版. 北京: 高等教育出版社, 2009.

[34] 李海燕, 李海珍. 定向运动与野外生存实用手册 [M]. 北京: 科学出版社, 2012.

[35] 张惠红. 定向越野 [M]. 北京: 高等教育出版社, 2007.

[36] 赛庆彬. 定向运动初级教程 [M]. 青岛: 中国海洋大学出版社, 2012.

[37] 拉布尔沃, 布莱. 户外攀岩爱好者手册 [M]. 孙羽, 译. 北京: 人民邮电出版社, 2015.

[38] 郝光安. 攀岩 [M]. 北京: 高等教育出版社, 2007.

[39] 刘作俊, 买素强. 定向越野 攀岩 [M]. 兰州: 兰州大学出版社, 2015.

[40] 韩春远. 攀岩运动 [M]. 广州: 广东高等教育出版社, 2009.

[41] 田麦久, 蔡睿. 登山·攀岩与野营运动 [M]. 南京: 江苏科学技术出版社, 2013.

[42] 何敬恩. 攀岩运动——机遇与挑战 [M]. 武汉: 中国地质大学出版社, 2010.

[43] 国家体育总局职业技能鉴定指导中心组. 攀岩 [M]. 北京: 高等教育出版社, 2012.

[44] 骆腾昆, 郑达雄, 黄惠玲. 关于在普通高校开展攀树运动的可行性报告 [J]. 运动, 2014 (19): 112-113.

[45] 马大慧. 攀树运动研究 [J]. 体育文化导刊, 2013 (3): 40-43.

[46] LILLY S. 树木攀爬者指南 [M]. 香港: 环球树艺 (香港) 有限公司, 2006.

[47] 柯公高. 登山运动的历史和现状 [M]. 北京: 人民体育出版社, 1976.

[48] 田部井淳子. 登山基础: 山区徒步、露营、郊游指南 [M]. 陈刚, 王爽威, 译. 北京: 人民邮电出版社, 2016.

[49] 周正. 登山简史 [M]. 北京: 人民体育出版社, 1982.

[50] 克拉考尔. 进入空气稀薄地带: 登山者的圣经 [M]. 张洪楣, 译. 北京: 中国人民大学出版社, 1999.

[51] 胡博. 登山与攀岩技术指导 [M]. 长春: 吉林出版集团有限公司, 2015.

[52] 薛科展. 户外徒步运动事故统计及安全风险评估研究 [D]. 北京: 中国地质大学 (北京), 2013.

[53] 王东. 都市小众时尚运动: 登山、徒步探险 [N]. 中国图书商报, 2003-06-13 (A03).

[54] 盛文林. 自行车——骑行速度的运行 [M]. 北京: 台海出版社, 2014.

[55] 王港, 郭意志. 自行车健身全攻略 [M]. 北京: 电子工业出版社, 2014.

[56] 李之俊. 自行车运动的科学与实践 [M]. 上海: 上海科学技术文献出版社, 2009.

[57] 沃雷克, 科多夫斯基. 一生的自行车计划 [M]. 黄致洁, 译. 哈尔滨: 北方文艺出版社, 2012.

[58] 卢秀蓉. 论自行车运动的车上定位技术 [J]. 科技展望, 2016, 26 (8): 174.

[59] 王磊, 司虎克. 国外自行车运动研究热点及启示 [J]. 南京体育学院学报 (自然科学版), 2015, 14 (5): 9-15.

[60] 苟波, 李之俊, 马国强. 我国自行车运动科学训练理论与训练监控研究现状 [J]. 体育科研, 2014, 35 (5): 1-9.

[61] 梁肖. 自行车微观行为动力学建模及仿真研究 [D]. 北京: 北京交通大学, 2012.

[62] 许芸冰. 中国自行车运动发展史录 [J]. 中国自行车, 2009 (3): 46-49.

[63] 臧秋华. 气温、气压和海拔高度对自行车运动阻力的影响 [J]. 首都体育学院学报, 2008 (6):

108-109,112.

[64] 储开晴.自行车运动踏蹬动作浅析[J].南京体育学院学报,1995(3):41-46.

[65] 盛文林.赛艇、皮划艇——激流上的运动[M].北京:台海出版社,2014.

[66] 姚喜红.皮艇技术训练的初探[J].魅力中国,2011(7).

[67] 国家体育总局职业鉴定指导中心.滑雪[M].北京:高等教育出版社,2015.

[68] 王旭东,崔英波,安林彬.大众滑雪基本技术探析[J].冰雪运动,2003(4):29-30.

[69] 于荣.休闲潜水入门[M].北京:金盾出版社,2014.

[70] 胡小明,虞重干.体育休闲娱乐理论与实践[M].北京:高等教育出版社,2012.

[71] 王蓓衡,王石安.世界冠军教单板:从零开始学习单板滑雪[M].北京:人民体育出版社,2012.

[72] 杨玉香,戴倪.滑雪入门[M].长春:吉林科学技术出版社,2019.